Le Trésor Caché
de la Voie Profonde

*A Pratiques Préliminaires
de Kālachakra*

༄༅། །ཐབ་ལམ་སྦོན་འགྲོའི་ཆིག་འགྲེལ་སྦོན་མེད་རབ་གསལ་སྣང་བ།

Shar Khentrul Jamphel Lodrö által

དར་མཁན་སྤྲུལ་རིན་པོ་ཆེ་འཇམ་དཔལ་བློ་གྲོས

Dzokden

© 2022 Dzokden

Tous droits réservés. Aucune partie de ce livre ne peut être reproduite par voie électronique ou par tout autre moyen, y compris la photocopie, l'enregistrement ou tout système d'archivage, sans l'autorisation écrite de l'éditeur.

Auteur : Shar Khentrul Jamphel Lodrö
Traducteur français : Pierre-Joseph De Souza, Christine Motto
Éditeur Français : Béatrice Tilemans, Marc Bouillaguet

Première édition
ISBN : 978-1-7373482-1-4 (Broché)
ISBN : 978-1-7373482-2-1 (ePub)
ISBN: 978-0-9946107-5-1 (Hungarian paperback)

Publié par : DZOKDEN

Cet ouvrage a été produit par Dzokden, une institution à but non lucratif entièrement gérée par des bénévoles. Cette organisation se consacre à la propagation d'une vision non sectaire de toutes les traditions spirituelles du monde et à l'enseignement du bouddhisme d'une manière qui soit à la fois totalement authentique et en même temps pratique et accessible à la culture occidentale. Il se consacre tout particulièrement à la diffusion de la tradition Jonang, un joyau rare provenant d'une région reculée du Tibet qui préserve les précieux enseignements de Kālachakra.

Pour plus d'informations sur les activités programmées ou le matériel disponible, ou si vous souhaitez faire un don, veuillez contacter :

DZOKDEN.
3436 Divisadero St
San Francisco, Ca 94123
USA

www.dzokden.org
office@dzokden.org

Sommaire

Hommage	VII
Introduction	IX

PREMIÈRE PARTIE: PRÉLIMINAIRES EXTERNES ET INVOCATION DE LA LIGNÉE

1	Les Quatre Convictions du Renoncement	3
2	Brève invocation des Maîtres de la Lignée Jonang	11
3	Invocation complète de la Lignée du Vajrayoga	29

DEUXIÈME PARTIE PRÉLIMINAIRES INTERNE

4	Refuge et Prosternations	69
5	Générer l'Esprit d'Éveil	83
6	Vajrasattva Purification	95
7	L'Offrande du Mandala	111
8	Guruyoga fondamental	127

TROISSIÈME PARTIE: PRÉLIMINAIRES UNIQUES ET PRATIQUE PRINCIPALE DE KALACHAKRA

9	Pratique de Kālachakra Inné	153
10	Aspiration à accomplir les six Vajrayogas	169

QUATRIÈME PARTIE: DEUX GURUYOGAS SUPPLÉMENTAIRES

11	Guruyoga de Dolpopa	181
12	Le Guruyoga de Taranatha	201

Conclusion	217

ANNEXES

I	L'Échelle divine	223
	À propos de l'Auteur	257
	La vision de Rinpoche	259

ཤྲི་དབྱངས་འབྱོར་འདས་དུས་མའི་གྲོང་ཁྱེར་བྱེ་བ་དག་བཅུའི་སྐྱབ་ལ། །
ནང་དབྱིངས་དུག་བཙའ་སོ་དུག་ལྔ་ཡི་འབྱོར་སྟོང་གཟུགས་ལོངས་སྐུའི་ཞིང་། །
གཞི་དབྱིངས་རྫས་པ་ཀུན་ལྡན་ཆ་མེད་འབྱོར་འདས་ཀུན་ཁྱབ་ཆོས་སྐུའི་དབྱིངས། །
མཚན་བྱེད་ཐབ་ལས་ཤུག་གཅིག་རྡོ་རྗེའི་རྫས་འབྱོར་དང་བསྲུག་གིས་མཆོད། །

ཐབ་དོན་ཤེས་པ་མིན་ཡང་འདུན་པ་ཡིས། །
ཐབ་མོའི་དོན་ལ་འཇུག་པའི་རིམ་པ་ཚམ། །
བོ་སླ་ཤེས་ཐབས་ཆེག་གིས་འབྲི་སྟོན་གྱིས། །
བྱིས་པའི་དབ་བ་བརྗེན་ལ་ཆོངས་པ་ཅེ། །

ཤྲི་རིག་དུས་ཀྱི་འབྱོར་ལོ་འཇམ་སྦྱིང་བྱེ་བ་ཕྲག་བརྒྱའི་ཞིང་། །
ནང་རིག་དུས་ཀྱི་འབྱོར་ལོ་རྡོ་རྗེའི་རྫ་རྫུང་ཐེག་ལེའི་ཁམས། །
གཞན་རིག་དུས་ཀྱི་འབྱོར་ལོ་ཐགས་གསང་སྐུ་ཡི་དཀྱིལ་འབྱོར་གསུམ། །
དབྱེར་མེད་བར་དུ་རྟོགས་ལྡན་དས་པའི་ཆོས་ལ་སྐྱེད་ནུས་ཤོག །

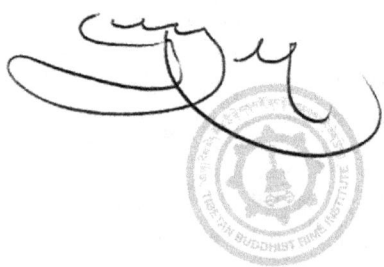

Hommage

Au Royaume Extérieur, essence du monde et de la paix, ses 96 millions de cités de Shambhala;
Au Royaume Intérieur, où le Sambhogakāya du Mandala Vide de forme des 636 déités demeure;
Et l'Espace Essentiel, l'indivisible Royaume Dharmakaya, qui possède tous les aspects et pénètre l'entièreté du saṃsāra et du nirvana.
Avec foi dans les Vajrayoga, l'unique et profonde voie qui manifeste les réalisations, je rends hommage.

N'étant de ceux qui connaissent la profondeur des significations,
Quelle faute pourrait bien entacher l'aspiration de celui qui s'efforce d'écrire ces
Mots de méthode et de sagesse, qui facilitent la compréhension
Des étapes simples ouvrant l'accès au sens profond.

La Conscience Extérieure de Kālachakra,
les milliards de mondes de cet univers;
La Conscience Intérieure de Kālachakra,
le royaume vajra des canaux, des vents et des essences;
La Conscience Éveillée de Kālachakra,
Kālachakra, les trois mandalas de l'esprit, de la parole et du corps, Jusqu'à ce qu'elles soient inséparables, puissions-nous jouir du Dharma Sacré de l'Âge d'Or.

— *Shakyamuni Buddha* —
Précepteur Suprême du Tantra de Kālachakra

Introduction

Cet ouvrage fournit un commentaire du texte racine de Jetsun Tāranatha "L'Échelle Divine : Pratiques Préliminaires et Principale du Profond Vajrayoga de Kālachakra". Écrit initialement au 17ème siècle, L'Échelle Divine est utilisée depuis des centaines d'années par d'innombrables pratiquants de la lignée Jonang afin de parachever leurs réalisations de la Voie de Kālachakra. Il s'agit d'un manuel de pratiques concises qui renferme les instructions essentielles de la tradition telle que pratiquée en Inde et au Tibet.

En ces temps de conflits et de lutte, il est dit que la pratique de Kālachakra est particulièrement effective. Comme ces enseignements émanent du royaume spirituel de Shambhala, ils s'avèrent étroitement liés à la culture de la paix et de l'harmonie. Excessivement rares dans le monde, ils sont donc très difficiles à approcher, ne serait-ce que du fait de la barrière de la langue. Bien qu'un grand nombre de personnes aient reçu l'Initiation de Kālachakra de grands maîtres tels que Sa Sainteté Le Dalaï Lama, les instructions de pratique n'en demeurent pas moins très limitées. Aussi j'espère que vous prendrez la mesure de la rareté et de la valeur du présent ouvrage.

L'intitulé du manuel est : "L'Échelle Divine". Ainsi nommé car il présente la voie profonde de Kālachakra de manière graduelle, étape par étape, il comprend toutes les pratiques préliminaires menant à celles la phase d'accomplissement de Kālachakra, connues sous le nom des Six Vajrayogas. Au moyen de ces méthodes extraordinaires, il est possible d'atteindre l'éveil complet en une seule vie humaine.

Les instructions de pratique ont été enseignées à l'origine par le Bouddha aux Rois du Dharma de Shambhala, où elles furent préservées jusqu'à être finalement introduites en Inde aux alentours du Xème siècle, et peu après au Tibet. Bien que les Six Vajrayogas constituent la pratique principale de la Voie de Kālachakra, avant d'être qualifié pour s'engager dans ces pratiques, il est nécessaire d'accomplir les Pratiques Préliminaires (ngöndro).

Le but de la Voie de Kālachakra est de découvrir la vérité éveillée de notre réalité, également connue sous le nom de nature de bouddha. Cette nature est actuellement soustraite à notre expérience comme un trésor enfoui profondément sous terre, ou un joyau enveloppé de plusieurs strates d'ordures. La voie est conçue pour faciliter le processus graduel de suppression des obscurcissements de l'esprit qui vous empêchent d'en éprouver la nature parfaite.

À l'heure actuelle, nos esprits sont remplis de toutes sortes de concepts et de notions dualistes qui altèrent nos perceptions et limitent nos capacités. Tout ce dont nous faisons l'expérience est perçu à travers le prisme d'états d'esprit perturbés tels que l'orgueil, l'agressivité et l'ignorance. Au moyen d'une voie bouddhiste telle que celle de Kālachakra, et avec l'aide d'un authentique guide spirituel, nous sommes capables de nous entraîner petit à petit à lâcher ces fixations. Il s'agit d'établir une base initiale de vie éthique en développant des qualités intérieures, telles que la discipline, la bienveillance et la sagesse. À mesure que nous nous familiarisons avec ces dernières, les voiles de l'obscurcissement commencent à être percés, nous permettant d'entrevoir notre nature fondamentale. Plus nous pratiquons, plus ces perturbations se dissipent, et plus nous expérimentons la nature de bouddha. Ce qui forme d'abord une simple goutte finit par devenir un vaste océan. Et quand tous les voiles des obscurcissements sont retiré, l'Éveil est atteint.

APERÇU DU PRÉSENT OUVRAGE

L'Échelle Divine est divisée en quatre parties principales. Les trois premières couvrent les pratiques préliminaires qui sont effectuées avant d'entreprendre la pratique principale des Vajrayoga. La dernière partie fournit des pratiques supplémentaires utilisées afin de renforcer votre connexion avec les bénédictions accordées par les deux principaux maîtres de la lignée Jonang.

Première Partie : Préliminaires externes et invocation de la lignée

Ce chapitre débute avec les Préliminaires Externes qui mettent l'accent sur ce qui est connu comme les Quatre Convictions du Renoncement. Ces quatre contemplations inspirent une forte détermination et un profond sentiment d'urgence à pratiquer le Dharma. Nous adressons ensuite des supplications aux maîtres réalisés de la lignée du Vajrayoga, afin de puiser l'inspiration dans la transmission ininterrompue des enseignements de Kālachakra.

Deuxième Partie : Préliminaires internes

Avant de s'engager dans la pratique tantrique bouddhiste, il est essentiel d'établir en soi les qualités nécessaires afin de nous préparer aux techniques plus avancées. Ces pratiques forment la base commune à tous les systèmes de Tantra du Yoga Suprême tel Kālachakra. Au Tibet, il est d'usage que les pratiquants s'y adonnent de manière intensive pendant une période donnée afin d'acquérir une certaine familiarisation. Elles consistent en :

1. La Prise du Refuge et les Prosternations pour s'assurer d'être sur la voie juste, et de se fier à des sources de protection valides.

2. Le Développement de la bodhicitta afin d'affermir sa motivation à atteindre l'éveil pour le bénéfice de tous les êtres sensibles.

3. La Purification de Vajrasattva pour dissiper les propensions négatives de notre esprit.

4. L'Offrande du Mandala pour accumuler de vastes quantités de mé-

rites nécessaires à l'obtention de réalisations.

5. La Pratique du Guruyoga pour unifier nos esprits avec les qualités d'éveil du Bouddha.

À défaut d'une solide familiarisation avec ces cinq pratiques, nous n'aurons pas développé les conditions nécessaires à un engagement authentique dans la Voie Tantrique du Bouddhisme.

Troisième Partie : Préliminaires Uniques et Pratique Principale de Kālachakra

Une fois les préliminaires communs terminés, nous sommes prêts à entreprendre les préliminaires extraordinaires et spécifiques au système du Kālachakra. Ceux-ci débutent avec la phase de génération de Kālachakra Inné, qui consiste à nous visualiser dans la forme éveillée de Kālachakra, nous familiarisant ainsi avec nos qualités éveillées. Cette pratique du yoga de la déité nous apprend à nous identifier davantage à notre propre nature pure, plutôt qu'à la réalité distordue créée par nos états d'esprit perturbés. Une fois familiarisés avec cette perception inaltérée, nous pouvons alors entrer dans les pratiques plus profondes de la phase d'accomplissement de Kālachakra, qui nous procurent des moyens très habiles pour réaliser l'expérience directe de la nature de l'éveil, ainsi que l'éradication complète de toute forme d'obscurcissement.

Quatrième Partie : Guruyogas supplémentaires

La section finale de ce livre est consacrée à deux pratiques alternatives de Guruyoga utilisées pour renforcer votre lien avec les Maîtres de la lignée Jonang que sont Kunkhyen Dolpopa et Jetsun Tāranatha. Plus que tout autre maître, ces deux êtres éveillés forment le cœur de la Tradition Jonang et s'avèrent la source de bénédictions incroyables.

Dans ce livre, je m'efforcerai de donner un résumé concis des points essentiels, ainsi qu'une brève analyse des sujets que je pense bénéfiques aux pratiquants occidentaux. Le texte racine est présenté en italiques, suivi d'un bref commentaire, tandis que le texte intégral est également inclus en annexe à la fin de ce livre. Si vous souhaitez réaliser une étude plus exhaustive de ces pratiques, je vous recommande la lecture de mon livre, Unveiling Your Sacred Truth through the Kālachakra Path (Dévoiler Votre Vérité Sacrée grâce à la Voie de Kālachakra), une collection en trois volets offrant des explications détaillées de la philosophie bouddhiste au regard de toutes ces pratiques.

* * *

Vous devriez essayer de lire ce texte sans manifester les trois défauts du pot. En premier lieu il s'agit d'éviter d'être comme le pot retourné — à savoir si étroit d'esprit que l'enseignement n'y pénètre pas. Deuxièmement, éviter d'être comme le pot troué qui fuit par le fond — c'est-à-dire ne retenant que peu de ce que vous lisez. Et finalement, éviter d'être comme un pot rempli de poison — autrement dit contaminé par les préjugés et présuppositions qui altèrent votre compréhension des enseignements.

Essayez plutôt d'appliquer les trois sagesses. Développez la sagesse par l'étude en examinant et réexaminant les enseignements. La sagesse par la contemplation, en réfléchissant au sens des mots sous différents angles, ainsi que la sagesse par la méditation, en ancrant votre compréhension dans l'expérience effective de la pratique du texte racine. Ainsi, doté d'une intention pure, par l'étude, la contemplation, et la méditation, j'espère en toute sincérité que vous découvrirez graduellement votre propre vérité sacrée de l'éveil.

PREMIÈRE PARTIE

Préliminaires Externes et Invocation de la Lignée

— *La Roue de la Vie* —
Représentation Traditionnelle de l'Existence Cyclique

CHAPITRE 1

Les Quatre Convictions du Renoncement

La Voie de Kālachakra vers l'Éveil débute par la contemplation profonde de quatre sujets connus comme étant les *Quatre Convictions du Renoncement ou les Quatre Pensées qui Tournent l'Esprit vers le Dharma*. Nous examinons d'abord l'opportunité qu'offre une précieuse vie humaine de s'engager dans une pratique spirituelle. Ensuite, nous considérons l'impermanence de toute chose, en particulier la certitude que nous allons mourir et l'incertitude du moment de la mort. Puis nous réfléchissons à la nature fondamentale de l'insatisfaction dans cette vie, et dans les vies futures, ce qui nous amène à nous détourner de tout ce qui conduit à la souffrance (y compris ce que nous appelons le bonheur ordinaire). Enfin, nous contemplons les enseignements du Bouddha sur le karma, lesquels nous montrent en quoi nous sommes directement responsables de toutes choses, bonnes ou mauvaises, qui apparaissent dans cette vie et dans les vies suivantes, ce qui ouvre la porte à la possibilité de suivre la voie de libération.

Bien que ces thèmes soient abordés en grand détail dans *Unveiling Your Sacred Truth, Book 1*, (Dévoiler Votre Vérité Sacrée, Livre 1), l'objectif ici consiste à en condenser le sens en un verset :

Ô Pensez! Pendant d'innombrables éons, pour cette fois, j'ai atteint cette précieuse renaissance humaine, si difficile à obtenir et si facile à perdre. L'heure de la mort est incertaine, et les circonstances qui y mènent sont au-delà de mon entendement, ce corps chéri peut même mourir aujourd'hui! Aussi vais-je abandonner toutes les préoccupations mondaines qui me maintiennent enchaîné au

Selon les enseignements du Bouddha, nous sommes tous engagés dans un cycle constant de souffrance et d'incertitude, processus qui se déroule de la naissance à la vieillesse, puis de la mort à la renaissance. Contrairement à la croyance limitée qui veut que nous ayons le contrôle, chaque instant de notre expérience est déterminé par nos propensions karmiques, y compris toutes les non-vertus et les crimes odieux. Au lieu de cela, je vais utiliser le peu de temps qu'il me reste avec sagesse, et pratiquer sans délai le Dharma en considérant les avantages de la libération .

Selon les enseignements du Bouddha, nous sommes tous engagés dans un cycle constant de souffrance et d'incertitude, processus qui se déroule de la naissance à la vieillesse, puis de la mort à la renaissance. Contrairement à la croyance limitée qui veut que nous ayons le contrôle, chaque instant de notre expérience est déterminé par nos propensions karmiques, y compris nos états émotionnels et leurs objets. Nous demeurons donc dans un état d'angoisse et d'incertitude, ne sachant jamais ce qui va se passer ensuite, dépendants de sentiments d'espoir, de peur, et autres émotions qui nous dominent. Même une délicieuse crème glacée a le potentiel de causer de l'insatisfaction si elle coule et nous salit, ou laisse une vilaine tache sur nos vêtements; elle peut également devenir source d'aversion ou nous rendre malades si ingérée à l'excès. Il en est ainsi de l'essence de la souffrance, ou ce qui s'entend comme la nature insatisfaisante de la vie, qui mène au processus de l'existence cyclique—ou "samsāra" en Sanskrit, et nous condamne à revivre sans cesse la peine et la souffrance, phénomènes assimilables au mouvement de la roue d'un moulin à eau, ou d'une mouche piégée dans un pot fermé.

Il n'y a pas de commencement à ce cycle samsarique qui ne prend fin que lorsqu'est dissipée notre ignorance de la véritable nature de la réalité. Laquelle fait référence au fait que nous nous accrochons à une idée biaisée de nous-mêmes comme étant à la fois "réels" et "en contrôle", alors qu'en fait la nature de la réalité est impermanente, et qu'il n'y a aucune "personne" véritablement existante qui contrôle tout. Une fois abandonnée cette idée d'un soi solide, il ne reste plus de base ferme pour que nos émotions et notre karma continuent de nous influencer, et nous laisser exempt de choix, d'instant en instant, et d'une vie à l'autre. Rompre ce cycle est ce que nous entendons par le mot "libération".

En tant qu'êtres humains, nous avons la capacité incroyable de comprendre la nature de notre souffrance. Aussi reconnaître la valeur de cette précieuse naissance humaine nous donne l'opportunité de pratiquer le pur Dharma et de nous libérer. Tant que nous disposerons de cet ensemble unique que sont les huit libertés et les dix avantages, nous serons à même de suivre la voie du Bouddha. Ce qui requiert néanmoins à la fois certaines circonstances extérieures, comme le fait d'être né en un lieu où ses enseignements sont accessibles, ainsi que des conditions internes, essentiellement liées au fait d'avoir une disposition d'esprit favorable.

Ces circonstances sont toutefois très difficiles à réunir, puisqu'elles dépendent d'un grand nombre de mérites accumulés au cours de nombreuses vies au moyen d'actes tels que le maintien d'une discipline éthique pure. Afin d'illustrer la rareté de cette naissance humaine, le Bouddha a pris l'exemple de la tortue aveugle qui vit au fond de l'océan, ne remontant à la surface qu'une fois tous les cent ans. Les chances de bénéficier d'une naissance humaine sont plus rares que celles pour la tortue d'émerger au moment exact où sa tête pourrait se frayer un chemin à travers un anneau de bois ballotté au milieu des vagues. Obtenir toutes les libertés et tous les avantages est encore plus rare.

Maintenant, nous voilà humains, il est donc crucial non seulement d'utiliser avec sagesse cette opportunité, mais également d'en faire usage avec diligence, car elle est extrêmement facile à perdre. En fait, elle est si rare qu'il se pourrait bien qu'il s'agisse là de notre seule chance d'atteindre la libération. Le temps qu'il nous reste dans cette vie pour pratiquer le Dharma est extrêmement imprévisible, puisque le moment de la mort est incertain, et les circonstances de sa survenue au-delà de notre entendement. Même les activités de la vie ordinaire comme se rendre au travail, jardiner ou faire les courses s'avèrent toutes des causes potentielles de décès. Il arrive pourtant rarement aux personnes de se demander si c'est le jour suivant ou bien la mort qui surviendra en premier. Aussi nous devons abandonner toutes les préoccupations mondaines, sources de souffrance et de notre maintien dans les chaînes du samsāra. Il existe *Huit Dharmas Mondains* que nous cherchons normalement à acquérir, ou que nous essayons d'éviter : (1) le gain et (2) la perte; (3) le plaisir et (4) la douleur; (5) la reconnaissance et (6) l'indifférence; et enfin (7) la louange et (8) le blâme. Au lieu de s'égarer à leur poursuite, nous devrions utiliser notre temps avec sagesse et faire du Dharma notre priorité absolue.

En terme général, il existe *Dix Actes Non-Vertueux* qu'il convient de s'efforcer d'éviter. Il y a Les trois maux du corps : (1) tuer; (2) disposer de ce qui n'a pas été donné librement; et (3) avoir une conduite sexuelle incorrecte. Les quatre maux de la parole : (4) tromper autrui par le mensonge ou la fourberie; (5) créer la discorde, ce qui détruit l'harmonie entre les êtres; (6) calomnier ou médire, dire inutilement des choses qui sont désagréables; ainsi que (7) bavarder inutilement, sans but et gaspiller du temps. Enfin, Les trois maux de l'esprit : (8) la convoitise, qui envie les biens d'autrui; (9) la malice, qui souhaite à autrui d'éprouver de la souffrance; ainsi que (10) les vues erronées, qui nous détournent la nature réelle des choses, telles que supposer l'existence de quelque chose qui n'existe pas, nier l'existence de quelque chose d'existant, et ainsi de suite. Chacune de ces actions implique de nuire à autrui par le corps ou la parole, ou bien de générer les états d'esprit qui mèneront à de tels actes. Par conséquent, l'essence de cette conduite est de demeurer dans la non-violence.

Il existe également un certain nombre de séries d'actions négatives, créatrices de conséquences karmiques particulièrement lourdes et qui devraient de ce fait être complètement abandonnées. La première série est connue sous le nom des *Huit Comportements Erronés* : (1) interrompre les offrandes de fête des fidèles, entravant ainsi leur accumulation de mérite; (2) perturber les intentions vertueuses des êtres, nuisant ainsi à leur esprit;

(3) manquer de foi en la vertu et la déprécier; (4) aspirer à la non-vertu et se complaire en elle; (5) abandonner le lien sacré, le samaya au guru; (6) décourager le désir du Dharma et le désir de s'extraire du Samsara de nos amis; (7) transgresser les samayas envers la déité yidams; et enfin (8) quitter la pratique du Mandala ou une retraite. L'essence de cette série consiste à ne pas se détourner des moyens qui permettent la réalisation de l'éveil.

La deuxième série d'action négatives est connue comme les Quatre Actions Lourdes. Ce sont : (1) jurer d'agir sans humanité; (2) permettre à la discipline du shravaka de dégénérer et briser les vœux racines de pratimoksha; (3) permettre à la discipline du bodhisattva de dégénérer et briser les vœux racines de bodhisattva; enfin (4) permettre au samaya tantrique de dégénérer et briser les vœux racines suprêmes. En essence, les éviter revient à maintenir la discipline éthique des Trois Vœux.

Une autre version de cette série porte sur la manière dont vous vous engagez dans des situations karmiques majeures. À savoir : (1) prendre indûment les pratiques de l'ordination; (2) développer incorrectement les pensées des érudits; (3) consommer indûment la nourriture des fidèles, et enfin (4) utiliser incorrectement la richesse des pratiquants tantriques. Chacune de ces actions est lourde dans le sens où les actes entrepris en relation avec elles auront un fort impact sur votre esprit. Dans ces situations il est très important de veiller à ne pas générer de karma négatif majeur.

Et finalement, il existe les Cinq Crimes particulièrement Odieux qui sont : (1) tuer son propre père; (2) tuer sa propre mère; (3) tuer un arhat; (4) faire saigner un Tathagata en raison d'une intention nuisible; et (5) provoquer un schisme dans le sangha. Ces actions se traduisent par un karma négatif si puissant qu'elles domineront votre esprit au moment de la mort, générant une douleur et un tourment extrêmes dans votre prochaine existence. Par conséquent, ils devraient être abandonnés à tout prix.

Au lieu de nous engager dans ces causes de souffrance, nous devrions nous efforcer de pratiquer des actions vertueuses, telles que protéger la vie, être généreux, parler sincèrement et avec douceur, ainsi que cultiver des qualités mentales vertueuses comme la compassion, l'humilité et une sage vision de la réalité. Il ne s'agit en rien de sentiment de culpabilité ou de rigidité dans l'agir, mais de gagner en confiance et discernement quant aux actions qui sont bénéfiques pour les autres et nous-mêmes. Avec le temps et l'expérience, notre foi en cette loi naturelle du karma va grandir.

Si nous mourrons demain sans développer de qualités spirituelles, alors se poursuivra indéniablement ce cycle sans fin ni liberté de la naissance, du vieillissement, de la maladie et de la mort. Avec le peu de temps qui nous reste, et après avoir réfléchi profondément aux avantages de la libération, nous devons pratiquer le Dharma sans délai, avec persévérance et grande discipline, afin d'atteindre l'ultime libération de l'éveil.

Au moyen de ces quatre contemplations, l'essentiel est que nous perdions véritablement toute illusion ou attrait quant au samsāra, réalisant les aspects futiles de cette vie et aspirant à "émerger" de ce schéma d'existence avec force et détermination. Heureusement, considérer toute la douleur et le tourment n'empêche pas de voir également un moyen d'y échapper, et ainsi de développer à la fois un grand sentiment d'espoir en la possibilité de la libération tout comme le désir de le transmettre à d'autres.

Ces quatre pensées nous rappellent également que, de toutes les activités que nous pourrions entreprendre dans notre vie, pratiquer le Dharma d'une manière authentique et sincère est vraiment la plus importante et la plus bénéfique. Malgré l'impression de parfois nager à contre-courant en faisant quelque chose que les autres peuvent trouver étrange ou inutile, nous devons avoir foi dans le but profond qui sous-tend alors nos actes.

EXHALER L'AIR VICIÉ

Ayant contemplé les Quatre Convictions, nous pouvons maintenant nous préparer à la prochaine pratique avec cet exercice de respiration simple :

Commencez par fermer la narine gauche en utilisant le Mudra de la Pacification et expirez trois fois par la narine droite, puis changez pour l'autre narine. Terminez en expirant trois fois par les deux narines. Visualisez toutes les afflictions et la négativité s'échappant de votre corps sous forme de fumée noire.

Cette technique est appelée exhaler l'air vicié. Il s'agit de visualiser toutes vos impuretés sous forme de fumée noire expulsée avec force par les narines afin de commencer la pratique avec l'esprit clair.

Cela aide à éliminer les courants d'énergie contre-productifs qui sont associés au souffle et qui portent les empreintes d'états d'esprits perturbés tels que l'attachement, l'aversion ou l'ignorance. La version simple de cette pratique consiste à prendre trois respirations profondes, inspirant à chaque fois jusqu'à remplir le vase du ventre, et à les retenir là pendant un moment, puis à expirer avec force par les deux narines, tout en visualisant toutes les énergies impures comme la luxure et la haine quittant le corps et l'esprit.

Une version plus élaborée implique trois séries de trois exhalations qui font neuf au total :

1. Repliez d'abord le majeur, l'annulaire et le pouce de la main gauche vers la paume. Ce qui ne laisse que le petit doigt et l'index de la main pointer vers l'extérieur et constitue le "mudra de la pacification". Dans un mouvement fluide et élégant, amenez l'index gauche à votre narine gauche. Inspirez alors profondément mais tranquillement par la bouche. Fermez la narine gauche avec l'index gauche et libérez l'air en trois longues expirations, par la narine droite.

2. Ramenez la main gauche à sa position naturelle dans votre giron tout en amenant l'index droit à votre narine droite dans le même mouvement élégant. Après l'inhalation, pressez la narine droite et expirez par la gauche de la même manière qu'auparavant.

3. Enfin, ramenez les deux mains à leur position naturelle dans votre giron, inspirez profondément par les deux narines, puis expirez par les narines en trois longues exhalations

— *Kunpang Thukje Tsondru* —
Grand Maître de Kālachakra qui fonda la Retraite de la Montagne de Jonang

CHAPITRE 2

Brève invocation des Maîtres de la Lignée Jonang

Après avoir récité et médité sur les *Quatre Convictions du Renoncement*, Vous invoquez maintenant les huit lamas d'importance majeure, qui sont à l'origine de la fondation et de l'établissement des grandes institutions monastiques de la Tradition Jonang. L'idée de lignée se réfère ici aux enseignements transmis en ligne directe et ininterrompue depuis le Bouddha jusqu'à nos jours. Mais une telle lignée ne s'avère authentique que si elle se base sur l'expérience ou la réalisation effective de la vérité de ces enseignements. Cette transmission passe de l'enseignant à l'élève sur plusieurs générations, accompagnée de la transmission de commentaires authentiques ou d'écritures basées sur les paroles du Bouddha.
Sans un engagement ferme envers une lignée authentique, nous ne pouvons pas réaliser le résultat final de l'éveil parfait et complet. Cependant, en suivant les enseignements qui ont été transmis par une telle lignée, il est possible de progresser graduellement sur la voie et finalement d'atteindre le but ultime de la bouddhéité.

Pour les scientifiques il est normal d'accorder une grande valeur à la connaissance produite par la recherche antérieure dans un domaine donné. Sans ce corpus de connaissances, il serait très difficile de réaliser de nouvelles découvertes. De même, une lignée spirituelle représente la continuité des découvertes faites par de grands pratiquants spirituels, découvertes que nous pouvons utiliser pour reproduire leur expérience.

La lignée de transmission de Kālachakra commence avec Suchandra, le Roi de Shambhala, qui a requis les enseignements du Bouddha Shakyamuni. Suchandra et ses successeurs l'ont perpétuée à Shambhala pendant plusieurs centaines d'années, avant de la transmettre en Inde au Xème siècle. Quelques siècles plus tard, les enseignements se sont répandus au Tibet, où ils ont été principalement préservés par les pratiquants dévoués de la Tradition Jonang. Au sein de celle-ci l'Omniscient Dolpopa Sherab Gyaltsen et le Seigneur Exalté Tāranatha furent les deux personnalités les plus importantes. Ces deux maîtres inégalés ont atteint de grandes réalisations spirituelles, ils ont composé de nombreux textes influents et établi l'extraordinaire programme d'études et de pratique encore utilisé de nos jours dans les monastères Jonang.

INVOCATION DES MAÎTRES JONANG

Invoquer une lignée signifie établir un lien avec l'influence spirituelle des grands maîtres du passé, ainsi qu'avec le Bouddha omniscient, source ultime de cette lignée. Ces maîtres ont consacré leur vie à atteindre l'éveil et à préserver les précieux enseignements de Kālachakra. Par conséquent, en les rappelant à notre esprit, nous établissons un lien avec leurs aspirations intemporelles. Et si nous le faisons avec une intention suffisamment pure, il est alors possible de ressentir réellement leur présence et recevoir leur guidance.

En fin de compte, nous n'invoquons rien moins que nous-mêmes, car ces grands êtres ne sont rien d'autre qu'une manifestation symbolique de notre propre nature éclairée, et nous souvenant de ce qu'ils ont réalisé, nous nous souvenons de notre propre potentiel à manifester ces mêmes qualités.

Certains pratiquants ne récitent pas la brève invocation, car beaucoup des huit lamas mentionnés ici le sont également dans l'invocation complète de la lignée du Vajrayoga. Si le temps vous est compté, vous pouvez donc choisir de passer directement à la prière extensive.

Le Lama Racine

Glorieux et précieux lama racine, après avoi pris place sur le lotus de la dévotion au sommet de ma tête, bénissez-moi de votre grande compassion, prenez soin de moi dans votre grande bonté, et accordez-moi les réalisations (siddhis) de votre corps, de votre parole et de votre esprit !

Vous invoquez en premier lieu votre lama racine glorieux et précieux, "Palden Lama" en tibétain. *Palden* signifie "celui qui possède la gloire ou la richesse", lama est l'équivalent tibétain du sanskrit guru, qui signifie littéralement «lourd» ou plein de bonnes qualités. En tibétain la signifie "au-dessus" et ma "celui qui possède". Une fois combinés, ils forment le mot lama, qui signifie «celui qui est au-dessus». Bien que ce dernier soit ici au singulier, en tibétain il n'y a en fait pas de distinction singulier pluriel. Par conséquent, la notion de lama racine ne fait pas nécessairement référence à un seul enseignant— vous pourriez en fait avoir un, trois ou même davantage de maîtres racines, ainsi que beaucoup d'autres enseignants rattachés, qui occuperaient différents niveaux d'importance dans votre parcours spirituel.

Ceci étant dit, après un examen attentif, l'un de ces enseignants pourrait bien vous paraître plus particulièrement bienveillant à votre égard, ou peut-être doté d'une sagesse plus pénétrante. Si c'est le cas, vous devrez le considérer comme votre lama racine, et lui témoigner hommage et respect en toute occasion, puisqu'il s'agit là de la relation la plus importante que vous aurez jamais.

Visualiser le lama prenant place sur le lotus de la dévotion au sommet de la tête, symbolise l'importance du lama, et la nécessité de suivre ses instructions si l'on souhaite favoriser son développement spirituel. Dans la culture asiatique et particulièrement tibétaine, se placer plus bas que l'autre est signe de grand respect; c'est pour cette raison que le lama est visualisé au-dessus de la couronne. Et également ce pourquoi les lamas ont l'habitude de s'asseoir dans une position élevée lorsqu'ils confèrent les enseignements, rappelant ainsi aux élèves de tenir en grand respect aussi bien le maître, que le précieux Dharma qu'il ou elle leur transmet. Si vous aspirez à devenir un pratiquant du bouddhisme tantrique, alors, en vous endormant, vous devriez visualiser le lama au centre de votre cœur, assis au sein d'une fleur de lotus; puis en vous réveillant, l'imaginer remonter le long du canal central pour se placer au sommet de votre tête. Et ainsi tout au long de la journée. De cette manière, vous pourrez développer un lien fort à sa présence, et gagner en confiance dans votre propre nature de bouddha, nature qu'il représente.

Prier le lama de nous bénir de sa grande compassion et bienveillance est une manière de nous rappeler que le lama représente le Bouddha. Dans certaines formes de bouddhisme, le lama est considéré comme un coach ou un ami spirituel parcourant la même voie, tandis que dans le bouddhisme Vajrayana, il est considéré comme l'incarnation de tous les êtres éveillés. Il est dit que si nous le considérons comme un être humain, nous recevons les bénédictions d'un être humain, alors que si nous le voyons comme un Bouddha, nous sont accordées celles d'un Bouddha. Recevoir les bénédictions signifie que nos propres qualités augmentent en conséquence de notre foi et notre dévotion— cela vient de l'intérieur et non d'une source extérieure.

Le respect et la dévotion que nous avons envers le lama ne sont pas basés sur une foi aveugle ou théiste, mais plutôt sur une foi claire et confiante. Ce qui signifie que nous avons soigneusement analysé, testé et gagné en confiance dans les enseignements du Bouddha, et également dans les bonnes qualités du lama, en particulier sa bienveillance et son désir de nous guider vers l'éveil. Bien que la bonté et la compassion manifestées par les lamas ne soient peut-être pas tout à fait semblables à celles d'une mère envers son enfant, il en découle assurément le plus grand bénéfice pour le disciple. Aussi, nous pouvons considérer leur corps, leur parole et leur esprit comme sacrés.

Les réalisations (*siddhis*) accordées par le lama sont des accomplissements spirituels ou des pouvoirs que nous développons au moyen de la pratique spirituelle, qu'ils soient «ordinaires» ou «suprêmes». Les siddhis ordinaires incluent des capacités surnaturelles telles que la clairvoyance, alors que les siddhis suprêmes se réfèrent aux qualités de la réalisation éclairée.

Le texte se poursuit avec des prières aux huit principaux lamas de la Tradition Jonang. La coutume tibétaine veut que les lamas disposent de plusieurs noms différents, notez que certains d'entre eux recevront également des titres différents plus avant dans la pratique.

TRÉSOR CACHÉ

Kunkhyen Dolpopa Sherab Gyaltsen

Je vous prie, Dolpopa. Vous êtes le Seigneur omniscient du Dharma, qui comprenez parfaitement le sens des trois tours de la roue du Dharma et les quatre classes de tantra. S'il vous plaît, montrez la voie sans erreur à tous les êtres !

Dolpopa Sherab Gyaltsen est une figure centrale de la tradition Jonang, connu comme omniscient parce qu'il était un érudit exceptionnel ainsi qu'un maître de méditation hautement réalisé. Son accomplissement principal fut d'établir le système unifié de la pratique Jonang qui rassemble la lignée des sutras du Madhyamaka Zhengtong avec la lignée tantrique du Système de Kālachakra. Dolpopa est né en 1292, dans une région reculée du Tibet occidental, et sa naissance a été prophétisée par de nombreux sutras et tantras, dont le Grand Sûtra du Tambour. Il est communément considéré comme une émanation du Bodhisattva Avalokiteśvara, ainsi que du Roi Pundarika de Shambhala.

Initialement formé au Monastère Sakya en tant que moine très pur avec une conduite morale parfaite, Dolpopa se rendit souvent dans les nombreux monastères environnants pour recevoir des enseignements et méditer. À l'âge de trente ans, il voyagea dans la vallée de Jomonang et visita la *Retraite de la Montagne Jonang*. Il fut si impressionné par les réalisations des pratiquants Jonang qu'il choisit d'abandonner son prestigieux statut d'abbé de Sakya et s'établit à Jomonang pour devenir méditant.

Dolpopa passa une grande partie de sa vie retiré, atteignant finalement les réalisations des quatre premiers Vajrayogas et la maîtrise complète des trois premiers. C'est à ce moment que la vue Zhentong se manifesta clairement dans son esprit, lui révélant la signification ultime des enseignements finaux du Bouddha sur la nature bouddhique, et lui révélant comment tous les enseignements pouvaient être compris sans contradiction. Cette philosophie, qui s'appuyait fortement sur les *Cinq Grands Traités de Maitreya*, allait devenir la pierre angulaire du programme d'études Jonang, et fournir une méthode décisive pour relier la théorie et la pratique à la fois des sutras et des tantras. C'est en raison des brillants écrits de Dolpopa que la Vue Zhentong gagna en importance, et finit par être portée par la majorité au pinacle de la pensée philosophique.

En tant que quatrième abbé du Monastère Jonang, Dolpopa a voyagé dans toute la région de l'Ü-Tsang, donnant des enseignements, composant des textes et discutant avec tous les éminents érudits de son temps. C'est pendant la construction du Grand Stupa de Jonang, que Dolpopa termina son excellent traité intitulé *Les Enseignements du Dharma de la Montagne*. Dans un océan de citations scripturaires, il a systématiquement triomphé de toutes les objections soulevées par ses contemporains, et démontré la profonde vérité de la philosophie Zhentong. Il est dit qu'en ces temps n'existait personne dans la province de l'Ü-Tsang qui ne comptât Dolpopa comme l'un de ses enseignants les plus révérés.

Durant ses dernières années, Dolpopa abandonna les responsabilités d'abbé, et se consacra à la méditation et à l'enseignement. Ainsi ses réalisations devinrent encore plus profondes et subtiles. En conséquence, il a développé de nombreuses capacités extraordinaires comme ne plus avoir besoin de manger ou de boire. Mais quand il prenait effectivement de la nourriture, il semblait ne pas y avoir de limite à la quantité qu'il pouvait ingérer; et peu importe combien il mangeait, il n'y avait pourtant jamais de gaspillage, car tout était brûlé par l'activité de son feu intérieur.

En 1361, peu après son retour d'un long voyage à Lhasa, il passa en parinirvana à la suite d'innombrables signes auspicieux. Alors que son corps physique s'est depuis dissous, sa présence spirituelle continue d'émaner jusqu'à nous. Aussi nous prions pour qu'il ne cesse de montrer à chacun la voie sans équivoque.

Kazhipa Rinchen Pal

Je vous prie Kazhipa, Incarnation des activités des bouddhas Vous faites briller le précieux joyau du Dharma comme le soleil en manifestant ses quatre forces sublimes.

Kazhipa Rinchenpal, (Ratnashri en sanskrit), est né dans une famille royale de la région de Gyalrong au Tibet oriental. Avant sa naissance, il a été prophétisé qu'il clarifierait la signification de nombreux tantras secrets et libérerait de nombreux êtres vivants. Après avoir acquis une base solide de Dharma, il a voyagé en Ü-Tsang où il a étudié sous la direction de nombreux disciples de cœur de Dolpopa, tels que Choklé Namgyal et Nyabön Kunga. Recevant les enseignements complets de la voie omnisciente Jonangpa, il devint un détenteur hautement réalisé de la lignée. Et fonda une fois rentré le célèbre *Monastère Chojé* dans le Dzamthang, bientôt suivi par de nombreux monastères rattachés dans les régions voisines.

Selon les enseignements fondamentaux du Bouddhisme, le Bouddha est un prince indien qui a renoncé au monde conventionnel et par la suite atteint l'éveil. Or du point de vue du bouddhisme Mahayana, le Bouddha était déjà éveillé, et sa vie n'aurait été qu'une illustration ou un exemple de la manière de suivre la voie enseignée. De même, tous les grands maîtres de ce monde peuvent être perçus comme l'étant déjà et apparaissant sous une forme humaine au sein de leur grande compassion, pour conduire les êtres sur la voie. Par exemple, nous pouvons considérer le Dalaï Lama comme un être éveillé, qui prend naissance dans notre royaume pour manifester une vie de tolérance et de compassion en tant que guide, pur et «simple moine». C'est de ce point de vue que nous évoquons des maîtres tels que Khazipa comme étant *l'incarnation de toutes les activités des bouddhas.*

Les Quatre Pouvoirs Sublimes, également connues sous le nom des quatre activités de bouddha, décrivent les différentes façons dont les bouddhas peuvent faire bénéficier les êtres de leur activité dans des situations variées. Elles consistent à : (1) pacifier ou créer la paix; (2) élargir ou enrichir les possibilités; (3) contrôler des situations ou des circonstances; et (4) subjuguer ou détruire la négativité avec une compassion courroucée.

Tséchu Rinchen Drakpa

Je vous prie Rinchen Drakpa. Vous êtes paré des enseignements du Dharma et des réalisations profondes, et vos activités sont vastes et incomparables. Quiconque vous voit ou vous entend est assuré d'être libéré !

Rinchen Drakpa, (Ratnakirti en Sanskrit.), naquit en 1462. Disciple le plus proche du Gyalwa Chöje Khazhipa Rinchen Pal, il fut responsable de la fondation du Monastère Tséchu, deuxième grande institution monastique de la région de Dzamthang. Érudit habile, auteur de nombreux textes sur la pratique de Kālachakra et divers autres sujets, il était donc «paré des qualités de transmissions et de réalisations». Sous la direction habile de Khazipa et de Rinchen Drakpa, la tradition Jonang a prospéré dans les régions orientales du Tibet.

La déclaration *«Quiconque vous voit ou vous entend est assuré d'être libéré!»* se rapporte au lien karmique créé par la rencontre avec un grand être qui promet de conduire quiconque le croise jusqu'à l'éveil. La graine plantée par cette connexion est certaine d'arriver à maturité et de mûrir finalement en un fruit suprêmement salutaire.

Chöjé Gyalwa Sangyé

Je vous prie Gyalwa Sangye. Ordonné dans le Dharma, votre dévotion envers vos maîtres est immense, et vos activités sont une glorieuse manifestation de pureté, de discipline, de sagesse et de compassion.

Chöje Gyalwa Sangyé fut la première réincarnation de Ratnashri, le fondateur du Monastère Chöje. Né sous le nom de Rinchen Sangpo, dans la région de Zhakshöd à Gyalrong, c'est sans doute le fait d'avoir formé des centaines de pratiquants érudits, qu'il a ensuite envoyés dans les régions voisines pour enseigner le Dharma, qui lui vaut d'être le plus connu. Gyalwa Sangyé et ses étudiants auraient établi avec succès plus de cent huit monastères rattachés. Pour avoir fait preuve de beaucoup de qualités éclairées, telles que le renoncement incroyable, la pureté de ses vœux monastiques, la discipline stricte pour éviter même la moindre transgression, la concentration inébranlable et la sagesse inégalée, Gyalwa Sangyé fut un exemple brillant pour tous ceux qui le connurent.

Jetsun Tāranatha

Je prie à vos pieds Kunga Nyingpo. Vous êtes la source de tout ce qui est bon, l'incarnation de tous les bouddhas et le seul refuge pour les êtres, que vous protégez du samsara et du nirvana.

Également connu sous le nom de Jetsun Taranatha ou Drolwé Gonpo et considéré comme la réincarnation du grand Maître Rimé Jonang Kunga Drolchog., Kunga Nyingpo fut l'un des maîtres les plus importants de la lignée Jonang. Il vécut de 1575 à 1635, étudia intensivement au Monastère

Cholung Jangtse et couvrit rapidement les cinq principaux sujets des écritures Bouddhistes ainsi que les tantras, recevant de fait la transmission pour toutes les lignées du Bouddhisme Vajrayana .

Également connu sous le nom de Jetsun Tāranatha ou Drolwé Gonpo et considéré comme la réincarnation du grand Maître Rimé Jonang Kunga Drolchog, Kunga Nyingpo fut l'un des maîtres les plus importants de la lignée Jonang. Il vécut de 1575 à 1635, étudia intensivement au Monastère Cholung Jangtse et couvrit rapidement les cinq principaux sujets des écritures bouddhistes ainsi que les tantras, recevant de fait la transmission pour toutes les lignées du Bouddhisme Vajrayana.

L'une des réalisations les plus célèbres de Tāranatha fut la rédaction d'une histoire du Dharma en l'Inde, basée sur les souvenirs d'une de ses vies antérieures en tant que le Mahasiddha Indien Drupchen Nakpopa. À ce jour, cette histoire du Dharma fait toujours autorité et est largement utilisée par de nombreux érudits. Tāranatha établit également le grand monastère Jonang de *Takten Damchö Ling*, où il composa près de quarante volumes de textes sur une grande variété de sujets. En particulier des textes comme *L'Essence de la Vacuité Autre qui contribuèrent* à dissiper la confusion concernant la vue Zhentong, et à faire revivre la philosophie originelle de Dolpopa. Salué comme un grand ornement des enseignements définitifs du Bouddha, et la source de tout ce qui est bon, Tāranatha bénéficia aux êtres d'innombrables façons.

Comme nous l'avons vu, du point de vue du Vajrayana, tous les grands êtres sont des manifestations des bouddhas, qui sont un dans leur nature de sagesse. Nous pouvons donc dire que Tāranatha incarne tous les bouddhas, et est le seul refuge de tous les êtres qu'il protège de la souffrance et la douleur du samsāra, ainsi que de la tentation de chercher le nirvana, version limitée de l'éveil où le continuum mental est «coupé» du but plus vaste de libérer tous les êtres.

Chalongwa Ngawang Trinlé

Je vous prie Chalongwa, Arbre du Dharma exauçant les souhaits. Vos paroles s'épanouissent comme des fleurs et les nouveaux adeptes se réjouissent de vos enseignements comme les abeilles se délectent du pollen .

Chalongwa Ngawang Trinlé est né en 1657. Il étudia pendant une grande partie des jeunes années de sa vie au Monastère Chalong de Tsang et plus tard devint un disciple très proche de Khidrup Lodrö Namgyal, responsable de la fondation du *Monastère Tsangwa*, troisième grande institution monastique construite à Dzamthang. Suivant les traces de son maître, Ngawang Trinlé a voyagé vers l'est, où il passa beaucoup de temps à guider un grand nombre d'étudiants, et à faire de Tsangwa un centre Jonang important pour l'étude et la pratique du Dharma. Reconnu pour sa grande sagesse et ses aptitudes exceptionnelles, il fut invité avec empressement par des rois et des dirigeants dans de nombreuses régions.

Un arbre qui exauce les souhaits est un arbre qui porte ses fruits selon les vœux, les besoins ou les désirs [du pratiquant]. De la même manière, un grand enseignant peut présenter le Dharma de sorte qu'il réponde parfaitement aux besoins et aux aspirations de l'audience. Ainsi la parole de Chalongwa est assimilée à des bourgeons qui éclosent en fleurs lorsque les conditions sont adéquates, et ses enseignements sont comparés à du pollen qui ressemble à un doux élixir, attirant de nouveaux adeptes.

Ngawang Tenzin Namgyal

Je vous prie Gawa'i Chöpel. Votre maîtrise de la parole est illimitée et votre apparence est parfaite. Vous êtes la source de toutes les qualités suprêmes De même votre conduite morale est sublime et votre savoir est inégalable, tel un merveilleux trésor.

Gawi Chöpel, également connu sous le nom de Ngawang Tenzin Namgyal, premier Maître Vajra de Kālachakra à résider au monastère de Tsangwa, est né en 1691. Reconnu comme la première réincarnation du fondateur de Tsangwa, Lodrö Namgyal, Gawi Chöpel reçut les enseignements Jonang complets de son maître Ngawang Trinlé. À l'âge de dix ans à peine, il entra en retraite et atteignit de nombreuses réalisations. Pendant une grande partie de sa vie d'adulte, Tenzin Namgyal se consacra à la pratique continue des Six Vajrayogas dans des endroits éloignés tels que la grotte d'Amitabha, où Padmasambhava avait médité.

Gawi Chöpel est célèbre pour avoir surmonté des obstacles au moyen de pouvoirs magiques, afin d'établir le système Jonang d'enseignement et de pratique. Guidé par le contact direct de divinités ainsi que par son habileté suprême dans la méditation, il eut un grand impact sur son environnement, et ses enseignements profitèrent à beaucoup. Il était également connu pour sa conduite morale sublime et ses connaissances inégalées. En 1738, suite à sa propre prédiction, il décéda après avoir passé toute la journée à dispenser conseils et prophéties à ses disciples.

Au regard de la versification propre au Vajrayana, Gawi Chöpel est une émanation de bouddha avec une apparence parfaite, la parole et autres qualités suprêmes. En général, nous décrivons les bouddhas en fonction de cinq types de caractéristiques— le corps, la parole, l'esprit, les qualités et les activités. Nous pouvons alors parler des grands lamas comme étant des émanations de la parole, des émanations de l'esprit et ainsi de suite.

Kunzang Trinlé Namgyal

Je vous prie Trinlé Namgyal, votre sagesse brille comme Manjushri, incarnant la sagesse d'innombrables bouddhas. Vous êtes un trésor de compassion, la puissance de tous les éveillés.

Kunzang Trinlé Namgyal, né dans la région de Gyalrong au Tibet oriental, fut la deuxième réincarnation du célèbre Lodrö Namgyal du Monastère de Tsangwa. Entraîné avec diligence dans le Dharma dès son plus jeune âge, formant des relations spirituelles avec beaucoup de grands maîtres et recevant d'innombrables initiations et instructions, il atteignit des réalisations extraordinaires. Surtout connu pour sa sagesse, qui était, dit-on, égale à celle des innombrables bouddhas, en particulier le bodhisattva Manjushri, il était donc très recherché en tant que précepteur du Dharma et attirait de nombreux étudiants.

Manjushri est un bodhisattva de haut niveau qui incarne la sagesse de tous les bouddhas. D'autres bodhisattvas incarnent différentes qualités, comme Avalokiteśvara, (Chenrezig en tibétain), incarne la compassion de tous les bouddhas, et Vajrapani leur pouvoir. Par conséquent, dans ce verset, Trinlé Namgyal est honoré en tant que celui qui affiche les qualités éclairées de sagesse, de compassion et de pouvoir.

À Tous les Enseignants du Dharma

Je vous prie maintenant tous mes précieux enseignants, qui m'ont accordé des transmissions, des initiations et des enseignements; se souvenir de vous suffit pour être libéré de la souffrance et quiconque est empli de dévotion obtiendra forcément l'éveil.

Ce verset final se réfère à tous les précieux enseignants du Dharma que vous avez rencontrés tout au long de votre vie, qu'ils vous aient conféré des transmissions, des initiations, des instructions personnelles ou d'autres formes d'enseignement authentique. Peu importe si le Dharma que vous avez reçu était une bribe ou bien de grands volumes d'enseignements précieux. Pensez à vos enseignants devrait vous protéger de la souffrance et vous apporter la tranquillité d'esprit, si tant est que vous ayez développé une certaine confiance dans leurs enseignements. Si vous avez de la dévotion, et que vous êtes motivé pour pratiquer avec diligence, il ne fait aucun doute que vous finirez par atteindre l'éveil en conséquence de ce lien sacré.

HOMMAGE DE L'AUTEUR

OM GURU BUDDHA BODHISATTVA BHAYANA NAMO NAMAH
OM, je rends hommage aux lamas, aux bouddhas et aux bodhisattvas. Je rends hommage au lama qui confère généreusement à tous les êtres le joyau du Dharma qui exauce tous les souhaits.

Ceci est l'hommage de l'auteur, et n'est normalement pas inclus dans la pratique. Le lama ou guru est celui qui vous conduit sur la voie de la bouddhéité en accordant généreusement le joyau du Dharma qui exauce les souhaits. Il est donc la source de toutes les bonnes qualités. Il est cependant d'usage d'offrir cet hommage aux êtres saints, afin de lever les obstacles au travail de tout auteur.

— *Tradition Jonang-Shambhala* —
Les Maîtres des Six Vajrayogas de la phase d'accomplissement de Kālachakra

CHAPITRE 3
Invocation complète de la Lignée du Vajrayoga

La prière qui suit est spécialement conçue pour vous aider à cultiver un lien fort avec les lamas de la lignée des Six Vajrayogas de la Voie Profonde de Kālachakra. Comme mentionné plus tôt, ces enseignements ont d'abord été donnés par le Bouddha Shakyamuni à Suchandra, Roi du Dharma de Shambhala, qui les a rapportés dans son royaume où ils ont été conservés pendant environ mille sept cents ans. Les enseignements ont ensuite été conférés au Mahasiddha Manjuvajra, connu sous le nom de Grand Kālachakrapada. Les enseignements ont prospéré en Inde un certain temps, avant d'être transmis au Tibet par plus de dix-sept lignées différentes.

Un lignage particulièrement complet d'instructions essentielles a été transmis par le grand pandita Somanatha au traducteur tibétain Dro Sherab Drak. Cette tradition a acquis un certain renom en tant que tradition Dro, et a été perpétuée par la suite par le biais d'une lignée de yogis extraordinaires qui ont tous atteint la plus haute des réalisations. Après plus de huit générations, le grand pratiquant érudit Kunpang Thukje pratiquant érudit Kunpang Tukje Tsondru réunit les dix-sept lignées en un seul courant unifié puis fonda la retraite de Montagne Jonang dans la vallée incroyablement bénie de Jomonang.

Beaucoup de grands maîtres y ont afflué pour méditer sur le profond système des Six Vajrayogas. Le plus grand de tous fut le Roi Omniscient du Dharma Dolpopa Sherab Gyaltsen, qui a dévoilé la signification définitive de la Vue Zhentong, et établi le système unifié d'étude et de pratique, devenu depuis le fondement de la Tradition Jonang. Le Dharma Jonang a continué de prospérer dans les provinces de Ü et Tsang jusqu'au XVIIe siècle; cependant, en raison de l'instabilité politique et des affrontements sectaires, de nombreux maîtres Jonang ont été forcés de chercher refuge dans les régions de l'Amdo et du Kham, plus à l'est.

Depuis cette époque, la lignée a été préservée dans un courant pur et ininterrompu par les grands maîtres Vajra des célèbres monastères du Dzamthang— Chöjé, Tséchu et Tsangwa — depuis lesquels elle s'est transmise à des centaines de monastères branches, donnant lieu ainsi à différentes autres lignées de détenteurs. Un lignage particulier est arrivé jusqu'à nous par le biais du prolifique pratiquant érudit du XXème siècle, Ngawang Lodrö Drakpa, puis de ses étudiants, Yonten Zangpo et Kunga Sherab Saljé.

La lignée présentée dans ce livre a été transmise par l'intermédiaire du yogi accompli Ngawang Chözin Gyatso, et ensuite passée à mon précieux professeur Kyabjé Lama Lobsang Trinlé. Il s'agit du lignage actuellement détenu par le monastère Tashi Chöthang, une branche du grand Monastère Tsangwa du Dzamthang. Grâce aux efforts des maîtres actuels de l'école Jonang en Inde, en Australie et aux États-Unis, les enseignements de ces lignées commencent maintenant à se répandre hors du Tibet.

INVOCATION DE LA LIGNÉE DU VAJRAYOGA

L'invocation des maîtres de la lignée commence par une visualisation qui peut sembler assez élaborée au début, mais qui, à mesure que vous vous familiariserez avec les différents éléments, deviendra plus facile. À cette fin, vous devriez visualiser l'ensemble des maîtres de la lignée, en commençant par le Bouddha Primordial, Vajradhara, Kālachakra et Bouddha Shakyamuni. Une fois la visualisation établie, vous pouvez alors requérir leurs bénédictions.

Visualisation

Dans l'espace immédiatement devant vous, au centre d'une aura de lumière arc-en-ciel, de cinq couleurs et sur un siège à cinq couches fait d'un lotus et de disques de lune, soleil, Rahu et Kalagni.

Visualisez votre lama racine sous la forme de Vajradhara, assis sur un trône, son corps est de couleur bleue, avec un visage et deux bras, tenant un vajra et une cloche croisés au niveau du cœur. Il est assis avec ses jambes dans la posture du lotus. Il est vêtu de vêtements de soie, paré d'ornements précieux tels qu'une couronne, des boucles d'oreilles, des colliers, des bracelets autour de ses bras, ce ses poignets et de ses chevilles. Il possède toutes les marques et tous les signes d'un bouddha.

Il est entouré de tous les maîtres de la lignée des Six Vajrayogas, y compris le Bouddha Primordial immaculé, Kālachakra , le corps de jouissance, Shakyamuni, le corps d'émanation, les trente-cinq Rois du Dharma de Shambhala et toute la lignée des maîtres indiens et tibétains. Leurs corps apparaissent radieux, magnifiques et agréables.

Chaque élément de cette visualisation a une signification profonde. Par exemple, les quatre coussins de la lune, du soleil, de Rahu et de Kalagni représentent chacun les quatre gouttes de l'état de veille, l'état de rêve, de sommeil profond et de sagesse primordiale. Guru Vajradhara, qui est l'incarnation tantrique de l'éveil, siège majestueusement sur un trône de lions et est inséparable de la nature de votre propre lama racine. Toute artificielle qu'elle puisse sembler, cette visualisation n'est ni une création en trompe l'œil ni celle d'un phénomène nouveau; il s'agit plutôt d'un moyen profondément habile de développer une «perception pure» de la réalité éclairée qui dépasse toutes les notions et distinctions dualistes ordinaires.

Chaque attribut du corps de Vajradhara a aussi une signification profonde. Le vajra croisé à cinq branches et la cloche représentent l'union de la sagesse indestructible et de la compassion, de même que les marques et les ornements symbolisent d'autres aspects de la réalité d'éveil, tels que les cinq agrégats purifiés et les huit consciences. Bien qu'il soit bon de visualiser la forme de Vajradhara pour déjouer notre perception ordinaire, certaines personnes pourraient tirer davantage de bénéfice en visualisant le lama dans sa forme humaine ordinaire.

Il est d'usage de prendre quelques minutes pour établir cette visualisation avant de réciter les prières, et il vaut d'ailleurs mieux que vous puissiez visualiser tous les maîtres de la lignée rassemblés, avec leurs corps apparaissant radieux, splendides et agréables. Trop se focaliser sur les détails peut cependant devenir un obstacle. Doter votre esprit d'un fort sentiment de connexion à la lignée, et penser tous ces êtres saints réellement présents est le plus important. Lorsque vous récitez la prière, souvenez-vous individuellement de chaque maître, ainsi que du moindre détail de leur histoire qui vous reviendrait à l'esprit. Pratiquer de cette manière crée un lien entre vous et la précieuse lignée. Et c'est ce lien qui vous rapprochera de la réalité sacrée de votre propre nature de bouddha.

Prière aux Lama Racine et Lamas de la Lignée

> *Je rends hommage à mon lama racine et je le prie.*
> *Je prie les lamas racine et les lamas de la lignée.*
> *Je prie la lignée qui exauce tous les souhaits.*

Rendre hommage et prier les lamas racine et lamas de la lignée témoigne de notre plus profond égard et de notre profond respect, cela nous rappelle à quel point cette relation spirituelle est précieuse. L'expression tibétaine pour lama racine est «*tsawi lama*», ce qui fait référence aux enseignants du Dharma ou aux maîtres envers lesquels vous avez le plus de gratitude— ceux qui vous ont personnellement montré la voie de la libération. De tous les enseignants que vous avez rencontrés, votre lama racine est celui que vous considérez comme le plus important, celui dont

INVOCATION COMPLÈTE DE LA LIGNÉE DU VAJRAYOGA

vous avez reçu le plus grand nombre d'enseignements, ou celui qui vous a le plus éclairé. Il peut s'agir d'un ou de plusieurs lamas puisqu'il n'y a aucune imitation du nombre.

Les autres maîtres de la lignée peuvent bien ne pas vous avoir donné d'enseignements directs, ils font néanmoins partie intégrante du lignage de transmission. Sans cette lignée de transmission, l'éveil ne pourrait être atteint, c'est pourquoi la lignée est vue comme un joyau qui exauce les souhaits, accordant n'importe lequel des vœux d'une personne. Même si vous ne les avez pas rencontrés, vous devriez ressentir une profonde humilité ainsi que de la gratitude envers ces maîtres, dans le but d'établir un lien spirituel avec cette lignée sacrée entière.

Veuillez me bénir pour que la transmission de la lignée opère en moi.
Puissent toutes ces bénédictions pénétrer mon cœur !
S'il vous plaît, bénissez-moi afin que les ténèbres de mon cœur se dissipent !

Ainsi qu'il a été expliqué précédemment, vous recevez des bénédictions lorsque vos propres qualités augmentent, ou encore lorsque vous vous rapprochez de la réalité de votre nature de bouddha. La lignée de transmission est comme un escalier qui vous aide à découvrir cette nature, menant à une profonde transformation alors que les bénédictions pénètrent dans votre cœur. Il s'agit de bien davantage que de se sentir «bien» temporairement. Grâce à cette pratique, vous pouvez dissiper les ténèbres de l'ignorance et autres souillures qui vous empêchent d'expérimenter le joyau de votre propre nature de bouddha.

Je prie le lama.
Je prie le seigneur du Dharma.
Puissent tous les pères spirituels et leurs fils de cœur me bénir !

Le lama est une personne «au-dessus de soi», c'est-à-dire supérieure en qualités spirituelles, et donc digne de louanges et d'hommages. *Seigneur du Dharma*, cela signifie qu'il est tel un roi de la spiritualité. Et l'expression *fils de cœur* se réfère à ceux de la lignée qui sont de proches disciples des grands lamas, lesquels sont leurs propres pères spirituels. Ils sont comme des princes qui monteront sur le trône de leur maître pour continuer le travail. Par exemple, Dolpopa eut quatorze fils de cœur, qui furent chacun responsable de la propagation du Dharma Jonang après son passage en parinirvana. Cela comprend Chokgyalwa Choklé Namgyal, Tsungmed Nyabön Kunga et ainsi de suite.

Prières de la Base, de la Voie et du Fruit

Je prie le Tathagatagarbha, l'essence de la base primordiale.
Je prie la profonde voie vajra de Kālachakra.
Je prie le dharmakaya, corps dévoilé de la réalité éveillée, fruit de l'épuisement du samsāra.

Le *Tathagatagarbha* se réfère à l'esprit d'éveil pleinement réalisé de la bouddhéité, dont l'essence réside dans tous les êtres en tant que fondement primordial de l'éveil, mais qui est actuellement obscurci par les souillures temporaires. Le Bouddha Maitreya assimile cette base primordiale à un trésor souterrain, miel au milieu des abeilles, graine dans son péricarpe ou précieuse image sous une couche d'argile. *La profonde voie vajra de Kālachakra* fait référence aux enseignements et pratiques que vous devez suivre pour éveiller cette nature vraie selon le Tantra de Kālachakra. Ce qui inclut toutes les pratiques préliminaires décrites dans l'Échelle Divine ainsi que la pratique principale des Six Vajrayogas.

Le *corps dharmakaya dévoilé de la réalité éveillée* est le résultat final pour qui suit la voie, le point où toutes les afflictions sont complètement purifiées, et la réalisation de la bouddhéité atteinte. Bien que la base et le fruit soient inséparables, sur un plan relatif, nous devons pratiquer la voie afin de déblayer les nombreuses strates de souillures qui nous empêchent de percevoir cette vérité.

Le dharmakaya est l'un des trois corps, ou dimensions de l'éveil (*kaya* en sanskrit). Il s'agit de l'aspect permanent, immuable et vide de l'esprit d'éveil. C'est la dimension de la réalité telle qu'expérimentée par un

Bouddha. Les autres dimensions sont le corps de jouissance sambhogakāya et le corps d'émanation nirmanakāya, qui représentent les dimensions de la réalité perçues par les êtres sensibles.

Prières aux Quatre Corps du Bouddha

| Őseredeti Buddha | Guru Vajradahra | Shri Kalachakra | Buddha Shakyamuni |

Je prie le sublime Bouddha primordial.
Je prie Vajradhara, le dharmakāya, corps de la réalité éveillée.

Bouddha primordial et Vajradhara sont des termes différents utilisés pour décrire le corps dharmakaya de la réalité d'éveil. Chacun indique un aspect différent de cette vérité sacrée, bien au-delà de toute tentative de conceptualisation, tout comme les nombreux noms que vous utilisez décrivent les différents rôles que vous jouez selon les circonstances— par exemple en tant que médecin, mari ou premier-né.

Bouddha primordial signifie sans commencement, intemporel et jamais souillé par la vérité relative ou les afflictions du samsāra, pareillement à l'espace qui imprègne tous les autres éléments, et n'en est pourtant aucunement affecté. Connu comme le Svabhavikakaya ou corps de nature, c'est l'aspect de la réalité avérée.

Vajradhara est similaire au Bouddha primordial, mais l'accent est mis sur la sagesse qui connaît la réalité telle qu'elle est. Il s'agit du jñana-dharmakaya ou corps de sagesse-vérité. Ainsi, même si le Bouddha Primordial et Vajradhara sont inséparables, ils aident chacun à mettre en évidence les caractéristiques subtiles du sens définitif.

Je prie Kālachakra, le sambhogakāya, corps de jouissance.

Dans le texte racine «longku» signifie sambhogakāya, qui est l'apparence la plus subtile et la plus pure du dharmakaya, aussi connue comme le corps de jouissance. À mesure que les êtres s'engagent dans la pratique spirituelle, ils élaguent lentement les nombreuses couches d'obscurcissement, purifiant leur esprit, ce qui leur permet d'expérimenter des niveaux de réalité de plus en plus subtils. Le sambhogakāya représente le niveau d'expérience dualiste le plus subtil et le plus pur, perçu seulement par les bodhisattvas hautement réalisés du dixième niveau de développement spirituel.

Le mot tibétain pour Kālachakra est «Dukyi Korlo», littéralement traduit par «Roue du Temps». Ici, la notion de *temps* fait référence au changement ou à la transformation, tandis que la *roue* renvoie à l'idée d'un cycle ou d'un processus sans fin. Sur un plan grossier, *la Roue du Temps* évoque les modèles infinis de transformation que nous percevons tous ; à un niveau plus subtil, ces deux concepts désignent la nature conventionnelle des phénomènes comme étant l'union de la grande compassion et de la vacuité ; puis, au niveau le plus subtil, ils se réfèrent à la nature ultime de la réalité, union de la félicité immuable et de la forme-vide. Il s'agit de retenir ici que Kālachakra est un terme faisant référence à la totalité du champ d'expérience, et peut donc être compris de différentes manières en fonction de la subtilité de votre perspective.

À Amaravati, dans le sud de l'Inde, lorsque le Bouddha a originellement enseigné le Tantra de Kālachakra à un auditoire comprenant un large éventail d'humains et de non-humains, il s'est manifesté sous la forme sambhogakāya de la divinité Kālachakra accompagné d'un mandala de 636 déités. Le principal bénéficiaire de ces enseignements fut le Roi Suchandra, le grand Roi du Dharma qui transmit ces enseignements au royaume divin de Shambhala. Grâce à la puissance de ces enseignements,

INVOCATION COMPLÈTE DE LA LIGNÉE DU VAJRAYOGA

les Rois de Shambhala ont été en mesure de développer un système de pratique qui a efficacement uni les adeptes d'une variété de milieux religieux, apportant la paix et l'harmonie à leur royaume.

Si seuls les êtres d'un niveau spirituel extrêmement élevé, comme le Roi Suchandra, ont pu percevoir et expérimenter directement la forme éveillée de Kālachakra, et dire de ce fait que le Bouddha Shakyamuni était apparu sous la forme sambhogakāya de Kālachakra pour enseigner ce Tantra, cela signifie que les enseignements ont été communiqués à un niveau d'expérience extrêmement subtil.

Je prie Bouddha Shakyamuni, le nirmanakāya, corps d'émanation.

Formulé simplement, le corps d'émanation nirmanakāya est l'être que nous appelons communément le Prince Siddhartha, qui a démontré aux êtres humains ordinaires comment ils pouvaient devenir des bouddhas complètement éveillés. Il est souvent appelé Bouddha Shakyamuni, *bouddha* signifiant «éveillé» et *Shakya* faisant référence au nom de son clan,. À un niveau plus profond, le corps d'émanation nirmanakāya est la manière dont le sambhogakāya apparaît aux êtres ordinaires; d'abord sous forme humaine puis déclinant ensuite les aspects d'une vie, de la naissance, de la vieillesse et de la mort.

De cette manière, les nirmanakāyas servent de pont entre l'esprit éveillé du Bouddha et les êtres sensibles infinis qui souffrent dans l'existence cyclique. Puisque les nirmanakāyas apparaissent en accord avec les penchants karmiques des êtres sensibles, il n'y a pas de limite aux formes qu'ils peuvent adopter. Et peu importe sous quelle forme se manifeste un nirmanakāya, sa transmission du Dharma est toujours parfaitement adaptée aux êtres sensibles qu'il rencontre

TRÉSOR CACHÉ

— *Les Trente-Cinq Rois du Dharma de Shambhala* —
Sept rois du dharma, vingt-cinq rois de Kalki et trois rois de l'âge d'or

INVOCATION COMPLÈTE DE LA LIGNÉE DU VAJRAYOGA

Prière aux Maîtres de la Lignée de Shambhala

Je prie les trente-cinq Rois du Dharma de Shambhala .

Shambhala est un terme utilisé pour désigner la manifestation de la paix et de l'harmonie dans l'expérience des êtres sensibles. Au niveau ultime, il est indivisible du fondement primordial de notre propre nature de bouddha. Conventionnellement, il est expérimenté de différentes façons. Lorsque nous mentionnons les Rois du Dharma de Shambhala, nous faisons référence à une manifestation spécifique connue sous le nom de *Sublime Royaume de Shambhala*.

Sous cette forme il s'agit d'un pur domaine d'expérience généré à partir des aspirations éclairées des bodhisattvas de dixième niveau, et de leurs connexions karmiques avec les êtres sensibles de cette planète; ainsi que d'un champ d'opportunité unique qui fournit aux humains de ce monde toutes les conditions nécessaires pour progresser rapidement vers la réalisation de l'éveil. Bien qu'il puisse être considéré comme un domaine humain, Shambhala est plus subtil que cela, et ne peut donc être expérimenté que par l'esprit d'êtres ayant un niveau de subtilité correspondant. C'est à partir de ce niveau subtil d'expérience que le Roi Bodhisattva Suchandra s'émana quand il requit la transmission de Kālachakra du Bouddha Shakyamuni dans le Grand Dhanyakataka Stupa d'Amaravati dans le sud de l'Inde. À cette époque, le Bouddha, sous la forme de Kālachakra, prophétisa qu'il y aurait trente-cinq Rois du Dharma pour perpétuer ces enseignements jusqu'au nouvel Âge d'Or. Ces rois se divisent en trois groupes qui sont : les Sept Rois du Dharma, les Vingt-Cinq Rois Kalki et les Trois Rois de l'Âge d'Or.

Les *Sept Rois du Dharma* constituent les sept premières générations de rois responsables de l'instauration de la pratique de Kālachakra au pays de Shambhala. Par leur brillant exemple, ils firent la démonstration de la profonde aptitude qui règne en chacun de nous et inspirèrent les citoyens de Shambhala à transcender leurs limites. Il s'agit de : (1) Suchandra, (2)

Sureshvara, (3) Taji, (4) Somadatta, (5) Sureshvara, (6) Vishvamurti et (7) Sureshana.

Le *lignage des Vingt-Cinq Rois* Kalki débute avec le grand Roi du Dharma Mañjuśri Yashas, qui unit avec succès les habitants de Shambhala au sein de la reconnaissance commune de leur nature ultime. En condensant les enseignements du Tantra de Kālachakra, il les rendit accessibles à un public beaucoup plus large et, ce faisant, leur montra comment éliminer leur préjugés et comment percevoir leur vérité sacrée. Depuis le règne de Yashas, les Rois de Shambhala sont connus sous le nom de *Kalki*, ce qui signifie «unificateur des castes». Nous vivons actuellement sous le règne du 20ème Roi Kalki, Aniruddha, la liste complète étant la suivante : (1) Mañjuśri Yashas, (2) Pundarika, (3) Bhadra, (4) Vijaya, (5) Sumitra, (6) Raktapani, (7) Vishnugupta, (8) Arkakirti, (9) Subhadra, (10) Samudravijaya, (11) Aja, (12) Surya, (13) Vishvarupa, (14) Shashiprabha, (15) Ananta, (16) Mahipala, (17) Shripala, (18) Harivikrama, (19) Mahabala, (20) Aniruddha, (21) Narasimha, (22) Maheshvara, (23) Anantavijaya, (24) Yashas et (25) Raudra Chakri.

Pendant le règne du dernier Roi Kalki, il est prophétisé que le monde atteindra un point de basculement dans l'équilibre entre l'ignorance et la sagesse. Les modes de pensée perturbés vont dominer, entraînant une violence et une dégénérescence sans précédent, mais en même temps, l'esprit des êtres aura mûri, permettant au 25ème Kalki, Raudra Chakrin, de sortir de Shambhala pour relancer le Dharma, inaugurant une ère de paix et d'harmonie sans pareille. Les trois rois qui sont prophétisés pour gouverner pendant cette ère sont connus comme les *Trois Rois de l'Âge d'Or* : (1) Brahma, (2) Sureshvara et (3) Kashyapa.

INVOCATION COMPLÈTE DE LA LIGNÉE DU VAJRAYOGA

Prière aux Maîtres de la Lignée de l'Inde

Dushapa Chenpo   Dushapa Nyipa   Gyaltse Nalendrapa   Panchen Dawa Gonpo

Je prie le Drupchen Dushapa Chenpo .

Drupchen Dushapa Chenpo, également connu sous le nom de Kālachakrapada l'Ancien, fut le premier détenteur de la lignée complète de Kālachakra dans ce domaine humain. Né sous le nom de Manjuvajra et fils d'un brahmane yogi, il grandit et étudia dans les célèbres universités d'Odantapuri et de Nalanda, dans le nord-est de l'Inde. Ayant acquis une expertise considérable dans chacune des cinq sciences, il reçut une vision de Manjushri lui enjoignant de voyager vers le nord à la recherche de Shambhala. C'est ce qu'il fit, il s'engageant très loin dans les montagnes où il rencontra une émanation du 11ème Roi Kalki, Aja, lequel lui conféra toutes les initiations et instructions essentielles, lui permettant d'atteindre des niveaux exceptionnels de réalisation. De sorte qu'après six mois de pratique, il put se rendre à Shambhala où il reçut un trésor d'enseignements directement du Kalki.

Après avoir mémorisé tous les précieux enseignements, Manjuvajra rentra chez lui et commença à les partager avec tous ceux qui le lui demandèrent. Grâce à la guidance de sa réalisation inégalée, la pratique des Six Vajrayogas prospéra en Inde. Dushapa Chenpo maîtrisa finalement les six yogas et atteignit l'éveil parfait, accomplissant l'état du corps arc-en-ciel. *Drupchen* est l'équivalent tibétain de «Mahasiddha», à savoir personne d'un haut niveau de réalisation spirituelle, tandis que *Chenpo* signifie «grand» en tibétain».

Je prie le Drupchen Dushapa Nyipa.

Le principal disciple de Manjuvajra était un laïc, né de la caste royale, connu sous le nom de Shri Badra et, en raison de ses réalisations extraordinaires, également sous celui de Kālachakrapada le Jeune, ou Drupchen Dushapa Nyipa en tibétain (*Nyipa* signifiant «deuxième»). Dans sa pratique spirituelle, Shri Badra expérimenta de nombreuses déités et royaumes spirituels, il fut unanimement reconnu comme ayant atteint le douzième degré des niveaux de Bodhisattva. Parmi ses nombreux étudiants, douze réalisèrent le corps arc-en-ciel sous sa guidance. C'est en fait Shri Badra qui le premier travailla avec des traducteurs tibétains pour introduire le Tantra de Kālachakra dans leur pays.

Je prie Gyaltse Nalendrapa.

La pratique de Kālachakra prit un essor considérable sous la direction du disciple de cœur de Shri Badra, le grand abbé Bodhibhadra de Nalanda, connu au Tibet sous le nom de Gyaltse Nalendrapa. La légende veut qu'il ait affiché un mot sur la porte de l'Université de Nalanda déclarant que ne pas comprendre Kālachakra équivalait à ne rien entendre à l'intention ultime du Bouddha. En réponse à ce défi audacieux, 500 érudits débattirent avec Nalendrapa et furent chacun vaincu. Cet événement établit fermement les enseignements de Kālachakra en Inde, où il s'avère l'un des systèmes de pratique les plus répandus.

Je prie le Panchen Dawa Gonpo.

Du grand siège de Nalanda, les enseignements de Kālachakra se sont répandus aux terres occidentales du Cachemire du fait du grand pandita Somanatha (Dawa Gonpo en Tibétain). D'ascendance islamique, Somanatha devint un brillant érudit dès le plus jeune âge. Voyageant à Nalanda, il étudia sous certains des plus grands maîtres de son temps, en particulier, Kālachakrapada le Jeune et Nalendrapa. Grâce à sa pratique des Six Vajrayogas, Somanatha obtint de nombreux pouvoirs remarquables tels que le contrôle total de ses vents subtils. Reconnaissant le lien karmique entre le Tibet et Shambhala, il se rendit au Tibet à trois reprises, donnant des enseignements généraux sur les Soutras de la *Perfection de la Sagesse* et les *Cinq Collections d'Arya Asanga*. À trois étudiants très spéciaux, il transmit les instructions profondes essentielles des pratiques de l'étape d'accomplissement de Kālachakra.

Prière à la Lignée Vajrayoga de la Tradition Dro

Droton Lotsawa   Lama Lhaje Gompa   Lama Droton Namseg

Je prie le grand traducteur Droton Lotsawa .

Né à l'ouest du Tibet, Dro Lotsawa Sherab Drakpa eut beaucoup de grands précepteurs indiens, c'est néanmoins Somanatha qu'il considérait comme son principal guru. Ensemble, ils traduisirent le commentaire du Roi Kalki Pundarika sur le Tantra abrégé de Kālachakra connu sous le nom de la *Lumière Immaculée*. En rendant les instructions écrites et orales disponibles aux pratiquants tibétains dans leur langue maternelle, ils apportèrent une contribution incroyable aux enseignements de Kālachakra au Tibet. C'est ainsi que Dro Lotsawa acquit son renom de Grand Traducteur. Durant la dernière partie de sa vie et jusqu'au moment de sa mort, il passa son temps auprès de Somanatha.

Je prie le Lama Lhaje Gompa.

Lama Lhaje Gompa, également connu sous le nom de Konchok Sum, naquit dans la région tibétaine occidentale de Penyul. À l'origine pratiquant tantrique très accompli dans la tradition Nyingma, il était connu pour sa capacité à pacifier les démons et les pratiquants de la magie noire. Alors que Dro Lotsawa se concentrait sur la traduction, Lhaje Gompa se consacrait à la pratique des enseignements reçus de Somanatha et donc à la méditation pendant le plus clair de son temps. Aussi attira-t-il de nombreux étudiants désireux de recevoir de lui les précieuses instructions pour les Six Vajrayogas.

Je prie le Lama Droton Namseg.

Le principal disciple de Lhaje Gompa fut Lama Droton Namla Tsek, un pratiquant laïc tantrique qui portait des robes blanches (Ngakpa). Tout en recevant la transmission de Kālachakra de Lama Lhaje Gompa, il étudia beaucoup avec Somanatha qui lui enseigna les *Cinq Collections* d'Asanga et les *Six Traités du Milieu* de Nagarjuna. Bien que sa pratique de cœur fût le Tantra de Kālachakra, on le dit en lien direct avec de nombreuses divinités yidams, et assisté de dakinis éclairées chaque fois qu'il aurait eu besoin de leur aide. La renommée de ses études et de ses réalisations commença à se répandre, Droton Namseg devint un enseignant très recherché. Des trois disciples tibétains de Somanatha, il fut le principal responsable de la propagation des enseignements du Kālachakra de Tradition Dro. Cependant, en raison de son énorme respect et de sa vénération des Vajrayogas, il suivit l'exemple de son maître et préserva les instructions quintessentielles via une transmission discrète, passée seulement de maître à disciple de cœur.

INVOCATION COMPLÈTE DE LA LIGNÉE DU VAJRAYOGA

Lama Drupchen Yumo   Seachok Dharmeshvara   Khipa Namkha Öser   Machig Tulku Jobum

Je prie le Lama Drupchen Yumo .

Lama Drupchen Yumo Mikyo Dorjé naquit dans une région du Tibet proche de l'Himalaya. Ordonné très jeune, sa discipline monastique pure lui valut d'être hautement considéré. Encore jeune homme il étudia tous les sutras puis les tantras. Après un bref contact avec Somanatha, Yumowa reçut la transmission complète de Kālachakra de Lama Droton Namseg. À partir de ces enseignements, il développa des facultés remarquables telles que la capacité de se manifester sous différentes formes, ainsi que d'affiner grandement sa connaissance du Tantra de Kālachakra. C'est en tant que l'un des premiers Tibétains à avoir composé sur la nature de bouddha en accord avec les enseignements de Kālachakra et sur la base de sa propre expérience que Yuma acquit le plus de renom. Il s'agit d'écrits pouvant être considérés comme les précurseurs de ceux de Dolpopa sur la vue *Zhentong*.

Je prie Sechok Dharmeshvara .

Sechok Dharmeshvara était le fils de Drupchen Yumo. Savant exceptionnel, à l'âge de seize ans, il écrivit un commentaire sur l'initiation de Kālachakra connu sous le nom de *Wang Dorten* (*Sekkodesa* en sanskrit). On dit qu'à vingt ans il pouvait comprendre tout ce que son père savait. Comme il maîtrisait chaque détail des sutrass et des tantrass, cela lui permit de vaincre de nombreux érudits renommés avec sa logique tranchante aussi beaucoup le virent comme une émanation de Manjushri.

Dharmeshvara reçut les enseignements de nombreux lamas, mais fut particulièrement attiré par les Tantras de *Guhyasamaja* et *Kālachakra*. Suivant les traces de son père, il choisit de transmettre la lignée Vajrayoga à ses trois enfants. En tibétain sechok signifie littéralement «fils suprême».

Je prie Khipa Namkha Öser.

Khipa Namkha Öser, fils aîné de Sechok Dharmeshvara, yogi tantrique et érudit, naquit à Kangsar. Il se concentra principalement sur les Cinq Collections d'Asanga ainsi que sur les Tantras de Guhyasamaja et de Kālachakra. On le dit en lien direct avec les divinités féminines Vajravarahi et Sarasvati. Le mot *khipa* signifie «chercheur extraordinaire».

Je prie Machig Tulku Jobum.

Machig Tulku Jobum, fille de Dharmeshvara était également considérée comme la réincarnation de la sœur du roi Indrabhuti. Après avoir mémorisé mot pour mot le grand commentaire du Tantra de Kālachakra, elle reçut les instructions de son père et obtint les dix signes de bon augure en une seule journée. Au cours de sept autres jours de pratique intensive, elle maîtrisa ses vents intérieurs, les dirigeant dans le canal central et devenant ainsi une grande yogini— une pratiquante hautement réalisée.

Je prie le Lama Drubtop Sechen.

Lama Drubtop Sechen naquit avec une déficience de la parole et de l'ouïe, aussi personne ne croyait que sa vie mènerait à quoique ce soit. Cependant, après avoir reçu les instructions des Six Vajrayogas de sa soeur Machig Tulku Jobum et après avoir pratiqué sous la guidance de son frère Namkha Öser, il atteignit rapidement des réalisations, parmi lesquelles la capacité de se souvenir de ses vies antérieures et collecter des connaissances sur son avenir. Plus tard dans sa vie, le nom de Semochen lui fut donné quand il établit le monastère de Tsang Orlang Semoché.

Je prie le Chöje Jamyang Sarma.

INVOCATION COMPLÈTE DE LA LIGNÉE DU VAJRAYOGA

Né d'une famille Nyingma, Chöje Jamyang Sarma étudia dans de nombreux monastères après son ordination. Ayant contracté la lèpre, il entreprit une vaste retraite de Vajrapani, pour surmonter sa maladie, pendant laquelle il eut une vision de Manjushri qui lui suggera de demander des instructions à Lama Drubtop Sechen. Voyageant pour le rencontrer, il eut à surmonter de nombreux démons et pouvoirs obstructives, mais, suite à son initiation, il fut capable de percevoir son lama sous la forme de Kālachakra. De ce moment il pratiqua les Six Vajrayogas, atteignant des réalisations encore plus grandes. Jamyang Sarma fut responsable de la fondation de nombreux ermitages où les yogis vinrent dédier leur vie à la pratique du Kālachakra. *Chöje* signifie littéralement «seigneur du Dharma» ou «souverain du Dharma».

Lama Drubtop Sechen   *Chöje Jamyang Sarma*   *Kunkyen Chöku Öser*

Je prie Kunkyen Chöku Öser .

À sa naissance, il fut prédit que Kunkyen Chöku Öser, fils de Serdingpa Zhonnu Ö, aurait la capacité de demeurer dans l'état de dharmakaya. Il reçut de ce fait le nom de *Chöku Öser* qui signifie «dharmakaya rayonnant». Grand érudit des sutrass et des tantrass, il développa des réalisations incroyables après avoir reçu l'initiation de Kālachakra et les instructions de Jamyang Sarma. On dit qu'il était capable de percevoir directement la forme courroucée de Kālachakra, ainsi que de tourner autour d'un stupa tout en méditant simultanément dans une pièce scellée. Kunkyen signifie littéralement «omniscient», ou «qui sait tout».

Prières à la Lignée des Maîtres du Monastère Jonang

Kunpang Thukje Tsondru — Jangsem Gyalwa Yeshe — Khetsun Yonten Gyatso

Je prie Kunpang Thukje Tsondru.

Considéré comme une émanation d'un roi Kalki de Shambhala, Kunpang Thukje Tsundru naquit en 1243. Après avoir reçu l'ordination, il étudia beaucoup dans les monastères Sakya et Ngor, où il reçut la transmission de Kālachakra conformément à la Tradition Ra. Invité ensuite à devenir l'abbé du monastère Kyangdur de Chöje Jamyang Sarma, il y reçut la transmission de Kālachakra de la lignée Dro de Kunkyen Chöku Öser. Entrant en retraite, Kunpangje atteignit rapidement de nombreuses réalisations sur la base des Six Vajrayogas. Néanmoins insatisfait il sillonna le monde, recueillant les instructions quintessentielles des dix-sept lignées de transmission des Six Vajrayogas, puis à la demande de la déesse locale Nagmen Gyalmo et des communautés de Chi, Drak et Nak, Kunpangje s'installa dans la vallée de Jomonang où il établit l'Ermitage Jonang de la Montagne et consigna toutes les instructions reçues, devenant le premier Tibétain à préserver les Six Vajrayogas par écrit. En conséquence,

INVOCATION COMPLÈTE DE LA LIGNÉE DU VAJRAYOGA

d'innombrables étudiants affluèrent à Jonang pour étudier avec ce grand maître. Bientôt le nom du Gyalwa Jonangpa devint synonyme de l'étude et de la pratique de Kālachakra. Le titre kunpang a le sens du «renoncement complet à toutes les préoccupations mondaines».

Je prie Jangsem Gyalwa Yeshe .

Jangsem Gyalwa Yeshe prit l'ordination et pratiqua le dharma pendant de nombreuses années dans l'ordre Karma Kagyu. Comme il n'aboutissait à aucune réalisation, le Karmapa Karma Pakshi l'informa qu'il lui manquait les connexions karmiques nécessaires et lui conseilla de se rendre au Monastère Jonang pour étudier sous la guidance du grand Thukje Tsondru. À peine entendit-il le nom de Kunpangje qu'il fut rempli de foi et de dévotion. Une fois toutes les transmissions et instructions de Kālachakra reçues, Gyalwa Yeshe progressa rapidement dans sa pratique des Six Vajrayogas, de sorte que ses réalisations finalement égalèrent celles de son maître, et qu'il commença à répandre largement le Dharma. Il fut nommé abbé du monastère Dechen et prit plus tard la tête du Monastère Jonang. *Jangsem Gyalwa* signifie «Grand Bodhisattva».

Je prie Khetsun Yonten Gyatso .

Khetsun Yonten Gyatso naquit dans une famille de tradition Nyingma et étudia sous la guidance de nombreux maîtres tantriques issus d'une multitude de monastères. Après avoir reçu les instructions de Kālachakra de Thukje Tsundru, il accomplit toutes les pratiques du yoga de nuit pendant vingt-et-un jours. Tandis qu'il pratiquait les yogas du jour, son corps lévita au-dessus du sol d'une longueur de flèche. Ainsi pendant sept jours, il put ainsi se déplacer sans encombre à travers les montagnes et vallées tout autour du monastère de Jonang. Il développa également des facultés de clairvoyance exceptionnelles ainsi qu'une connaissance suprême de tous les enseignements du bouddha. Son corps aurait dégagé un beau parfum à la suite de son excellente conduite morale. Yonten Gyatso, proche ami du Dharma de Gyalwa Yeshe devint plus tard son successeur, assumant le trône du Dharma en tant qu'abbé du Monastère Jonang. En tibétain, khetsun signifie «érudit avec une excellente conduite morale».

Kunkyen Dolpopa   *Chogyal Choklé Namgyal*   *Tsungmed Nyabon Kunga*

Je prie Kunkyen Dolpopa, émanation des bouddhas des trois temps.

De par sa réalisation et sa maîtrise si profonde des enseignements du Bouddha, Kunkyen Dolpopa fut considéré par tous dans les provinces de Ü et Tsang comme leur maître, et également révéré comme une émanation des bouddhas des trois temps. Après avoir atteint lors de retraites une maîtrise suprême des Vajrayogas de Kālachakra, il développa l'incomparable Vue Zhentong et devint le quatrième abbé du Monastère Jonang, où il développa un système unifié d'enseignement et de pratique bouddhistes combinant l'étude de la vue Zhentong avec la pratique de retraites axées sur les Six Vajrayogas. Ce système a été perpétué comme le joyau le plus précieux de la Tradition Jonang jusqu'à aujourd'hui.

Je prie le Chogyal Choklé Namgyal.

Fils du roi de Ngari Yatse, Choklé Namgyal reçut de nombreux éminents enseignements à la fois de son père et de son oncle alors qu'il était encore très jeune. Enfant, il étudia dans une variété de monastères où il étonna tout le monde en donnant de grands enseignements publics. Toujours

INVOCATION COMPLÈTE DE LA LIGNÉE DU VAJRAYOGA

victorieux dans les débats, il reçut donc le titre de *Chogyalwa*, qui signifie «l'Invincible». Choklé Namgyal reçut les initiations et instructions de Kālachakra de Dolpopa et devint l'un de ses plus proches étudiants, mémorisant parfaitement tous les grands textes. Puis finalement quinzième abbé du Monastère Jonang, guidant d'abord la communauté pendant six ans et plus tard quinze ans, tout en se faisant le précepteur de nombreux grands maîtres, tels que le fondateur de la Tradition Geluk, Jé Tsongkhapa, qui reçut de lui de nombreux enseignements de Kālachakra. En tibétain chogyal signifie «Roi du Dharma», tandis que *choklé* signifie «victorieux dans toutes les directions».

Je prie Tsungmed Nyabon Kunga .

Après avoir été reconnu par Khetsun Yonten Gyatso comme la réincarnation du grand maître de Vajrayoga Jamsar Sherab, Tsungmed Nyabon Kunga, qui avait montré une grande intelligence dès son plus jeune âge, excella dans toutes ses études. Son éducation monastique subit néanmoins un revers quand il tomba extrêmement malade au début de la vingtième année. Il fut miraculeusement guéri lorsque Dolpopa Sherab Gyaltsen visita son monastère et lui cracha dessus. Bien qu'il ait également reçu des enseignements et des conseils de Choklé Namgyal, c'est Dolpopa qui allait devenir son principal enseignant. Nyabon Kunga produisit de très nombreux écrits, dont certains encore précieux aujourd'hui. Nombre de pratiquants d'autres traditions purent bénéficier de ses enseignements, y compris Sakya Rendawa et Lama Tsongkhapa. Plus tard dans sa vie, il fonda le Monastère Jonang de Tsechen. Le mot *tsungmed* signifie littéralement «incomparable».

Je prie Drupchen Kunga Lodrö .

Considéré comme la réincarnation de Butön Rinchen Drup, Drupchen Kunga Lodrö naquit dans la famille royale de Sharkha et étudia les enseignements du Bouddha, en particulier le Tantra de Kālachakra, sous la guidance de nombreux maîtres dont principalement Nyabon Kunga. Ayant complètement renoncé aux attaches et aux possessions de ce monde, il prit l'ordination, devenant finalement le successeur de Nyabon en tant qu'abbé du Monastère de Tsechen. Après avoir tenté sans succès de négocier la paix entre deux clans en guerre, sa désillusion quant à l'existence cyclique grandit au point qu'il se retira durant près de cinquante ans, pendant lesquels il acquit la maîtrise non seulement des Six Vajrayogas, mais de tous les systèmes de pratique tantriques. Grand maître rimé, il devint l'enseignant d'un océan d'étudiants toutes grandes traditions confondues.

Drupchen Kunga Lodrö   Jamyang Konchog Zangpo   Drenchog Namkha Tsenchan   Panchen Namkha Palzang

Je prie Jamyang Konchog Zangpo.

Considéré comme la réincarnation du grand Sakyapa Drakpa Gyaltsen, Jamyang Konchog Zangpo naquit à Drakmar et étudia au monastère de Zangden ainsi que dans de nombreux autres monastères de diverses traditions, en particulier Sakya. Une fois devenu un grand érudit, il reçut de Kunga Lodrö la transmission de Kālachakra dont il fit sa pratique de cœur. Continuant à recevoir les transmissions ésotériques de toutes les grandes traditions, il atteint rapidement des réalisations. Au cours de sa vie, il tint le siège monastique dans de nombreux monastères, y compris Jonang, Tsechen, Samding et le monastère non-sectaire de Pelkhor Dechen (Pelkor Chode). Ainsi il devint un important détenteur de la lignée non seulement Jonang, mais également Sakya et Shangpa Kagyu.

Je prie Drenchog Namkha Tsenchan.

Namkha Chökyong, disciple de cœur de Jamyang Konchok, étudia dans divers monastères du Tibet central. À la suite des conseils reçus de ses enseignants, il parvint à la rapide maîtrise de la vue Zhentong et de la pratique des Six Vajrayogas. Il se réalisa à travers Kālachakra et devint finalement l'abbé du Monastère Tsechen, assumant même plus tard le trône vajra du Monastère Jonang lui-même, où il fut responsable de la construction d'un toit plaqué or pour le grand stupa de Dolpopa. Le mot *drenchog* signifie littéralement «sauveur suprême».

Je prie Panchen Namkha Palzang.

Le grand Panchen Namkha Palzang, à l'origine de tradition Sakya, devint expert du Tantra de Kālachakra après avoir reçu des initiations et instructions de Namkha Chökyong. Il atteignit une grande réalisation par la pratique des Six Vajrayogas et fonda un monastère appelé Drepung (à ne pas confondre avec l'université monastique de Lhassa), puis devint le neuvième abbé du Monastère Jonang. Pendant plus de dix-huit ans, il occupa également le siège monastique de Namgyal Draksang à Jang, où il enseigna à de nombreuses personnalités du Tibet occidental. Le mot panchen signifie littéralement «grand pandita» ou «grand érudit».

Lochen Ratnabhadra   *Palden Kunga Drolchok*   *Kenchen Lungrig Gyatso*

Je prie Lochen Ratnabhadra.

Le grand adepte Rinchen Zangpo, plus connu sous le nom de Lochen Ratnabhadra, pratiquant accompli des tantrass Nyingma et entraîné dans plusieurs grands monastères, devint un érudit respecté qui atteignit une grande réalisation après avoir reçu les enseignements de Kālachakra de Namkha Palzang. En lien direct avec la divinité courroucée Mahakala, on le disait capable de pacifier de nombreux démons. Plus tard dans sa vie, Ratnabhadra établit plusieurs monastères et centres de retraite, composa un important commentaire sur les Six Vajrayogas et restaura le monastère du grand maître Shangpa Thangtong Gyalpo. Le mot lochen signifie «grand traducteur».

Je prie Palden Kunga Drolchog.

Kunga Drolcho, né à Ngari Gongtung, vécut de 1507 à 1566. Il maîtrisa de nombreux enseignements avancés à un âge précoce et étudia avec de nombreux grands érudits dans le Tibet central. En étroite connexion avec la dakini éveillée Niguma, il reçut directement d'elle la transmission des *Six Dharmas de Niguma*. Il maîtrisa également les enseignements et pratique de Kālachakra, qu'il reçut de Rinchen Zangpo, et atteignit la réalisation extraordinaire de visions de beaucoup d'êtres éveillés. Au cours de sa vie, il recueillit une grande variété d'enseignements et de pratiques, devenant un important maître de lignée dans de nombreuses traditions. Tout en tenant le siège monastique du Jonang pendant une vingtaine d'années, il compila tous les enseignements reçus en un seul livre, connu communément sous le nom des *«Instructions quintessentielles de Drolchog»*. Par la suite, Kunga Drolchog fut reconnu dans tout le pays comme un grand maître rimé. Vers la fin de sa vie, il fonda le Monastère de Cholung Jangtse. Le mot palden signifie «glorieux».

Je prie Kenchen Lungrig Gyatso.

Kenchen Lungrig Gyatso, fut principalement formé à Serdokchen, le monastère du célèbre maître Zhentong Shakya Chokden. Après avoir rencontré Vajrayogini en rêve il en devint un pratiquant accompli. C'est de

INVOCATION COMPLÈTE DE LA LIGNÉE DU VAJRAYOGA

Kunga Drolchog qu'il reçut plus tard les transmissions de pouvoirs, les initiations et instructions complètes des Six Vajrayogas de Kālachakra. Ces enseignements mis en pratique, il acquit des réalisations et des pouvoirs remarquables, comme par exemple, lire instinctivement le sanskrit sans jamais avoir étudié les langues de l'Inde. Il eut également beaucoup de visions de mahasiddhas indiens qui lui donnèrent des transmissions pures et des enseignements. Lungrig Gyatso devint si respecté que même le neuvième Karmapa Wangchuk Dorjé et le Sakya Trizin le considérèrent comme le «Trésor du Dharma». Le mot *kenchen* signifie «grand khenpo», à savoir un érudit accompli ou un dirigeant monastique.

Prière à la Lignée des Maîtres de Takten Damchö Ling

Kyabdak Drolway Gonpo   *Ngonjang Rinchen Gyatso*   *Khidrup Lodrö Namgyal*   *Drupchen Ngawang Trinlé*

Je prie Kyabdak Drolwé Gonpo .

Considéré comme l'un des maîtres les plus importants de la lignée Jonang, juste après Kunkyen Dolpopa, Kyabdak Drolwé Gonpo, plus connu sous le nom de Jetsun Tāranatha ou Kunga Nyingpo, vécut de 1575 à 1635. Reconnu par Lungrig Gyatso comme la réincarnation de Kunga Drolchog, Tāranatha reçut la transmission complète des enseignements et pratiques recueillis par son prédécesseur. Après avoir fondé l'université monastique de Takten Damchö Ling, Tāranatha écrivit plus de quarante volumes de textes, créant un océan de Dharma qui détaille chaque aspect de la sagesse

55

et la pratique ésotériques. Il contribua également à raviver la vision originale de la philosophie Zhentong de Dolpopa qui, selon lui, avait dégénéré en raison d'un manque de clarté sur un certain nombre de points clés. Alors qu'il occupait le siège du Monastère Jonang depuis de nombreuses années, il était connu pour errer dans les terres, allant d'un monastère à l'autre rassembler des enseignements, discutant avec des érudits et pratiquant en retraite. En conséquence, il devint un maître véritablement non-sectaire qui apporta inspiration et bénédictions à tous ceux qui le rencontrèrent. Le mot *kyabdak* signifie «sauveur omniprésent des êtres».

Je prie Ngonjang Rinchen Gyatso .

Ngonjang Rinchen Gyatso naquit dans la région de Tsang et fut ordonné par Tāranatha. Il progressa rapidement dans la pratique de Kālachakra et, signe d'accomplissement, devint soudainement capable d'absorber instantanément de grands volumes de connaissances. Devenu abbé de Takten Damchö Ling, il enseigna de manière extensive, et guida des retraites de pratique au monastère pendant une quinzaine d'années. Dans la dernière période de sa vie, alors que des restrictions croissantes étaient imposées aux pratiquants Jonang, il choisit de quitter sa position et d'aller se retirer à Sangak Riwo Dechen. Alors qu'il s'y trouvait, il continua à guider un flot continu de pratiquants dévoués et simplement désireux de pratiquer le précieux Dharma. Le mot *ngonjang* signifie «accompli en raison de sa formation dans les vies antérieures.»

Je prie Khidrup Lodrö Namgyal .

Khidrup Lödro Namgyal vécut entre 1618 et 1683. Reconnu comme une réincarnation de la mère de Dolpopa, dès l'âge de seize ans il devint l'un des étudiants de Tāranatha. Après de nombreuses années de pratique du Dharma, il reçut l'ordination complète de Rinchen Gyatso, puis des initiations à la suite desquelles il fut souvent guidé par des visions de Tara Blanche. Il est dit qu'il impressionna le grand cinquième Dalaï Lama lorsqu'il eut l'occasion de discuter avec lui de sa réalisation de la vue Zhentong. Plus tard dans sa vie, Lödro Namgyal fut invité à enseigner le Tantra de Kālachakra lors de l'inauguration du nouveau Monastère Tsangwa au Dzamthang. Le mot *khidrup* a le sens littéral de «yogi érudit», en d'autres termes, personne à la fois très érudite et réalisée

Je prie Drupchen Ngawang Trinlé.

Drupchen Ngawang Trinlé vécut entre 1657 et 1713. Dolpopa prophétisa son impact à venir sur la propagation du Dharma authentique. Régent de Lödro Namgyal à l'âge de seize ans, il pratiqua les Six Vajrayogas sous sa guidance, puis passa six ans en retraite dans la caverne d'Amitabha, voyageant et enseignant ensuite largement. Parallèlement il devint le directeur de nombreux monastères, guidant des retraites de pratique de Kālachakra, et composant de nombreux textes, tels que la récitation des sept préliminaires de Kālachakra. Il reçut également des enseignements de lamas de toutes les traditions et devint un grand maître Rimé reconnu. Il passa la dernière partie de sa vie à Tsangwa dans le Dzamthang, où il avait été invité à enseigner. Il y ordonna une très grande communauté monastique et fut chargé de fonder de nombreux nouveaux monastères et centres de retraites dans les régions de Ngawa et de Gyalrong. En traversant la Mongolie pour retourner au Tibet Central, il établit plusieurs monastères à la demande de l'empereur.

Prières aux Maîtres Vajra du Monastère Dzamthang Tsangwa

Ngawang Tenzin Namgyal   Ngawang Khetsun Dargyé   Kunzang Trinlé Namgyal   Nuden Lhundrub Gyatso

Je prie Ngawang Tenzin Namgyal.

Considéré comme la première réincarnation du célèbre Lodrö Namgyal, Ngawang Tenzin Namgyal, également connu sous le nom de Gawi Chöpel, naquit en 1690. À l'âge de dix ans, à peine, il reçut de Chalongwa Ngawang Trinlé de nombreux enseignements, y compris les instructions quintessentielles des Six Vajrayogas. Ordonné à seize ans, il continua à se consacrer à la pratique et atteignit de nombreuses réalisations extraordinaires. À la demande du Chöje Gyalwa Lhundrup, Tenzin Namgyal déménagea au Monastère Dzamthang Tsangwa, où il commença à enseigner les Six Vajrayogas en tant que premier Maître Vajra résident. Sous sa guidance, de nombreux étudiants reçurent des visions et accomplirent des réalisations. Comme Dolpopa avant lui, il fut très influent dans la société, mais malheureusement mourut en 1738, à l'âge d'à peine quarante-huit ans, dissolvant son esprit dans le dharmadhatu. Le mot *ngawang* signifie «grand savant doté d'un discours puissant», il s'agit d'une épithète reliant la personne à la sagesse de Manjushri.

Je prie Ngawang Khetsun Dargyé.

Renommé pour sa vaste connaissance du Dharma et son comportement moral parfait, ainsi que pour sa profonde réalisation intérieure, Ngawang Khetsun Dargyé fut le second détenteur de la lignée de Kālachakra au Monastère Tsangwa. D'une grande perspicacité dans la pratique des Six Vajrayogas, il eut plusieurs grands disciples tels que Kunga Chöpel et Chayur Chöjor.

Je prie Kunzang Trinlé Namgyal.

Kunzang Trinlé Namgyal naquit dans l'est du Tibet et fut reconnu comme la seconde réincarnation du fondateur de Tsangwa, Lodrö Namgyal. Dès son plus jeune âge, il établit des liens avec de nombreux êtres saints, dont son lama racine, Ngawang Khetsun Dargyé. Il reçut d'innombrables initiations et instructions et atteignit une réalisation remarquable grâce à

la pratique diligente des Six Vajrayogas. Même le Karmapa, l'un des plus éminents lamas du Tibet, parcourut une grande distance depuis l'Ü-Tsang pour lui rendre visite et recevoir ses enseignements. Le mot kunzang signifie «posséder toutes les bonnes qualités».
Je prie Nuden Lhundrub Gyatso .
Disciple le plus influent de Kunzang Trinlé Namgyal, Nuden Lhundrub Gyatso fut un être très accompli dans la pratique du feu intérieur (tummo) : il développa une puissance tantrique courroucée et invincible, à travers laquelle il put contrôler tous les démons et déités locales. Responsable de l'établissement du Monastère du Bas-Tsangwa, il accomplit de nombreuses activités éclairées avec l'assistance de Jinpa Gyatso (seconde réincarnation de Ngawang Trinlé). Le mot *nuden* signifie littéralement «posséder une grande énergie et un pouvoir de guérison».

Konchok Jigmé Namgyal   *Ngawang Chöpel Gyatso.*   *Ngawang Chökyi Pakpa*   *Ngawang Chöjor Gyatso*

Je prie Konchok Jigmé Namgyal .

Né dans la vallée de Markok, Konchok Jigmé Namgyal fut considéré comme la troisième réincarnation de Lodrö Namgyal. Il établit un lien avec bon nombre de maîtres et d'êtres saints, en particulier Lhundrub Gyatso, son frère d'une vie antérieure. En plus d'être un maître des enseignements de Kālachakra, il reçut également ceux de la dakini Niguma et développa de nombreuses qualités exceptionnelles à la suite de son étude et de sa pratique sans faille. Le mot konchok signifie littéralement «rare et sublime», tandis que jigmé signifie «sans peur».

Je prie Ngawang Chöpel Gyatso.

Ngawang Chöpel Gyatso, également connu sous le nom de Tsangwa Gelong, naquit en 1788 et fut formé au monastère Tsangwa du Dzamthang à partir de l'âge de dix ans. Il étudia avec de nombreux maîtres et reçut la première transmission pour les Six Vajrayogas de Lama Ngawang Gyaltsen à l'âge de vingt-deux ans. Atteignant une grande maîtrise des deux premiers yogas au cours d'une retraite de trois ans, il reçut plus tard la transmission complète de Jigmé Namgyal, puis également les enseignements du Dzogchen et des Six Dharmas de Niguma de nombreux autres lamas. Reconnu pour ses capacités extraordinaires clairvoyantes, il enseigna plus tard dans sa vie et voyagea énormément, devenant l'un des principaux enseignants des grands maîtres rimé Jamgon Kongtrul et Patrul Rinpoche. Il décéda en 1865 au sein d'innombrables arcs-en-ciel, testament approprié à sa grande réalisation. Le mot chöpel signifie littéralement «détenteur supérieur du Dharma».

Je prie Ngawang Chökyi Pakpa.

Ngawang Chökyi Pakpa naquit en 1808 dans la région de Zuka et fut ordonné par Konchok Jigme Namgyal à l'âge de sept ans. Particulièrement compétent dans la pratique des deux premiers Vajrayogas, lors d'une retraite il eut des visions du roi Kalki Pundarika et de Kunkyen Dolpopa, ainsi que de Shambhala et du pur royaume de Sukhavati. À vingt-cinq ans, il avait étudié et mémorisé plus d'une centaine de mandalas dans tous leurs détails, ce qui en fit un maître de cérémonie très recherché. La plupart des descriptions détaillées des mandalas utilisées aujourd'hui dans les rituels Jonang peuvent lui être attribuées. En tant que Maître Vajra de Dzamthang Tsangwa, Chökyi Pakpa fut responsable de la construction d'une grande salle de prière. Il décéda en 1877 sans aucun signe de maladie ni aucune douleur, demeurant pendant plusieurs jours dans l'union de claire lumière de la mère et du fils.

INVOCATION COMPLÈTE DE LA LIGNÉE DU VAJRAYOGA

Je prie Ngawang Chöjor Gyatso .

Ngawang Chöjor Gyatso naquit en 1846 et reçut les enseignements et l'habilitation de Kālachakra du Tsangwa Gelong, Chöpel Gyatso. Au cours de l'initiation, le lama lui apparut une fois en tant que Kunkyen Dolpopa et il expérimenta l'esprit non-duel d'un Bouddha. Il pratiqua avec diligence les Six Vajrayogas et acquit de nombreuses grandes réalisations, y compris des pouvoirs magiques dans ses rêves et la perception continue de son corps dans l'état de claire-lumière. À l'âge de quarante-cinq ans, il devint le Maître Vajra de Kālachakra du Monastère Tsangwa. Il décéda en 1910.

Prières à la Lignée des Maîtres du Monastère Tashi Chöthang

Je prie Ngawang Chözin Gyatso .

Ngawang Chözin Gyatso   *Ngawang Tenpa Rabgyé*   *Lama Lobsang Trinley*   *Khentrul Jamphal Lodrö*

Ngawang Chözin Gyatso, également connu sous le nom de Washul Lhazö Lama, fut considéré comme une émanation d'Akashagarbha, l'un des huit grands bodhisattvas. Il étudia au monastère Tsangwa du Dzamthang, où il reçut toutes les instructions des Six Vajrayogas, principalement du gelong du Tsangwa. Il composa de nombreuses pratiques et commentaires rituels, et révéla un jour que des millions de divinités émanaient de son corps. Ses réalisations furent si profondes qu'il pouvait accomplir des prouesses miraculeuses telles que marcher à travers les murs et voyager vers des royaumes purs comme Shambhala pour recevoir des instructions. Nombre des pratiques révélées de cette manière sont encore utilisées dans les monastères Jonang à ce jour. Ayant passé du temps à visiter le pays en tant que représentant du Monastère Tsangwa, Chözin Gyatso se retira dans l'ermitage qui allait devenir le Monastère Tashi Chöthang. C'est là qu'il enseigna à de nombreux grands maîtres tels que Tenpa Rabgye et Bamda Gelek Gyatso. Après sa mort, deux ensembles complets d'os furent trouvés dans son stupa de crémation, indiquant qu'il avait atteint la plus haute des réalisations, l'union de la béatitude immuable et de la forme vide.

Je prie Ngawang Tenpa Rabgyé.

Ngawang Tenpa Rabgyé naquit en 1875 et reçut de Ngawang Chözin Gyatso toutes les instructions des Six Vajrayogas. Il connut de nombreux signes de maîtrise de la pratique. Il pratiqua aussi beaucoup d'autres tantras et contempla d'innombrables visions de différentes divinités tantriques. À l'âge de vingt-cinq ans, il étudiait et pratiquait au Monastère Tsangwa du Dzamthang. À cinquante-six ans, il devint abbé du Monastère de Chayul, puis abbé et maître de Kālachakra au Monastère de Tashi Chöthang. Vivant une vie très humble, il ne se souciait nullement de la richesse ou de la position sociale. À l'âge de soixante-seize ans, il décéda, demeurant six jours dans l'état de claire-lumière.

Je prie le dissipateur des ténèbres, le précieux Lama Lobsang Trinley.

Lama Ngawang Lobsang Trinley naquit dans la vallée de Zuka dans la région du Kham au sud-est du Tibet en 1917. À l'âge de quatorze ans, il étudia au monastère de Chayul sous la guidance de Ngawang Tenpa Rabgyé. Se concentrant intensément sur la pratique de Kālachakra, il atteignit les dix signes de la réalisation en deux semaines. Âgé d'une trentaine d'années, il contracta la lèpre et entra par conséquent en retraite solitaire pour cinq ans de pratique de Vajrapani. Sa maladie lui apparut alors sous la forme de milliers de vers s'écoulant de son corps, se dissolvant et se transformant en tormas. Il passa ensuite le reste de sa vie à soigner et guérir de nombreuses personnes atteintes de la lèpre et d'autres maladies. Il travailla sans relâche à rétablir le bouddhisme Mahayana et Vajrayana dans leur forme pure ainsi que le Monastère de Chöthang en grande partie détruit du fait de combats. Bien que paraissant en parfaite santé, il décéda en 1999, accomplissant ses propres prédictions. De nombreuses apparitions miraculeuses accompagnèrent sa mort et son corps ne présenta aucun signe de décomposition pendant treize jours. Il envoya toutes ses précieuses reliques au palais du Potala à Lhassa, n'en conservant pas même une seule dans son propre monastère.

Je prie le guerrier du Dharma Khentrul Jamphel Lodrö.

Reconnu comme une réincarnation de l'enseignant de sa mère, Getse Khentrul, qui dans sa vie précédente fut le maître de Kālachakra Ngawang Chözin Gyatso, Khentrul Jamphel Lodrö naquit le 18ème jour du deuxième mois de l'année du lièvre d'eau. Sa famille vivait dans une communauté nomade de la province de Golok au Tibet oriental. À l'âge de douze ans, il commença ses vastes études et pratiques bouddhistes sous la guidance de Khenpo Sangten et de plusieurs autres lamas. Auprès de onze monastères dans l'est du Tibet, il étudia les cinq traditions et entreprit une retraite de Kālachakra de trois ans au Monastère Chöthang sous la guidance de son maître principal, Lama Lobsang Trinley. En 1997, Lobsang Trinlé lui décerna le titre de Khenpo, l'autorisant ainsi à enseigner, et deux ans plus tard il fut choisi par l'abbé du Monastère Tsangwa du Dzamthang pour y enseigner. Peu de temps après, il choisit d'abandonner son poste prestigieux pour passer du temps en retraite solitaire, avant d'entreprendre un pèlerinage en Inde en 2000 et pratiquer dans de nombreux sites sacrés du Bouddhisme.

Après plusieurs audiences privées avec Sa Sainteté le Dalaï Lama, il s'établit en Australie en 2003, son but étant de transmettre les enseignements rares et précieux de Kālachakra et d'établir la Tradition Jonang en Occident. Le titre *khentrul* signifie à la fois «érudit du Dharma» ou «abbé» et «réincarnation reconnue». Le nom de *Jamphel Lodrö* signifie «Manjushri doux et glorieux», le bodhisattva de la sagesse. Au cours de son séjour en Occident, Khentrul Jamphel Lodrö consacra d'importants efforts à l'apprentissage de l'anglais afin de transmettre efficacement le précieux Dharma de la Tradition Jonang à ses élèves.

Supplications Additionnelles au Lama

Je prie mon lama racine primordial.
Je prie mon glorieux lama
Je prie tous les seigneurs du Dharma
Puissent tous les pères spirituels et leurs fils de cœur me bénir !

Ce verset nous encourage à avoir une attitude de respect et d'honneur profond envers le lama et tous les maîtres de lignée, ou seigneurs du dharma. Cela inclut les pères spirituels et leurs fils de cœur, car la lignée a été transmise de maître à disciple d'une génération à l'autre. Ici, lama ne se réfère pas seulement à un maître «racine», mais à quiconque vous a transmis des initiations ou des enseignements.

Quiconque honore et voue une dévotion à vie au précieux lama et lui adresse constamment des supplications et lui rend hommage dans cette vie.
Puissé-t-il béni par la sagesse primordiale du guerrier compatissant.

Le verset suivant est un rappel des avantages de se souvenir de ces lamas et de cultiver la dévotion ou la gratitude envers eux. Le simple fait de se rappeler d'eux évoque vos propres qualités, et vous apporte donc la paix. De même, avoir de la gratitude et de la dévotion à vie apportera encore davantage de bénéfices. D'un point de vue ordinaire, la reconnaissance et l'appréciation sont les causes de votre propre bonheur. Une telle gratitude peut aussi devenir une dévotion extraordinaire et vous conduire à l'éveil, c'est ce que nous entendons par sagesse primordiale du guerrier compatissant.

Dans toutes mes vies futures, puissé-je ne jamais être séparé de mon glorieux lama .
Et puissé-je vivre une félicité suprême dans ma pratique du précieux Dharma .
Puissé-je accomplir tous les chemins vers l'éveil et atteindre rapidement l'état de Vajradhara !

Quand vous priez pour ne jamais être séparé de votre glorieux lama, vous témoignez d'un grand hommage et d'une grande dévotion envers vos maîtres. En outre, si vous avez un lien fort ou karmique avec eux et vos amis du Dharma, vous risquez de les rencontrer de nouveau, vie après vie. Si vous n'êtes pas séparé de le sangha (qui inclut tous les grands êtres Arya ainsi que tout aspirant pratiquant qui suit le Bouddha), vous ne serez jamais séparé du Dharma précieux et aurez une grande joie à le pratiquer. Ensuite, vous accomplirez progressivement tous les voies d'éveil, traversant les différents niveaux de réalisation, et atteindrez finalement l'état de Vajradhara - l'éveil complet.

(Soyez assurés que les lamas de la sainte lignée se fondent à présent en lumière et bénissent votre continuum mental.)

Toutes ces pratiques préliminaires consistent en deux étapes : élaborer une visualisation et se connecter au thème de la pratique; puis dissoudre ce que vous avez construit, en reconnaissant que tout cela n'est qu'une composition de votre propre esprit. Dans ce cas, les lamas de la sainte lignée, le centre de votre visualisation, se dissolvent ou se fondent en lumière, puis bénissent votre continuum mental, devenant inséparables de votre propre esprit. Pendant la visualisation, vous entraînez votre esprit au niveau de la vérité relative - le niveau des apparences. Tout en dissolvant votre visualisation, vous apprenez à reconnaître la nature vide de ces apparences - la vérité ultime.

DEUXIÈME PARTIE

Préliminaires Internes

— *Le champ de refuge de Jonang* —
Assemblée de tous les objets sublimes du refuge

CHAPITRE 4

Refuge et Prosternations

Le Refuge est la première des cinq pratiques préliminaires internes. Après avoir contemplé les quatre convictions de renoncement, vous vous retrouvez avec un sentiment d'effroi à la perspective de rester dans le samsāra pendant encore une seconde, mais cette peur s'accompagne du grand espoir que la libération est possible si vous placez votre confiance et votre foi dans les Trois Joyaux. Cela signifie spécifiquement avoir foi dans le *Bouddha* comme étant votre guide, dans le *Dharma* comme étant les enseignements qu'il a donnés et dans le *Sangha* comme étant vos compagnons spirituels. Sans la prise de refuge, il n'est pas possible de suivre le chemin du Bouddha vers l'éveil. Pour cette raison, le refuge est considéré comme le fondement de tous les chemins bouddhistes.

Prendre refuge signifie créer un lien spirituel entre vous et tous les grands êtres saints qui incarnent les qualités de la bouddhéité et vous engager à suivre les enseignements qu'ils ont transmis à travers une lignée authentique. Nous pouvons considérer le Bouddha comme un médecin, le Dharma comme le médicament qu'il prescrit pour vous et le sangha comme les infirmières qui aident à prendre soin de vous pendant que vous êtes malade. Cette sangha comprend à la fois le Sangha des Aryas, hautement réalisés (ceux qui ont vu la vérité de la vacuité et qui sont en train d'atteindre l'éveil), ainsi que les êtres ordinaires qui agissent comme vos amis spirituels tout au long du voyage. Alors que le Sangha fournit des conditions propices au développement, au final il ne tient qu'à vous seul de prendre le médicament et de réellement pratiquer les instructions fournies par le Dharma.

En général on peut parler de deux types de refuge : le refuge provisoire et le refuge définitif. Au niveau provisoire, vous faites des prières et des prosternations aux Trois Joyaux avec une foi forte et avec la motivation de libérer tous les êtres. Ici, la foi signifie avoir une confiance totale dans les enseignements, ce qui est la base pour permettre aux bénédictions du refuge d'entrer en vous. En ce qui concerne la motivation, la meilleure motivation pour prendre refuge est la motivation de libérer tous les êtres sensibles de l'existence cyclique. Au niveau définitif, vous vous réfugiez dans votre propre nature de bouddha et dans son potentiel de se manifester sous la forme des trois kayas du bouddha. De cette manière, nous utilisons le refuge provisoire comme un miroir pour refléter le refuge définitif.

La pratique qui suit est divisée en trois parties : établir la visualisation du refuge, réciter les prières de prise de refuge en faisant des prosternations et enfin dissoudre le champ du refuge.

VISUALISATION DU REFUGE

Comme pour tout ce qui est nouveau, les détails de cette visualisation de refuge peuvent sembler intimidants au début. Cependant, vous devez savoir qu'il y a plusieurs niveaux de signification dans chaque détail, ce qui rend important de garder toutes ses caractéristiques intactes. Grâce à un travail acharné et beaucoup de pratique, vous serez certainement en mesure de débloquer ces couches profondes de signification spirituelle profonde. Vous devriez viser à développer une visualisation qui soit vive, claire et vivante, tout en étant ancrée dans la compréhension de sa nature non-duelle. Si vous avez des difficultés avec le composant visuel, ne vous inquiétez pas. Concentrer simplement votre attention sur le sentiment que tous ces objets de refuge se manifestent réellement dans l'espace devant vous, et ayez la sensation de leur présence. En fin de compte, le plus important est de développer votre conscience de ce que ces objets signifient par rapport à votre pratique.

Pour prendre refuge, ce qui est le fondement de toute pratique du Dharma, allez, d'abord, dans un endroit isolé ou calme et placez votre esprit dans son état naturel, détendu et concentré. Visualisez l'espace devant vous comme un royaume pur ou éveillé, vaste et très étendu.

La première étape consiste à essayer de dissoudre toutes les apparences ordinaires et à considérer votre environnement comme un domaine pur ou éclairé, vaste et chaleureux. Ce royaume pur est libre de tous les concepts fixes ordinaires tels que grands et petits, ou les choses ne sont plus limitées à un unique aspect. Ceci est réalisé en plaçant l'esprit dans son état naturel : détendu et concentré. Vous pouvez créer ce sentiment de découverte en vous concentrant sur l'espace qui vous entoure ou en reposant votre esprit sur votre centre cardiaque à la fin de chaque expiration.

Au centre de ce royaume se trouve un grand palais fait de diverses substances précieuses et paré de superbes bijoux et ornements. Au centre du palais se trouve un immense arbre exauçant tous les souhaits [Kalpavriksha], aux vastes branches drapées pourvues de belles feuilles, de fleurs et de fruits dont le rayonnement emplit tout le palais. Au sommet de cet arbre se trouve un magnifique trône soutenu par des lions. Sur ce trône est un lotus multicolore avec des disques de soleil, lune, rahu et

Il Lama racine

Lamas de la lignée

kalagni.

Les substances et ornements précieux qui ornent le grand palais symbolisent la perfection et la pureté de l'environnement. L'arbre qui exauce les souhaits représente un fondement fermement enraciné et l'unité de tous les êtres éveillés, avec les branches, les feuilles et les fleurs caractérisant les nombreux aspects différents manifestés, pour répondre aux souhaits de tous les êtres. Le trône du lion est un symbole de majesté et de puissance tandis que le lotus représente la pureté, et les disques de soleil et de lune symbolisent la sagesse et la compassion.

Le lama racine est assis sur le trône sous la forme de Vajradhara bleu ; Il tient un vajra et une cloche croisés au niveau de son cœur. Le Bouddha primordial siège au-dessus du point couronne du lama racine.

Vajradhara est la forme tantrique de l'éveil, comme décrite précédemment dans l'invocation du maître de la lignée. Il représente l'esprit éveillé de votre lama racine et reçoit cette position centrale car il est votre lien direct

Déités Yidams — Bouddhas du Nirmanakāya

pour accomplir l'éveil.

Entourant votre maître vajra, dans les branches de l'arbre se trouvent tous les lamas de la lignée, les trente-cinq rois du dharma de Shambhala et les divinités yidams du tantra du yoga suprême, comme le Kālachakra. Autour d'eux se trouvent les divinités yidams des quatre classes de tantras.

Dans les prières antérieures, nous nous sommes concentrés spécifiquement sur les lamas de la lignée. Nous incluons maintenant également les divinités yidams qui sont des formes de bouddha tantriques, la plupart du temps courroucées, qui vous aident à accomplir la réalisation tantrique. Chaque yidams représente une collection différente de qualités éclairées que vous pouvez utiliser pour concentrer votre esprit et activer votre potentiel caché.

Bouddha Shakyamuni est assis sous les divinités yidam.

Les bouddhas sont ces êtres pleinement éclairés qui sont omniscients et omniprésents. Ils apparaissent selon le mérite des êtres dans les trois temps - le passé, le présent et le futur - et les dix directions - les quatre directions cardinales, les quatre directions intermédiaires, ainsi que de

Nobles Boddhisattvas

Les Arhats Shravakas et Pratryekas

haut en bas. Cela inclut le Bouddha Shakyamuni actuel ainsi que tous les bouddhas précédents et futurs tels que Dipankara et Maitreya.

À sa droite, sur les branches de l'arbre, se trouve le sangha des Aryas du Mahayana comprenant les huit bodhisattvas, dont Maitreya, Manjushri et Avalokiteshvara.

TRÉSOR CACHÉ

Le Sangha des Aryas des bodhisattvas sont ceux qui sont sur le chemin de la bouddhéité et qui ont réalisé directement la vision profonde de la vacuité, tels que le bodhisattva de la compassion Avalokiteshvara et le bodhisattva de la sagesse Manjushri. La seule intention de ces êtres sublimes est de conduire tout le monde à la bouddhéité. Pour cette raison, vous pouvez les considérer comme vos guides et protecteurs personnels.

À sa gauche se trouve le sangha des Aryas du Hinayana constitué des shravakas et des pratyekas, tels que Shariputra.

Nous nous réfugions également dans les Sanghas des Aryas, des Shravakas et des Pratekyas. Les *Shravakas*, également connus comme auditeurs, entendent les enseignements du Bouddha et atteignent l'état d'Arhat ou la libération individuelle, en suivant le chemin qui est pratiqué aujourd'hui dans la tradition Theravada. Les *Pratyekas*, aussi appelés réalisateurs solitaires, trouvent leur propre libération en analysant la vérité de l'origine dé-

Dakinis de sagesses

Protecteur du Dharmas courroucés

pendante sans s'appuyer directement sur les enseignements d'un Bouddha.

A la base de cet arbre se trouve un océan de dakinis et de protecteurs du dharma dotés de l'œil divin, qui gardent les précieux enseignements. Ils se tiennent de manière à vous protéger.

Les Dakinis, connues sous le nom de *Khandro* en tibétain, signifie littéralement «marcheuses du ciel». Ce sont des formes féminines divines qui ont la capacité d'aider les pratiquants authentiques. Elles incarnent un type d'énergie spirituelle qui protège votre progrès spirituel et surmonte les obstacles intérieurs à votre pratique. Les protecteurs du dharma sont des formes courroucées qui vous protègent des obstacles extérieurs et des pouvoirs nuisibles; ils incarnent un type d'énergie spirituelle qui empêche la négativité d'entrer, comme une barrière de fer autour de vous. Les Dakinis et les protecteurs du dharma vous entourent comme un océan, assurant que vous recevez toujours une protection spirituelle.

Derrière les branches, le saint Dharma apparaît comme de précieux textes en lettres d'or.

Enfin, le joyau du Dharma est représenté par de précieux textes en lettres d'or, que vous pouvez imaginer résonner avec le beau son du Dharma, en particulier les enseignements définitifs sur la nature de bouddha et le glorieux Tantra de Kālachakra.

Soyez absolument convaincu que tout ce que vous visualisez existe bien tel que vous le visualisez. En même temps, faites naître la ferme conviction que vous prenez refuge au nom de tous les êtres sensibles, avec un grand désir et une grande dévotion envers le lama, les Trois Joyaux et l'océan de la protection spirituelle.

Même si vous ne pouvez pas vous rappeler tous les détails, vous devriez être sûr que tout ce que vous visualisez est réellement comme ceci et n'est pas juste un exercice d'illusion . En tant que quelqu'un qui est entré dans le chemin du Mahayana, vous ne vous réfugiez pas seul mais avec tous les êtres qui sont intimement liés à vous, comme ils ont été vos mères, partenaires, amis et parents pendant d'innombrables vies antérieures. Vous pouvez donc visualiser votre père à votre droite, votre mère à votre gauche, vos adversaires devant vous (leur donnant une position d'honneur puisqu'ils vous ont aidé à développer de la patience), et des pouvoirs nocives cachées à l'arrière. En étendant cette visualisation à tous les êtres imaginables du samsāra, vous les conduisez tous à se réfugier ensemble dans les Trois Joyaux. L'océan de protection spirituelle se réfère à l'ensemble de l'assemblée du refuge - le lama racine, les lamas de la lignée, les yidams, les dakinis, les protecteurs du dharma et le Sangha des Aryas.

Pendant que vous développez votre visualisation, vous devez être sûr de vous rappeler que les lamas, les yidams, les bouddhas et ainsi de suite ne sont pas quelque chose d'extérieur à vous comme une sorte de dieu; chacun est plutôt le reflet d'un aspect important de votre propre nature de bouddha, apparaissant sous différentes formes pour vous guider tout en étant un dans leur nature de sagesse.

Ensuite, priez avec une forte compassion et une intention résolue de libérer tous les êtres, en souhaitant ardemment qu'ils trouvent une protection contre les souffrances du samsāra .

Conformément au chemin du Mahayana, vous vous réfugiez non seulement parce que vous cherchez la libération du samsāra, mais aussi parce que vous souhaitez que tous les êtres soient protégés contre la souffrance samsarique. En pratiquant la prise de refuge, vous pouvez donc prier avec passion, avec une compassion puissante et une intention résolue : «Comme ce serait merveilleux s'ils pouvaient tous être libres. Puissent-ils être libres. Je vais les aider à trouver la liberté. Je prie les Trois Joyaux afin qu'ils trouvent la liberté!".

RÉCITER LES PRIÈRES DU REFUGE TOUT EN FAISANT DES PROSTERNATIONS

(En maintenant cette visualisation du mieux que vous pouvez, récitez la longue prière du refuge une fois, puis répétez la courte prière de refuge trois fois ou plus pendant que vous faites des prosternations complètes. Ces dernières ne sont requises que si le refuge est votre pratique principale.)

Une fois que vous avez établi la visualisation, il faut alors réciter la longue prière du refuge une fois tout en la gardant dans votre esprit, puis répéter la courte prière au moins trois fois en faisant des prosternations complètes. Lorsque vous effectuez ces prosternations, vous devez remplir votre esprit de pensées extraordinaires, en vous souvenant de toutes les qualités étonnantes de ces précieux Trois Joyaux.

Longue Prière du Refuge

> *Pour le bien de tous les êtres semblables à des mères, aussi illimités que l'espace, à partir de maintenant jusqu'à ce que j'atteigne l'essence de l'éveil, je prends refuge dans les nobles seigneurs du Dharma, les purs et glorieux lamas racine ainsi que ceux de la lignée, qui incarnent le corps, la parole, l'esprit, les qualités et les activités des bouddhas des trois temps et des dix directions, et qui sont la source des 84 000 Dharmas et les rois du noble Sangha des Arya .*

Il n'y a pas un seul être dans le samsāra qui n'ait été notre mère depuis des temps sans commencement, et comme nos mères, elles nous ont aimés avec toute la gentillesse, la tendresse, les soins et l'affection possibles. De même que l'espace est illimité, il en est de même du nombre d'êtres aimables semblables à la mère, qui peuvent être trouvés partout, tout comme l'espace. C'est pour eux que vous vous réfugiez jusqu'à ce que vous atteigniez l'éveil.

Dans cette pratique, nous considérons le lama, notre maître humain qui est notre lien direct avec l'éveil, comme l'objet parfait du refuge puisqu'il incarne les qualités et les actions de tous les bouddhas et est le récipient par lequel nous entendons le Dharma. Il est donc le lien avec les 84 000 Dharmas que le Bouddha a enseignés comme remède à 84 000 afflictions mentales qui émergent des trois illusions fondamentales : l'attachement, l'aversion et l'ignorance. Le lama est aussi le roi du Noble Sangha des Aryas, puisqu'il est notre lien avec d'innombrables êtres de haut niveau qui ont le pouvoir de nous protéger et de nous guider.

Courte Prière du Refuge

> Je prends refuge dans les seigneurs du Dharma, les lamas glorieux.
> Je prends refuge dans le mandala éveillé des yidams.
> Je prends refuge dans les Bhagavans, les bouddhas parfaits.
> Je prends refuge dans le saint Dharma immaculé.
> Je prends refuge dans le noble Sangha des Aryas.
> Je prends refuge dans les dakinis et les protecteurs du Dharma omniscients.
>
> (Réciter trois fois ou plus si vous vous concentrez sur la pratique du Refuge.)

Nous récitons chaque ligne encore et encore pour la durée d'une seule prosternation. Par exemple, en répétant «je prends refuge dans les seigneurs du dharma, les glorieux lamas», vous accomplissez une prosternation complète. De même en récitant «je prends refuge dans les yidams..», vous faites une autre prosternation complète. Continuez ainsi tout en récitant les lignes restantes.

Tandis que vous accomplissez vos prosternations, vous pouvez penser à la souffrance de tous les êtres semblables à la mère et aspirer à travailler sans relâche pour leurs bénéfices. Un total de six prosternations doit être complété pour chaque verset. Cela étant dit, c'est le sentiment et non le nombre précis de prosternations qui est le plus important.

Dans la tradition de Jonang, les séances de la pratique du refuge durent jusqu'à deux heures, et la prière et les prosternations sont généralement faites ensemble pour un total de 100 000 fois. Cette pratique affirme notre abandon et notre engagement envers les Trois Joyaux et constitue également un moyen efficace de détruire notre orgueil.

REFUGE ET PROSTERNATIONS

DISSOLUTION DU CHAMP DE REFUGE

A la fin d'une session, le verset suivant est récité trois fois :

Lamas et les précieux Trois Joyaux je prends refuge en vous et je vous rends hommage.
S'il vous plaît, bénissez mon continuum mental !

Avec ce verset, vous faites une transition vers la dernière partie de la pratique, lorsque vous demandez aux lamas et aux précieux Trois Joyaux de bénir votre esprit et de vous remplir de toutes leurs bonnes qualités. Ces qualités continueront à croître dans le courant mental jusqu'à ce que vous atteigniez l'éveil. Contrairement à la conscience des cinq sens, cette conscience mentale peut être développée de manière illimitée, et c'est ce qui rend l'éveil possible.

Lorsque le refuge est votre pratique principale, la dernière étape consiste à dissoudre le champ de refuge, en visualisant tous les objets fondant dans la lumière et se dissolvant dans votre flux mental et dans l'esprit de tous les autres êtres sensibles. C'est la pratique ultime du refuge, à travers laquelle vous apprenez à reconnaître qu'il n'y a plus de «vous» ni «d'eux» qui soit indépendants.

Ce processus est habituellement exécuté en quatre étapes : (1) D'abord, les lamas racine et ceux de la lignée vous bénissent avec des rayons de lumière éblouissants. Ensuite, vous recevez des bénédictions des yidams, suivies par les bouddhas, les textes du dharma, les sangha, les dakinis et les protecteurs du dharma. (2) La lumière irradie alors de tout le champ de refuge pour purifier les souillures de tous les êtres, et rayonne vers les royaumes du Bouddha, alors qu'ils deviennent tous des bouddhas. (3) Les protecteurs dakinis et dharma se dissolvent alors dans le sangha, qui se dissout ensuite dans les textes du dharma. Ces textes se dissolvent ensuite dans les bouddhas, les bouddhas se dissolvent dans les yidams, les yidams se dissolvent dans les maîtres de la lignée et finalement ces maîtres de la lignée se dissolvent dans la racine lama Vajradhara. Le vaste palais et l'arbre à souhait se dissolvent également dans Vajradhara. (4) Finalement Vajradhara vient à la couronne de votre tête, se dissout à travers votre chakra couronne et vient se reposer au niveau de votre chakra du cœur

L'idée est simplement de regarder ce qui se passe et d'essayer de reconnaître comment tous ces objets sont, en fait, inséparables de votre propre esprit. Ce processus est assimilé à de l'eau se déversant dans de l'eau, bien qu'au début, il puisse sembler beaucoup plus difficile qu'il n'y paraisse. Après l'avoir pratiqué pendant un certain temps, la rigidité de la visualisation se dissout, et finalement, nous pouvons ressentir la même sensation de fusion éprouvée lorsqu'un vase se brise et laisse l'espace intérieur s'unir à l'espace extérieur.

Si le refuge n'est pas votre pratique principale, continuez à tenir la visualisation du Refuge alors que vous passez à la pratique préliminaire suivante, en dissolvant le champ à la fin de la pratique de bodhicitta.

Dédicace

Par le pouvoir de cette vertu, Puissé-je parachever l'accumulation de mérite et de sagesse et atteindre les deux kayas de l'éveil pour le bien de tous les êtres.

Comme pour toute pratique du Mahayana, vous finissez en dédiant la vertu ou le mérite que vous avez accumulé afin que tous les êtres puissent atteindre l'éveil. Le mérite est l'énergie positive créée en faisant cette pratique ou en accomplissant des actes vertueux avec une bonne motivation. La sagesse, d'autre part, est de réaliser que la nature ultime de tous les phénomènes relatifs est vide de véritable existence, et ceci est réalisé par la contemplation profonde et la pratique de la méditation. La sagesse et le mérite sont les causes pour atteindre les deux kayas de l'éveil - le dharmakaya, qui est la sagesse primordiale qui voit la vraie nature de tous les phénomènes, et le rupakaya, qui est la manifestation compatissante de la forme éclairée, manifestée pour le bénéfice de tous, êtres. Le rupakaya comprend à la fois les aspects sambhogakāya et nirmanakāya du bouddha.

Si vous ne parvenez pas à dédier le mérite de votre pratique, c'est comme laisser de l'argent sur un rebord de fenêtre où il peut facilement être volé ou emporté par le vent. Consacrer le mérite à l'éveil, cependant, c'est comme investir cet argent dans une banque. Il ne sera jamais détruit et continuera de croître jusqu'à ce que vous atteigniez l'éveil.

CHAPITRE 5

Générer l'Esprit d'Éveil

La bodhicitta est l'intention altruiste extraordinaire d'atteindre l'éveil pour le bien de tous les êtres. C'est cette attitude qui est l'essence du chemin Mahayana. La graine de la bodhicitta est une grande compassion, qui est d'abord établie en contemplant profondément la nature de votre relation avec les êtres sensibles et en cultivant le lien que vous ressentez avec eux. Ce processus conduit à une forme de bodhicitta connu sous le nom de *bodhicitta d'aspiration*. Lorsque cette aspiration est renforcée, l'esprit suscite naturellement le désir d'agir pour leur bénéfice. Cette forme proactive de bodhicitta est connue sous le nom de *bodhicitta engagée*. C'est cette motivation puissante qui vous fournit alors la base pour atteindre vos objectifs spirituels les plus élevés.

Pour générer cette forme d'aspiration à la Bodhicitta, vous devez d'abord comprendre que tous les êtres sont comme vous, dans l'attente d'être heureux et souhaitent éviter la souffrance. Cette égalité fondamentale constitue la base sur laquelle nous sommes capables de développer un amour inconditionnel et de la compassion envers tous les êtres sensibles, indépendamment de leur race, couleur ou croyance. Cette compassion embrasse alors non seulement les êtres humains mais aussi la vaste étendue du règne animal et toutes les autres formes de vie non-humaines.

De plus, depuis des temps sans commencement, nous prenons une renaissance dans le samsāra, et chaque fois nous avons été soutenus et nourris par des êtres sensibles qui ont été nos mères, nos amants, nos amis et nos familles. Ainsi, bien que nous ne les reconnaissions pas dans cette vie, nous pouvons être sûrs que nous avons reçu d'eux une bonté incommensurable et que nous partageons avec eux un lien intime. En reconnaissant ce lien, et en développant un profond sentiment de gratitude pour leur gentillesse, il est tout à fait naturel que vous développiez le désir de leur rendre leur gentillesse de toutes les manières qu'il soit.

Lorsque vous regardez l'état de ses chers êtres sensibles qui sont comme votre mère, vous verrez qu'ils sont piégés dans un cycle de souffrance perpétuelles. C'est comme s'il étaient piégés dans un mauvais rêve sans avoir la possibilité de se réveiller. En réfléchissant soigneusement à cette situation, vous réaliserez que la seule manière de vraiment les aider est de leur montrer comment surmonter leurs illusions et de pratiquer un chemin qui les mènera au bonheur durable. Lorsque vous assumez cette tâche personnellement, vous aurez développé l'intention altruiste de la bodhicitta - le désir de parvenir à l'esprit omniscient de l'éveil afin que vous puissiez aider au mieux vos chères mères dans toutes les circonstances possibles, en les guidant étape par étape jusqu'à ce qu'ils atteignent aussi la paix ultime. En développant cette intention de grande portée, vous faites beaucoup plus que simplement guérir une douleur temporaire, vous fournissez aux êtres une véritable méthode pour obtenir une libération permanente de la souffrance.

La bodhicitta d'aspiration et la bodhicitta engagée sont considérées comme étant de nature provisoire. Ce sont des mesures temporaires qui vous fournissent le carburant dont vous avez besoin pour atteindre votre objectif. En fin de compte cependant, l'éveil est réalisé en atteignant une réalisation directe de la nature de la réalité. Ceci est connu comme la bodhicitta ultime. C'est comme une clôture qui entoure et protège votre compassion. Quand vous réalisez que, bien que vous ayez pour but de conduire d'innombrables êtres vivants à l'éveil, il n'y a jamais eu d'êtres véritablement existants, alors votre compassion est libre de se manifester de manière spontanée et impartiale. Votre esprit est capable de se reposer dans le sens définitif, et dans cette perspective, de s'engager dans des actions qui sont libres des concepts d'une personne qui exécute l'action, de l'action qui est en train d'être accomplie et de l'objet qui est au centre de l'action. Chacun de ces concepts est reconnu comme une manifestation de l'esprit, et puisque les concepts de succès et d'échec sont aussi dans l'esprit, il n'y a jamais aucune possibilité de s'user ou d'être immobilisé par des vues trop focalisées sur le but ou trop moralisatrices. C'est cette perspective incroyablement flexible qui vous permet de devenir un guerrier intrépide et compatissant, connu sous le nom de bodhisattva.

Une fois que votre attitude commence à se transformer au travers de la force de votre bodhicitta, votre pratique se déplacera naturellement vers un engagement de plus en plus grand avec les êtres sensibles de votre vie. Cela signifie profiter des nombreuses opportunités qui se présentent pour offrir votre temps et vos ressources au profit des autres. Cela peut prendre la forme d'un bénévolat dans votre communauté locale, ou travailler au jour le jour pour apporter plus d'amour et de compassion à vos relations. Dans ce contexte, vous vous engagez dans la formation d'un bodhisattva, en vous concentrant spécifiquement sur ce que l'on appelle les Six Perfections : la générosité, la discipline éthique, la patience, la diligence, la concentration méditative et la sagesse.

À mesure que nous nous engageons dans des activités de plus en plus significatives, nous commençons à élargir notre conscience des différentes façons dont les gens souffrent. Nous commençons à voir que les souffrances évidentes - comme la souffrance du cancer, les souffrances liées au fait de vivre avec un handicap ou les souffrances de la mort imminente - sont simplement un niveau de souffrance. Quand nous regardons de plus près, nous pouvons voir qu'il y a aussi une forme plus subtile de souffrance vécue même par ceux que nous qualifierions normalement de prospères et ayant une bonne réussite, telles que les souffrances dues à la peur, l'anxiété et au stress. Le défi pour notre entraînement est d'examiner profondément la nature des expériences des êtres sensibles et de développer une profonde compassion pour chacun d'entre eux. Cette compassion guidera votre pratique et vous inspirera à l'action.

Pour la pratique préliminaire de la bodhicitta, vous récitez et contemplez la signification de diverses prières qui sont conçues pour vous aider à générer l'aspiration à atteindre l'éveil. Dans cette pratique, nous demandons aux Trois Joyaux de témoigner alors que nous développons une ferme conviction d'agir pour le bien des êtres. Pour vraiment donner de la force à ces méditations, il est idéal, si vous le pouvez, de compléter votre récitation avec beaucoup d'étude et de réflexion sur des sujets comme la bodhicitta, les vœux de bodhisattva et les six perfections. Ce matériel vous fournira un contexte clair pour votre pratique et vous offrira de nombreux angles différents à considérer. Si vous êtes réellement engagé dans ce processus, vous voudrez passer au moins quelques mois de pratique intensive sur ces réflexions ou aussi longtemps que cela sera nécessaire pour vous familiariser avec les points essentiels.

Rappelez-vous que cette pratique particulière ne consiste pas à répéter des prières des milliers de fois. Vous ne les accumulez pas comme vous le feriez pour des prosternations ou des mantras. Il s'agit plutôt de prendre le temps d'intégrer réellement cette attitude dans votre comportement. Cela étant dit, il y a trois parties liées à ce préliminaire : générer la bodhicitta d'aspiration, renforcer votre aspiration avec les quatre incommensurables et renouveler votre vœu d'engagement dans votre entraînement de bodhisattva.

GÉNÉRER LA BODHICITTA D'ASPIRATION

Vous commencez par établir votre visualisation du champs de refuge comme support pour votre pratique de la bodhicitta. Habituellement, les pratiquants récitent les prières de refuge avant cette pratique, ainsi la visualisation devrait être fraîche dans votre esprit. Sinon, passez simplement un peu de temps à rétablir les détails de la visualisation. Dans cette pratique, il est très important d'avoir un sens clair d'être entouré par des êtres sensibles illimités. C'est, après tout, leur souffrance qui est le principal soutien pour développer la qualité de la compassion. Une fois que

GÉNÉRER L'ESPRIT D'ÉVEIL

vous avez ramené la visualisation à l'esprit et avez pris refuge au moins trois fois, continuez en récitant cette prière :

Afin de libérer tous les êtres, j'atteindrai l'état de la bouddhéité parfaite.
Je vais donc méditer sur le chemin du profond des vajrayogas.

(À répéter trois fois ou plus.)

Dans cette prière, vous donnez naissance à l'aspiration d'atteindre l'état de bouddhéité complète afin que vous puissiez bénéficier à tous les êtres sensibles de la manière la plus grande et la plus extensive possible. Cette première ligne met en évidence les deux composantes clés de la motivation : le but et la méthode. Le but est d'apporter un bénéfice aux êtres, basé sur un sentiment débordant de se connecte aux autres et du fort désir de les libérer de toutes les formes de souffrance. La méthode est ce que vous devez faire pour atteindre votre objectif. Puisque seul l'esprit omniscient d'un bouddha est complètement libre de toute limitation, seul un bouddha peut vraiment apporter des bénéfices à tous les êtres sensibles sans exception. En atteignant les deux kayas de la bouddhéité, vous obtenez non seulement le bénéfice ultime pour vous-même, mais aussi le bénéfice ultime pour les autres.

La saveur de ce souhait est magnifiquement capturée dans le Guide de Shantidéva du mode de vie du bodhisattva :

Puissé-je être un gardien pour ceux qui n'en ont pas.
Un guide pour tous ceux qui voyagent sur la route,
Puissé-je devenir un bateau, un radeau ou un pont,
Pour tous ceux qui souhaitent traverser l'eau.

Puissé-je être une île pour ceux qui désirent une terre,
Et une lampe pour ceux qui souhaitent la lumière,
Puissé-je être un lit pour ceux qui ont besoin de se reposer
Et un serviteur pour tous ceux qui vivent dans le besoin.

Puissé-je devenir un joyau exauçant les souhaits, un vase magique,
Un mantra puissant et un remède miraculeux.
Que je sois un arbre à miracles accordant tous les vœux,
Et une vache d'abondance nourrissant le monde entier.

Comme la terre et d'autres grands éléments,
Et comme l'espace lui-même, puissè-je demeurer pour toujours,
Pour soutenir la vie des êtres sans limites,
En fournissant tout ce dont ils pourraient avoir besoin.

Juste ainsi, dans tous les royaumes des êtres sensible,
Aussi loin que l'espace lui-même s'étend,
Puissé-je être la source de tout ce que la vie exige,
Jusqu'à ce que les êtres dépassent la douleur du samsāra.

A fin de réaliser l'état de la bouddhéité le plus rapidement possible, des méthodes puissantes sont nécessaires pour éliminer les illusions et purifier votre esprit de tout conditionnement karmique. Pour cette raison, nous faisons l'aspiration de méditer sur le Sentier Vajrayoga profond des phases d'accomplissement de Kālachakra. C'est la méthode suprême utilisée dans la Tradition de Jonang pour développer un niveau profond de concentration et de perspicacité dans la nature de la réalité. Avec la pure motivation de bodhicitta, beaucoup de travail acharné et un dévouement indéfectible, il est définitivement possible d'atteindre l'éveil en une seule vie.

En récitant cette prière, prenez votre temps pour réfléchir à ce que ces mots signifient pour vous. Considérez pourquoi il est si important pour vous d'aider les êtres vivants. Que faudra-t-il pour que vous remplissiez leurs désirs? Quels sont les avantages de la réalisation de la bouddhéité? Quels sont les avantages de la pratique de la voie de Kālachakra? Si vous pouvez répondre sincèrement à ces questions, alors cette aspiration prendra une signification profonde et vous fournira une base solide pour votre développement spirituel continu.

CULTIVER LES QUATRE INCOMMENSURABLES

Au début de cette pratique, notre aspiration à atteindre l'éveil est assez faible. C'est comme une seule graine que nous venons juste d'enterrer dans le sol. Si nous espérons jamais expérimenter le fruit de cette graine, nous devons nourrir notre aspiration afin qu'elle puisse nous donner le pouvoir de nous engager dans des actions vertueuses. Ce processus de mûrissement est réalisé à travers ce que l'on appelle les quatre incommensurables : l'amour, la compassion, la joie et l'équanimité. Nous cultivons ces qualités en récitant ces quatre aspirations fondamentales, où chaque ligne coïncide avec chacun des quatre incommensurables :

Puissent tous les êtres jouir du bonheur et les causes du bonheur.
Puisse tous les êtres être libres de la souffrance et des causes de la souffrance.
Puissent tous les êtres ne jamais être séparés de la joie suprême de toute souffrance.
Puissent tous les êtres demeurer dans la suprême équanimité, libre de l'attachement et de l'aversion.

(Cette prière est répétée une ou trois fois, ou plus si la bodhicitta est votre pratique principale.)

Au début, notre bodhicitta est assez limitée en raison de notre partialité envers certains êtres sensibles. En cultivant ces quatre qualités, nous brisons les barrières de notre partialité, ce qui nous permet d'embrasser de plus en plus d'êtres dans notre aspiration. Lorsque les préjugés sont complètement éliminés, ces qualités sont libres de devenir «incommensurables», en ce sens que notre motivation est dirigée vers un nombre illimité d'êtres sensibles; incommensurable en ce sens que nous sommes prêts à consacrer d'innombrables vies futures à la réalisation de notre objectif, et finalement, incommensurables en ce que le résultat de la réalisation de l'état de Bouddha est doté d'un éventail infini de qualités éveillées.

Il peut être utile lorsque vous méditez sur les quatre incommensurables de commencer par réfléchir sur la nature de vos relations avec les êtres sensibles. En particulier, essayez d'établir une connexion en considérant les manières dont vous êtes tous égaux. Considérez également la bonté incroyable que les êtres sensibles vous ont montrée dans cette vie et par déduction, dans des vies antérieures sans commencement. Essayez de cultiver un sentiment d'amour affectueux qui voit les êtres sensibles comme vos êtres chers, comme votre mère ou d'autres membres de la famille proche. Plus votre affection pour les êtres sensibles est forte, plus votre désir sera fort de les voir libérés de la souffrance.

A partir de cette base, vous pouvez commencer à réciter la prière des quatre incessurables. Essayez de cultiver une intention de plus en plus forte à chaque ligne. Commencez par vous habituer à la possibilité que les êtres sensibles puissent réellement expérimenter votre aspiration. Par exemple, vous pouvez remplacer le mot «Puisse « par «Que ce serait merveilleux si . .» pour créer le verset «Que ce serait merveilleux si tous les êtres sensibles pouvaient obtenir le bonheur et les causes du bonheur".

Après avoir établi la possibilité, vous pouvez répéter la ligne à nouveau, mais avec un désir ardent de réaliser l'aspiration. Donc, pour le premier incommensurable de l'amour, vous récitez «Que tous les êtres sensibles obtiennent le bonheur et les causes du bonheur!» La clé ici est de croire vraiment que ce résultat est quelque chose qui en vaut la peine et qui est désirable.

Puis récitez à nouveau la ligne, seulement cette fois-ci, reconnaissez que les êtres sensibles ont souffert dans le samsāra depuis le temps sans commencement et à moins que quelqu'un ne fasse l'effort, cette aspiration ne sera pas réalisée. Par conséquent, développez un sens de la responsabilité d'agir. Par exemple, vous pouvez penser : « Puissé-je être la cause pour tous les êtres sensibles d'obtenir le bonheur et les causes du bonheur!» Lorsque cette aspiration surgit réellement dans votre esprit, alors vous aurez généré l'intention altruiste qui marque la transition de la bodhicitta

GÉNÉRER L'ESPRIT D'ÉVEIL

d'aspiration à la bodhicitta d'engagement.

Enfin, nous devons reconnaître que pour réussir dans nos aspirations, nous aurons besoin d'une aide considérable. Pour cette raison, rappelez-vous vos objets de refuge et, du fond de votre cœur, priez-les pour vous donner la force et la détermination dont vous avez besoin. Si vous pouvez intégrer ces quatre aspects dans chacun des quatre incommensurables, votre conviction et votre confiance augmenteront graduellement.

Pour cultiver les quatre incommensurables, vous pouvez soit utiliser la version à quatre lignes de la prière dans l'Echelle Divine, ou utiliser la version étendue suivante :

Comme ce serait merveilleux si tous les êtres sensibles obtenaient le bonheur et les causes du bonheur !
Puissent-ils avoir le bonheur et ses causes !
Je serai moi-même la cause pour eux de les obtenir !
S'il vous plaît, guru-Bouddha, accordez-moi vos bénédictions afin que je puisse faire cela.

Comme ce serait merveilleux si tous les êtres sensibles étaient libérés de la souffrance et de ses causes !
Puissent-ils être libérés de la souffrance et de ses causes !
Je les libérerai moi-même de la souffrance et de ses causes !
S'il vous plaît, guru-Bouddha, accordez-moi vos bénédictions afin que je puisse faire cela.

Comme ce serait merveilleux si tous les êtres sensibles n'étaient jamais séparés de la félicité d'une renaissance supérieure et de la libération !
Puissent-ils ne jamais être séparés de la félicité d'une renaissance supérieure et de la libération !
Je serai moi-même la cause pour eux de ne jamais être séparés de celles-ci !
S'il vous plaît, guru-Bouddha, accordez-moi vos bénédictions afin que je puisse faire cela.

Comme ce serait merveilleux si tous les êtres vivants restaient dans l'équanimité,
Libre de la haine et de l'attachement !
Puissent-ils demeurer dans l'équanimité !
Je serai moi-même la cause pour eux de rester dans l'équanimité !
S'il vous plaît, guru-Bouddha, accordez-moi vos bénédictions afin que je puisse faire cela.

PRENDRE LES VOEUX DE BODHISATTVA

À la fin de la session, si vous avez déjà reçu le vœu de bodhisattva d'un enseignant authentique, il est maintenant temps de renouveler ce vœu. Avec le champs de refuge frais à l'esprit, accroupi sur un genou avec des paumes pressées ensemble, récitez les deux versets suivants du *mode de vie du bodhisattva* :

De même que les bien-allés des temps passés
Ont attisé l'esprit d'éveil, puis, progressivement,
Se sont entraînés aux pratiques habiles
Sur la voie authentique des bodhisattvas,

Comme eux, je prends ces vœux sacrés
Faire naître l'esprit d'éveil ici et maintenant,
Et m'entraîner progressivement, pour le bien des autres,
Comme le ferait un bodhisattva.

(Répétez ces versets trois fois, puis développez la certitude que vous avez généré les vœux de bodhisattva.)

Bien que cette section ne fasse pas traditionnellement partie de l'Echelle Divine, je l'ai insérée ici parce que je crois qu'il est important de renouveler vos vœux au quotidien. Cela aide à garder vos vœux purs et à renforcer votre engagement à pratiquer les Six Perfections. Si vous n'avez pas reçu ces vœux, vous pouvez ignorer complètement cette section.

CONCLUSION

Pour conclure votre session, vous pouvez maintenant dissoudre le champ refuge tel que décrit dans le chapitre précédent sur la pratique du refuge. D'abord les Dakinis et les Dharmapalas se dissolvent dans le sangha des Aryas; le sangha se dissout ensuite dans le Dharma; le Dharma se dissout dans les bouddhas; et les bouddhas se dissolvent respectivement dans les yidams et les gurus. Finalement, les gurus et toute la visualisation se dissolvent dans Vajradhara qui vient à votre couronne et se dissout en vous. Reposez-vous pendant un certain temps dans cet état, puis terminez en consacrant tout mérite que vous avez accumulé à l'éveil de tous les êtres sensibles.

CHAPITRE 6
Vajrasattva Purification

La pratique de Vajrasattva vous permet de découvrir la réalité de votre nature de bouddha, qui est actuellement cachée en raison des souillures créées par l'attachement, l'agressivité et l'illusion. Notre situation actuelle est comme un morceau de verre sale. Cette pratique vous offre une méthode puissante pour éliminer la saleté tout en étant sûr qu'en dessous se trouve un verre clair comme du cristal, complètement pur et sans tache. Grâce à la pratique de Vajrasattva, cette confiance grandira progressivement à mesure que vous vous rapprocherez de la découverte de la pureté innée de votre nature la plus profonde.

De quoi avons-nous besoin pour purifier? Actuellement, nous sommes dominés par nos émotions négatives et contrôlés par le conditionnement karmique que nous avons développé au cours d'innombrables vies. La plupart des gens considèrent rarement le rôle du karma négatif dans leurs expériences malheureuses ou les obstacles qu'ils rencontrent. Comme l'influence de notre karma est cachée de notre conscience ordinaire, nous ne reconnaissons généralement pas que ce que nous considérons comme étant les causes de notre bonheur ou de notre souffrance ne sont que des conditions temporaires et n'en sont pas la racine.

De plus, dans notre courant mental actuel, nous portons des propensions karmiques spécifiques qui, nous empêchent de développer une bonne compréhension du Dharma ou de s'engager efficacement dans certaines pratiques. Cela est particulièrement vrai pour les pratiques profondes telles que les Six Vajrayogas. Selon le bouddhisme vajrayana, tous ces penchants négatifs sont maintenus énergétiquement sous la forme de «nœuds» dans les canaux de votre corps subtil. Puisque le mental est étroitement lié au mouvement de l'énergie, tant que ces nœuds ne sont pas nettoyés, vous ne pourrez pas atteindre des réalisations plus élevées. Pour cette raison, nous utilisons la pratique de visualisation unique de Vajrasattva pour «nettoyer» toute cette énergie négative et guérir le corps subtil, le rendant plus apte à la pratique.

En purifiant ces penchants karmiques, vous empêchez leur mûrissement dans le futur, assurant votre efficacité à progresser sur le chemin spirituel. La purification est réalisée grâce à l'utilisation de quatre composants connus sous le nom des *Quatre Pouvoirs* :

1. **La Force du support** : Afin de transcender nos propres limitations, il est important de se fier à des objets qui sont réellement capables de nous fournir un refuge contre notre souffrance. En général, les objets principaux de notre refuge sont les Trois Joyaux - le Bouddha, le Dharma et le Sangha. Pour cette pratique, cependant, nous nous en remettons spécifiquement au pouvoir de guérison et à la pureté de notre propre nature de bouddha, qui se manifeste sous la forme d'une déité blanche rayonnante connue sous le nom de Vajrasattva. Le nom «Vajrasattva» signifie littéralement «guerrier éveillé» ou «incarnation de l'énergie indestructible de l'éveil».

    Dans cette pratique, nous construisons progressivement notre visualisation de Vajrasattva en récitant de nombreux détails. Le point essentiel à retenir est de ressentir la présence de Vajrasattva dans l'espace au-dessus de vous. Vous pouvez renforcer votre connexion personnelle avec Vajrasattva en reconnaissant que sa nature est inséparable de la nature de votre lama et donc inséparable de votre propre nature. C'est votre connexion à cette nature qui purifiera votre esprit et vous guidera vers l'éveil. Si votre confiance en Vajrasattva est forte et stable, vous pouvez être sûr que la purification ultérieure sera tout aussi puissante.

2. **La Force du Regret** : Avec Vajrasattva comme témoin, l'étape suivante consiste à reconnaître sincèrement vos propensions négatives sans rien dissimuler. Vous abandonnez complètement tout sentiment de fierté et exposez vos erreurs en présence de bouddha Vajrasattva. Vous reconnaissez qu'en raison de l'avidité, de la haine ou de l'insouciance, vous vous êtes comporté de manière imprudente et que les propensions créées par ces actions conduiront certainement à la souffrance dans le futur. Vous pouvez considérer ces actions négatives comme un poison mortel que vous venez d'avaler. De cette manière, vous développez le fort désir de vous débarrasser du poison et de vous purifier complètement de toute négativité.

Pour les cultures occidentales, nous devons veiller à faire la distinction entre un regret sincère et un sentiment de culpabilité ou d'autocritique. La purification consiste à se rappeler que notre nature profonde est pure et exempte de souillures. Elle est pleine de qualités éclairées telles que l'amour inconditionnel et la compassion et c'est sur cette nature que nous devons nous concentrer.

3. **La Force du Remède (ou de l'antidote)** : Avec un fort regret à l'esprit, nous devons ensuite nous engager dans une action vertueuse qui nous aidera à créer une contre-force positive aux propensions que nous essayons de purifier. Dans cette pratique, le «remède» ou «antidote» consiste à réciter le mantra de Vajrasattva tout en visualisant votre corps nettoyé par un nectar blanc rayonnant qui lave toutes les impuretés. Ces deux techniques sont des moyens habiles pour vous aider à vous souvenir de la pureté de votre nature.

Alors que cette pratique spéciale est une méthode de purification particulièrement puissante, il en existe beaucoup d'autres que vous pouvez également pratiquer. Par exemple, vous pouvez vous efforcer d'accomplir de bonnes actions, à être aimable et compatissant envers les autres, à faire amende honorable envers ceux que vous avez blessés, à cultiver la patience face à l'adversité ou à demander pardon lorsque cela est approprié. Quelle que soit la méthode que vous choisissez comme remède, assurez-vous de consacrer les mérites à la purification de votre esprit.

4. **La Force de la Promesse :** Pour conclure le processus de purification, vous devez prendre la ferme résolution de vous abstenir de refaire ces actions négatives. Si vous avez clairement identifié le comportement erroné ou le vœu rompu, vous devez essayer de générer la détermination de ne plus jamais répéter cette action à l'avenir, même au prix de votre vie. C'est en développant cette forme de forte retenue que vous donnez de la puissance à votre purification, permettant d'effacer des vies entières de karma négatif.

En pratique, cependant, si vous ne vous sentez pas capable d'abandonner complètement un comportement spécifique, vous pouvez commencer par renforcer votre résolution à vous abstenir de cette action pendant une période de temps spécifique. Par exemple, vous pouvez vous dire : «Pendant la semaine prochaine, je ne ferai pas ceci ou cela». L'essentiel est de développer une forte aspiration à s'abstenir de toute conduite négative, puis, avec le temps, cette résolution finira par devenir suffisamment puissante pour abandonner complètement la non-vertu.

Pour nous aider à générer ces quatre pouvoirs, la pratique suivante a été spécialement conçue pour garantir une purification qui soit à la fois forte et efficace. Vous pouvez la réciter en tant que pratique autonome ou dans le cadre de votre récitation quotidienne de l'Échelle Divine.

UNE COURTE PRATIQUE DE VAJRASATTVA AVEC COMMENTAIRE

Avant de commencer cette pratique, vous devriez prendre refuge dans les Trois Joyaux et générer la bodhicitta, comme décrit précédemment. Avec cela en tant que fondement, vous pouvez alors commencer la pratique réelle.

Visualisation

Nous commençons par établir la visualisation dans notre esprit. Avant de générer une visualisation, vous devez dissoudre les apparences ordinaires en récitant le mantra suivant :

OM SVABHAVA SHUDDHA SARVA DHARMA SVABHAVA SHUDDHO HAM
Tous les phénomènes, y compris soi, se résorbent dans l'état naturel de la vacuité.

Le but de ce mantra est de purifier toutes les apparences dans l'état naturel pur de la vacuité, la vérité ultime, qui est vide de tous les phénomènes trompeurs. Vous devriez visualiser votre corps et toutes les apparences comme un reflet vide, comme le reflet de la lune sur un lac.

De l'état naturel de la vacuité, au-dessus de mon point couronne, la syllabe PAM (ཱཔ) apparaît, elle se transforme en un lotus blanc à huit pétales. La syllabe AH (ཨཿ) apparaît sur la fleur de lotus et se transforme en un disque de pleine lune. Sur le disque de lune apparaît la syllabe HUNG (ཧཱུྃ) qui se transforme en un vajra blanc à cinq pointes avec la syllabe HUNG (ཧཱུྃ) en son centre.

Lentement l'état naturel du vide devient vivant comme un reflet dans un miroir, et de là apparaît la syllabe PAM, se transformant en une fleur de lotus blanche qui symbolise le non-attachement inné de la nature de bouddha. La syllabe AH représente le discours de tous les bouddhas tandis que le disque de pleine lune est un symbole de compassion. La syllabe HUNG représente l'esprit de tous les bouddhas et le vajra représente leur puissance spirituelle et leur sagesse indestructibles et inflexibles. Les vajras sont généralement faits de métal et ont cinq pointes à chaque extrémité, représentant les cinq familles de bouddha ou cinq sagesses d'un bouddha.

Pour dévoiler le dharmakaya ou bouddha naturel en nous, nous devons accumuler du mérite et purifier toutes les souillures à un niveau relatif. Le lotus, le vajra et les syllabes des graines représentent donc la génération du mérite et le processus de purification durant les différentes étapes de l'existence - la naissance, la vie naturelle, la mort, le bardo et la renaissance.

Ce HUNG (ཧཱུྃ) irradie de lumières brillantes tous les univers et fait des offrandes innombrables à tous les êtres Aryas. La lumière rayonne ensuite vers tous les êtres sensibles et purifie leurs négativités et leurs obscurcissements. Elle revient alors et se dissout dans la syllabe HUNG (ཧཱུྃ) et le vajra à cinq pointes fond complètement en lumière.

La syllabe HUNG est l'essence de l'esprit de tous les bouddhas. Lorsque vous rayonnez de lumière en faisant des offrandes à tous les êtres Aryas, vous invoquez les bénédictions de tous les bouddhas. Visualiser la lumière de ces bénédictions se dissoudre en vous est un moyen tantrique de renforcer la puissance de la pratique. Vous purifiez ensuite les négativités et les obscurcissements de tous les êtres avec cette même lumière, qui est une méthode unique pour accumuler le mérite. Des activités telles que faire des offrandes illimitées à des êtres éveillés et purifier les négativités et les obscurcissements des êtres sensibles sont la base pour atteindre les corps de forme rupakaya d'un bouddha. Sans s'engager dans ce genre d'actions, nous n'aurons jamais assez de mérite pour atteindre l'éveil complet.

La lumière se transforme instantanément en Vajrasattva, avec un corps blanc, une face et deux bras, tenant un vajra dans sa main droite et une cloche dans sa main gauche. Il enlace sa consort Vajratopa en Yab-yum.

Les formes de Vajrasattva et Vajratopa sont des aspects de l'éveil rupakaya dans cette pratique, représentant tout le mérite que vous avez besoin d'accumuler afin que vous puissiez bénéficier spontanément aux autres.

Vajrasattva a un corps blanc rayonnant qui est jeune, translucide, parfaitement proportionné et attrayant. Ces caractéristiques symbolisent la purification de toutes les négativités et obscurcissements. Dans la pratique du vajrayana, les attributs comme le vajra et la cloche sont des supports

VAJRASATTVA PURIFICATION

— *Vajrasattva Yab-Yum* —
La pureté de la nature de bouddha, symbolisée par l'union de la méthode et de la sagesse

spécifiques qui vous connectent aux qualités de l'éveil. Ces connexions sont formées sur la base des principes d'interdépendance.

Le vajra incarne la qualité d'être indestructible, tout comme un diamant, et représente l'esprit du Bouddha. La cloche, portant l'image du visage d'un bouddha et l'inscription d'un mantra, représente le corps et le discours éveillés. Le vajra est aussi le symbole de la grande félicité spontanée et des qualités spirituelles masculines telles que la compassion. La cloche représente aussi des qualités spirituelles féminines de la forme-vide, telles que la sagesse.

Bien que la pratique fonctionne encore si vous visualisez Vajrasattva comme une figure solitaire, il est plus efficace de visualiser Vajrasattva avec son épouse Vajratopa dans une étreinte éveillée. Ceci est connu comme Vajrasattva Yab-yum, et signifie l'union des qualités masculines et féminines dans la nature ultime de la réalité.

Vajratopa est de couleur blanche, elle tient un poignard à lame incurvée dans sa main droite et une coupe crânienne dans la gauche. Ils sont tous deux parés d'ornements d'os et de joyaux et sont assis respectivement avec les jambes croisées dans la posture vajra pour l'un et dans la posture du lotus pour l'autre .

Le couteau courbé signifie la méthode, ou la capacité de couper à travers l'esprit dualiste, tandis que la coupe du crâne représente la sagesse, ou la «consommation» de la pensée dualiste impure. Les deux Vajrasattva et Vajratopa sont ornés de cinq vêtements de soie et huit ornements de bijoux.

Les *cinq vêtements en soie* comprennent : (1) une écharpe en soie bleue à motifs, (2) cinq pendentifs en couronne de couleur, (3) un vêtement en soie blanche, (4) une jupe et (5) des manches longues. Ces vêtements symbolisent les cinq sagesses.

Les *huit ornements de bijoux* comprennent : (1) une couronne, (2) des boucles d'oreilles, (3-5) des colliers courts, moyens et longs, (6) des ornements d'épaule, (7) des bracelets et (8) des bracelets de cheville. Ceux-ci signifient les huit consciences pures.

Le croisement de leurs jambes dans les postures de vajra et de lotus symbolise l'indivisibilité du saṃsāra et du nirvana.

Au front du Yab-yum la syllabe OM (ༀ); apparaît à la gorge, AH (ཨཿ); au cœur, HUNG (ཧཱུྃ); et au nombril, HO (ཧོཿ).

Du HUNG (ཧཱུྃ) au cœur du Yab-yum, la lumière irradie vers l'extérieur dans les dix directions et le pouvoir purificateur de tous les bouddhas et bodhisattvas rayonne sous la forme de nectar blanc.

Les syllabes OM, AH et HUNG au front, à la gorge et au cœur représentent le corps indestructible, la parole et l'esprit de Vajrasattva, tandis que HO au nombril signifie sagesse primordiale indestructible. La lumière rayonnant à tous les bouddhas et bodhisattvas recueille leurs bénédictions et emplit le cœur de Vajrasattva avec le pouvoir de purification de tous les bouddhas (représenté par Vajrasattva). Cela prend la forme d'un nectar de luminaire blanche, translucide et brillant.

DZA (ཛཿ) HUNG (ཧཱུྃ) VAM (ཝྃ) HO (ཧོཿ)
Le nectar devient inséparable de Vajrasattva Yab-yum.

Avec DZA, le nectar est dessiné au-dessus du point couronne de Vajrasattva, avec HUNG il se dissout dans Vajrasattva, et avec VAM il imprègne tout Vajrasattva Yab-yum. Enfin, quand HO est récité, le nectar devient complètement inséparable de Vajrasattva Yab-yum. Avec l'achèvement de cette visualisation, vous avez maintenant généré la force du support.

Faire des demandes de purification

Vajrasattva Yab-yum, s'il vous plaît, purifiez et nettoyez toutes les négativités, les obscurcissements et les transgressions accumulées par moi-même et tous les êtres depuis le temps sans commencement.

Avec Vajrasattva Yab-yum comme témoin, vous devriez mainte nant faire naître a force du regret. Dans ce verset, vous appelez Vajrasattva Yab-yum pour vous aider à purifier et à nettoyer toutes vos négativités, obscurcissements et transgressions. Vous rappelez d'abord toutes les actions négatives, les habitudes et les énergies malsaines de votre corps, votre parole et votre esprit, puis après avoir reconnu que ces actions étaient nuisibles pour vous et les autres, faites une requête à Vajrasattva, demandant de l'aide pour les purifier de votre continuum mental.

La purification réelle

Ayant fait votre demande, imaginez le corps de Vajrasattva et consort complètement débordant de nectar émergeant de tous les pores de leur corps, surtout au point d'union. Le nectar tombe alors en cascade comme une cascade ou une pluie légère de pluie. Imaginez le nectar qui coule sur votre corps et qui pénètre dans votre couronne. En descendant le long de votre corps, envisagez que toutes les maladies, les énergies négatives et les esprits perturbés soient nettoyés et expulsés par les ouvertures inférieures de votre corps, prenant la forme d'un liquide noir épais fait de sang et de pus. Ce liquide se dissout dans la terre au-dessous de vous.

Si vous le pouvez, il est bon d'imaginer aussi le champ du nectar purificateur de Vajrasattva s'étendant vers tous les êtres sensibles, les purifiant de la même manière. Maintenez cette visualisation dans votre esprit pendant que vous récitez le long mantra Vajrasattva :

OM SHRI VAJRA HERUKA SAMAYA MANUPALAYA | VAJRA HERUKA TENOPA | TISHTHA DRIDHO ME BHAVA | SUTOKAYO ME BHAVA | ANURAKTO ME BHAVA | SUPOKAYO ME BHAVA | SARVA SIDDHI MAME PRAYATSA | SARVA KARMA SU TSA ME | TSITAM SHREYANG KURU HUNG | HA HA HA HA HO | BHAGAVAN VAJRA HERUKA MAME MUNTSA | HERUKA BHAVA MAHA SAMAYA SATTVA AH HUM PHET

Vous devriez réciter ce mantra autant de fois que vous le pouvez en fonction du temps disponible. La signification de ce mantra est la suivante :

VAJRASATTVA PURIFICATION

Sanskrit	Moyens
OM	Hommage
SHRI VAJRA HERUKA	Selon l'engagement sacré glorieux de Vajrasattva
SAMAYA MANUPALAYA VAJRA HERUKA TENOPA	O Vajrasattva, protégez le Samaya
TISHTHA DRIDHO ME BHAVA	Demeurez fermement en moi
SUTOKAYO ME BHAVA	Accordez-moi le bonheur complet
ANURAKTO ME BHAVA	Soyez aimant envers moi
SUPOKAYO ME BHAVA	Grandissez en moi (augmentant ma vertu)
SARVA SIDDHI MAME PRAYATSA	Bénissez-moi avec tous les siddhis
SARVA KARMA SU TSA ME	Montrez-moi tous les karmas
TSITTAM SHREYANG KURU	Rendez mon esprit bon, vertueux et propice
HUNG	L'essence de Vajrasattva (ou syllable germe)
HA HA HA HA	Les quatre incommensurables, les quatre initiations, les quatre joies et les quatre kayas
HO	Exclamation de joie
BHAGAVAN	O être béni, incarnation de tous les bouddhas
VAJRA HERUKA MA ME MUNTSA	Ne m'abandonnez jamais
HERUKA BHAVA	Montrez-moi la nature vajra des cinq sagesses
MAHA SAMAYA SATTVA	Ô grand être de sagesse
AH HUNG PHET	Rendez-moi inséparable de vous!

Le mantra vous relie au pouvoir de guérison divin de Vajrasattva et rend le processus de purification plus efficace que la visualisation seule, à condition que vous invoquiez chacun des quatre pouvoirs et que vous ayez une bonne concentration en un seul point.

Tandis que ceci est la pratique essentielle, il y a aussi beaucoup d'autres options pour choisir ce qui fait le centre de votre attention tout en récitant le mantra. Par exemple, vous pouvez choisir de vous concentrer sur la signification du mantra, sur votre sentiment de regret et de résolution, sur la forme de Vajrasattva Yab-yum ou sur le flux de nectar à travers votre corps subtil.

Si vous êtes submergé par tous ces détails, le plus important est de se rappeler les quatre pouvoirs et d'essayer simplement de ressentir la présence de Vajrasattva. Si le temps est limité, il est également possible d'utiliser une version plus courte du mantra :

OM VAJRASATTVA HUNG

Bien que ce court mantra soit utile pour purifier rapidement les actions négatives, si vous vous concentrez sur cette pratique de Vajrasattva dans le cadre des préliminaires de Kālachakra, vous devriez consacrer des sessions formelles à l'accumulation du long mantra. L'objectif est d'accumuler au moins 100 000 mantras, ce qui prend habituellement environ trois mois lorsque la pratique est intensive. Alternativement, vous pouvez simplement continuer à pratiquer aussi longtemps que nécessaire pour expérimenter les signes de purification.

Confesser toutes les fautes commises

Lorsque vous avez terminé votre session, vous pouvez terminer en générant a force de la promesse. Ceci est accompli en récitant des versets de la confession comme suit :

> Grand protecteur, par ignorance et confusion, j'ai rompu mes samaya et je les ai laissés décliner. Compatissant lama Vajrasattva Yab-yum, je vous prie purifiez toutes mes négativités et protégez-moi. En vous je prends refuge, suprême détenteur du Vajra, trésor de compassion et sauveur de tous les êtres.

Dans ce verset, vous confessez toutes les occasions où vous avez rompu vos engagements ou les avez laissé tomber en raison de l'ignorance et de la confusion, que vous en soyez conscient ou non. Cela se réfère

VAJRASATTVA PURIFICATION

principalement à tous les vœux ou engagements sacrés (samaya) que vous avez reçus d'un Maître Vajra. Ils comprennent des choses comme cultiver toujours le respect et la dévotion pour vos enseignants et maintenir la perception pure de vos expériences. Bien que ce verset soit particulièrement pertinent pour les pratiquants tantriques, il s'applique vraiment à n'importe quel niveau de discipline éthique que vous essayez actuellement de développer, tels que les vœux de bodhisattva ou les préceptes de la libération personnelle.

Dans la première partie du verset, vous invoquez la force du regret, en pensant intensément à toute la négativité que vous avez accumulées. Dans la deuxième partie, vous invoquez la force du support en priant lama Vajrasattva et en vous réfugiant en lui. En même temps, vous appliquez la force du remède, car en récitant cette prière, vous créez une énergie positive qui contrecarrera la négativité de vos actions précédentes.

Je confesse toutes les transgressions de mon corps, de ma parole et de mon esprit, y compris toutes les ruptures de mes vœux racines et secondaires, et je m'en repends. Je vous prie, purifiez et nettoyez toutes les taches, négativités, obscurcissements et les transgressions amassés durant des cycliques d'existence sans commencement .

Ceci est similaire au verset précédent, seulement ici, vous vous souvenez spécifiquement de toutes vos transgressions de corps, de parole et d'esprit, ainsi que toutes les violations des vœux de racines et branches. Dans le Tantra de Kālachakra, il y a quatorze vœux racine et huit vœux de branche. Pour être qualifié pour garder des vœux tantriques, cependant, vous devez également garder vos vœux de bodhisattva au mieux de vos capacités, ils sont au nombre de t dix-huit vœux racine et quarante-six vœux branche.

Finalement, vous exhortez Vajrasattva une fois de plus à purifier et à nettoyer toutes les taches, les négativités, les obscurcissements et les transgressions accumulés tout au long de l'existence cyclique sans commencement. Nous avons développé de nombreuses habitudes fortes pendant d'innombrables vies, et nous comptons sur Vajrasattva pour nous aider à éplucher toutes ces couches des modèles habituels pour purifier toutes nos émotions négatives, nos actes négatifs et nos tendances à briser les promesses, ainsi que les obscurcissements intellectuels qui nous empêchent. de voir la vérité ultime. À ce stade, vous devriez invoquer la force de promesse en suscitant une ferme détermination à ne plus jamais être submergé et dépassé par ces habitudes négatives et à vous abstenir de commettre des actes négatifs même si votre vie est en jeu.

Dissolution de la visualisation

> *Comme si la lune fondait en moi, Vajrasattva Yab-yum, me souriant, abaisse son regard vers moi et avec joie commence à se dissoudre en moi en passant par le point couronne de ma tête. Le corps, la parole et l'esprit de Vajrasattva Yab-yum deviennent indissociables de mes propres corps, parole et esprit .*

Ayant complété le niveau relatif de la pratique de purification, Vajrasattva vous regarde alors avec un sourire, comme pour dire «félicitations». Il se dissout alors en vous, devenant inséparable de votre propre corps, de votre parole et de votre esprit, alors que vous réalisez qu'au niveau ultime, Vajrasattva n'est autre que votre propre nature de bouddha. Vous reconnaissez ainsi que votre esprit a toujours été pur.

Lorsque vous vous concentrez sur l'accumulation du mantra Vajrasattva, il est bon de pratiquer la dissolution puis de reconstruire la visualisation à intervalles réguliers, par exemple à la fin de chaque mala. Cela vous rappelle la nature vide de la visualisation et vous empêche d'être obsédé par les apparences, alors que vous observez encore et encore l'inséparabilité de Vajrasattva et de vous-même.

Dédicace de la vertu

Terminez votre session avec le verset de dédicace suivant :

Par cette vertu, puis-je atteindre rapidement l'état d'éveil de Vajrasattva Yab-yum et guider tous les êtres sans exception vers cet état de pureté fondamentale. Par cette vertu, puissent tous les êtres parachever l'accumulation de mérites et de la sagesse primordiale et atteindre ainsi les deux kayas de l'éveil.

Cette dédicace est similaire à la prière que vous récitez à la fin des pratiques précédentes. Cette fois, cependant, l'accent est mis sur la pureté de l'aspect de l'éveil. Pour cette raison, vous aspirez à atteindre l'état éveil de Vajrasattva et à conduire tous les êtres à ce même état. Une fois qu'ils atteignent l'éveil, ils auront atteint les deux kayas de bouddhas : le corps dharmakaya de la réalité de l'éveil et le corps rupakaya. Ces corps sont le résultat de l'accumulation de la sagesse et du mérite respectivement.

CHAPITRE 7
L'Offrande du Mandala

Le but de la pratique de l'offrande de mandalas est d'accumuler des mérites en faisant les offrandes les plus étendues et les plus vastes possibles avec la meilleure motivation possible. Nous dirigeons ces offrandes vers les meilleurs destinataires possibles - les sublimes Trois Joyaux. Cette combinaison d'action, de motivation et de soutien fait des offrandes de mandalas une méthode extraordinairement efficace pour accumuler de grandes quantités de mérite dans un laps de temps relativement court.

Le mérite est l'énergie positive qui est générée lors de l'engagement dans des actions vertueuses. Cette énergie positive habitue votre esprit à la vertu et fournit donc la base pour que le bonheur se produise dans le futur. Par exemple, si vous devenez habitués à la générosité, vous créerez les causes pour expérimenter de grandes richesses dans le futur; si vous êtes habitué à la patience, vous prendrez une belle apparence; et si vous vous habituez à vous efforcer d'atteindre l'éveil, le résultat sera de faire l'expérience de toutes les conditions et possibilités nécessaires pour vous aider à progresser sur le chemin spirituel. Le mérite est donc un élément crucial pour vous aider à cultiver les qualités vertueuses nécessaires. En particulier, cela augmente votre capacité à comprendre correctement le Dharma, vous aide à développer votre enthousiasme pour votre pratique et vous donne la force de surmonter tous les obstacles en cours de route.

Le mot mandala est un terme sanscrit se référant à une représentation symbolique de l'univers. Contrairement aux cartes qui se concentrent principalement sur les relations spatiales, les mandalas représentent l'étendue de notre expérience mentale. Cette portée beaucoup plus large leur permet de capturer les nombreuses dimensions de notre expérience d'une manière visuelle. Alors que les mandalas sont généralement considérés comme des peintures en deux dimensions, ce n'est pas la seule forme qu'ils peuvent prendre.

Un mandala peut être construit en sable coloré ou peut être construit en trois dimensions. Le type de mandala utilisé dans cette pratique est connu comme une «offrande de mandala» en ce sens qu'il est spécifiquement conçu pour faciliter le processus d'offrande . Un tel mandala est construit en arrangeant diverses piles de substances d'offrandes (telles que des bijoux, des pierres ou des grains) dans des couches empilées l'une sur l'autre. Chaque couche se compose d'un anneau qui agit comme un conteneur pour les offrandes. Une fois qu'une couche est remplie, un autre anneau est posé et rempli à nouveau d'offrandes. Enfin, un joyau exauçant les souhaits est placé au sommet des piles. La forme la plus basique de l'offrande du mandala peut être faite en utilisant les mains pour créer le mandala «mudra», qui est simplement un geste symbolique.

Offrande du Mandala Traditionnel

Les diverses substances offertes dans le mandala représentent toutes les choses précieuses qui peuvent être expérimentées dans ce monde. En tant que sources infinies de joie et de bonheur, elles sont des offrandes dignes des éveillés et comprennent tout ce que vous pourriez imaginer, que ce soit physique ou mental. Par exemple, vous pourriez offrir des champs de belles fleurs ainsi que les penchants karmiques positifs que vous et d'autres avez générés dans votre esprit, car ceux-ci sont aussi la base de la joie et du bonheur.

Ces substances sont offertes au champ de refuge qui inclut tous les supports pour atteindre l'éveil: les lamas, les bouddhas, les bodhisattvas et ainsi de suite. Nous leur faisons des offrandes, non parce qu'elles ont besoin des offrandes, mais parce qu'elles représentent les qualités éclairées que nous aspirons à atteindre. En leur témoignant de la révérence et en offrant tout ce que nous expérimentons, nous créons un lien karmique puissant avec eux qui agit comme base à l'émergence de leurs qualités en nous.

La dernière étape d'une offre de mandala est de rappeler pourquoi vous faites l'offrande. Nous n'essayons pas d'accumuler du mérite pour notre propre profit. Nous souhaitons accumuler du mérite afin que nous puissions atteindre l'éveil et apporter des bénéfices à tous les êtres sensibles. En d'autres termes, nous faisons l'offrande avec la motivation de la bodhicitta. Parce qu'il y a des êtres sensibles illimités, toute offrande faite en leur faveur générera un mérite illimité. C'est ce qui rend l'offre si vaste et si efficace.

LA PRATIQUE DE L'OFFRANDE DU MANDALA AVEC COMMENTAIRE

Nous allons maintenant décrire la pratique de l'offrande du mandala en accord avec la Tradition de Jonang. Comme pour toute pratique bouddhiste Mahayana, vous devriez d'abord prendre refuge puis générer l'aspiration à atteindre l'éveil pour le bénéfice de tous les êtres.

Visualisation

Dans l'espace immédiatement devant vous, visualisez votre lama racine sous la forme de Vajradhara bleu. Il est entouré des Trois Joyaux, des divinités yidam et des dakinis. Ils apparaissent non élaborés et resplendissants.

La première étape consiste à établir la visualisation du champ de refuge tel que décrit précédemment dans la pratique de refuge. Passez un peu de temps à reposer l'esprit dans un état vaste et ouvert, puis laissez les détails de la visualisation émerger de cet espace. Rappelez-vous, l'essentiel est de sentir la présence des différents objets de refuge. C'est ce sentiment qui nous permet de nous connecter aux qualités éveillées qu'ils représentent.

Invoquer le champ de mérite

> *Vous êtes le lama semblable à un joyau, celui dont la bienveillance fait poindre la grande béatitude en un seul instant. Je me prosterne à vos pieds de lotus, Lama Vajradhara.*

Après avoir développé notre visualisation, nous récitons ensuite un certain nombre de versets qui sont conçus pour générer de la dévotion envers le champ de mérite, qui sera le destinataire de vos offrandes. Ce champ est incarné par le lama semblable à un joyau qui est notre lien humain à l'éveil et à la représentation simultanée des Trois Joyaux. Nous nous souvenons surtout de l'incroyable gentillesse que nous montre notre lama en nous enseignant et en nous guidant dans notre cheminement spirituel. En raison de notre manque de mérite, les bouddhas sont incapables de nous guider directement, et nous guident plutôt à travers la forme du lama. C'est pour cette raison que le lama est considéré plus aimable que tous les bouddhas. En pensant de la sorte au lama, ils peuvent nous conduire à d'incroyables réalisations spirituelles telles que faire l'expérience, en un instant, de la conscience de la grande félicité, qui transcende l'esprit conceptuel ordinaire. Bien que nous parlions d'un lama singulier, nous devrions toujours nous rappeler qu'ils représentent tous nos enseignants, hommes et femmes. Il est une incarnation unique de tous ceux qui ont bénéficié de votre voyage vers l'éveil.

S'incliner devant les pieds de lotus du lama est une manière poétique de dire que chaque partie du corps du lama possède une grande beauté, tout en se référant à la fleur de lotus sur laquelle le lama siège tradition-

L'OFFRANDE DU MANDALA

nellement dans les visualisations. Dans les cultures bouddhistes, il est généralement considéré comme un grand honneur de toucher le point le plus bas du corps du lama (les pieds) avec le point le plus élevé de son propre corps (la tête). Dans ce verset nous nous référons au lama comme Vajradhara parce que son corps éveillé est indestructible, représentant le corps dharmakaya de la réalité de l'éveil.

> *Je rends hommage au lama pour qui ma gratitude est au-delà de toute comparaison. La lumière de votre vérité éveillée dissipe mes ténèbres. Vous êtes l'œil de sagesse sans défaut, le lama de la grande béatitude immuable semblable au soleil.*

Selon le bouddhisme Vajrayana, votre progrès spirituel dépend de votre capacité à montrer de la gratitude et de l'appréciation pour votre lama et la lumière de sa «vérité éclairée», qui est la vérité que vous découvrez en pratiquant le Dharma qu'il enseigne. L'«œil de sagesse sans défaut» fait référence à la capacité du lama de voir et de souligner nos faiblesses cachées, tandis que «le soleil» signifie que le lama est comme une source de lumière rayonnante ; nous permettant de voir tout ce qui nous entoure.

> *Vous êtes notre mère et notre père. Vous êtes le maître de tous les êtres, un noble et véritable ami. Vous êtes le grand protecteur qui agit pour le bien de tous les êtres sensibles. Vous êtes le grand sauveteur qui dissipe tous les obscurcissements négatifs. Vous êtes celui qui demeure dans l'excellence. Vous êtes la seule demeure de toutes les suprêmes qualités, complètement libre de toutes les fautes. Vous êtes le protecteur des petits, le conquérant suprême de l'auto-chérissement et de la souffrance; la source de toute fortune, le joyau exauçant les souhaits, le suprême Seigneur du Dharma victorieux; en vous je prends refuge.*

L'enseignant du Dharma est comme un parent au sens spirituel, comme une «mère», il vous donne l'amour et la nourriture spirituelle; et comme un «père», il vous guide et vous protège dans votre cheminement spirituel. Il est le «maître de tous les êtres», car il ne fait aucune discrimination quant à qui il guidera vers l'éveil et accepte tous les êtres indépendamment de la caste, de la race ou de la position sociale. En tant que «noble ami», il partage le précieux Dharma avec vous et vous apporte un amour et un soutien inconditionnels, en prenant soin de vous jusqu'à ce que vous atteigniez l'éveil. En outre, il vous protège des souffrances du samsara et vous sauve en montrant comment atteindre des qualités éveillées.

De plus, l'enseignant du Dharma «écarte les obscurcissements négatifs» en vous apprenant à surmonter toutes les qualités négatives, et c'est seulement en suivant ses enseignements que vous pouvez atteindre les «qualités suprêmes» de la bouddhéité. En tant que manifestation des bouddhas sous forme humaine, le lama est aussi le «grand protecteur» qui agit au profit de tous les êtres sensibles et il est le conquérant suprême de l'amour de soi et de la souffrance, ayant atteint l'éveil pour tous les êtres. Enfin, il est décrit comme un «joyau qui exauce les souhaits» car il est capable de manifester des qualités éveillées illimitées au profit de ses disciples.

En toi je prend refuge, immaculé et saint lama racine, suprême victorieux Seigneur du Dharma, Incarnation des bouddhas des trois temps .

Si vous le souhaitez, vous pouvez réciter ce verset seul au lieu des versets précédents, en vous rappelant que prendre refuge dans les Trois Joyaux est le fondement de toute la pratique du Dharma. Ici, prendre refuge dans le lama équivaut à prendre refuge dans les Trois Joyaux, car le lama est considéré comme l'incarnation des Bouddhas des trois temps passés, présents et futurs. Tous les bouddhas passés ont atteint l'éveil en s'appuyant sur leurs enseignants du dharma, tous les bouddhas présents se manifestent sous la forme d'enseignants du Dharma et tous les futurs bouddhas sont formés par les enseignants du Dharma. C'est pourquoi le lama, qui vous enseigne le précieux Dharma, est considéré comme saint et immaculé.

Offrande de mandala de longueur moyenne

OM VAJRA BHUMI AH HUNG

Le fondement est la pure terre d'or majestueuse.

Ici, nous commençons la pratique d'offrande du mandala de longueur moyenne, unique à la Tradition Jonang. Ceci implique de placer neuf tas de riz ou de joyaux sur une assiette, qui représente l'univers offert au champ de refuge. C'est une pratique beaucoup plus courte que la traditionnelle offrande du mandala long qui elle implique trente-sept objets d'offrandea.

Avec le mantra «OM VAJRA BHUMI AH HUNG», vous commencez à assembler le mandala en créant une fondation, la pure et majestueuse terre d'or, sur laquelle vous pouvez construire une image physique et mentale de l'univers. Un plat circulaire est utilisé pour représenter cette base. Vous devriez en frotter la surface dans le sens des aiguilles d'une montre avec votre poignet, plusieurs fois, avant de commencer l'offrande.

OM signifie «parfait» ou «avec excellence», et est utilisé au début de toute activité pour nous guider vers la perfection. VAJRA signifie «indestructible». BHUMI signifie «terre, sol ou base». AH signifie «origine fondamentale» ou «vide». HUNG signifie «essentiel» ou «plénitude». Pris ensemble, ce mantra nous conduit à l'excellence et la gloire dans toute activité et nous aide à atteindre l'éveil.

Le modèle de l'univers que nous utilisons ici est un peu différent du modèle scientifique conventionnel. Selon le Tantra Kālachakra, l'univers a été formé comme les quatre grands éléments unis en fonction du karma collectif des êtres. De l'intérieur de l'espace, l'élément de vent noir a commencé à apparaître, suivi par l'élément de feu rouge, l'élément d'eau blanche et enfin, l'élément de terre jaune. Chacun de ces éléments est représenté par des disques concentriques de diamètre décroissant, empilés les uns sur les autres. Le plat circulaire symbolise cette base d'éléments.

OM VAJRA REKHE AH HUNG

L'univers est cerclé de fer par une immense chaîne de montagnes et au centre le mont Méru, reine des montagnes.

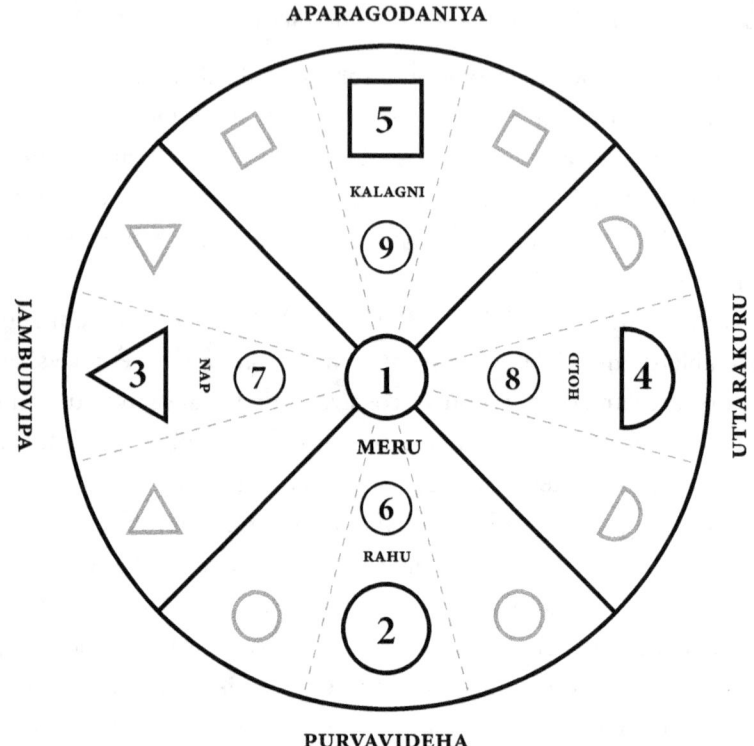

L'offrande du mandala à neuf branches selon la cosmologie du Kālachakra

Avec ce mantra, vous visualisez le grand Mont Méru apparaissant au centre du disque de terre jaune, entouré d'une grande barrière de fer de montagnes ou d'une crête bordant le périmètre du Mont qui représente la limite extérieure de l'univers ou du système mondial. Le mont Méru est de forme circulaire et à son pic sont cinq sommets. Ces caractéristiques représentent chacune différents aspects de notre univers qui sont vécus par différents êtres sensibles, par exemple, la base du Mont Méru représente les royaumes grossiers de l'expérience des êtres sensibles, tandis que les niveaux ascendants représentent des domaines d'expérience de plus en plus subtils.

Alors que vous construisez cette visualisation dans votre esprit, vous devriez prendre l'anneau le plus large de l'ensemble du mandalas pour le placer sur le plat circulaire. En prenant une poignée d'offrandes (par exemple du riz, des pierres ou des bijoux), placez un seul tas au centre du plat pour symboliser le Mont Méru.

A l'est se trouve Pourvavidéha, au sud se trouve Jamboudvipa,
au nord se trouve Outtarakourou et à l'ouest se trouve Aparagodaniya .

Ce sont les quatre continents entourant le mont Méru. À l'est est Pourvavidéha (qui signifie «grande prospérité physique»), avec trois îles en forme de cercles. Au sud se trouve Jamboudvipa («un endroit du son Dzam» - ressemblant au bruit des feuilles des arbres tombant dans la mer) avec trois îles de forme triangulaire. C'est là que l'on dit que notre domaine d'expérience est situé. Au nord se trouve Outtarakuru (qui signifie «nouvelles cachées et mauvais sons»), avec trois îles semi-circulaires. Enfin, à l'ouest se trouve Aparagodaniya (signifiant «grande prospérité matérielle»), avec trois îles carrées. Il est important de comprendre que ces «continents» et «îles» ne sont pas une représentation des masses terrestres géographiques physiques. Ils représentent plutôt différents domaines d'expérience qui existent à différents niveaux de subtilité. Le monde tel que nous le connaissons, décrit par la science moderne, est simplement une description d'une île sur le continent de Jamboudvipa. Quand nous réalisons que notre univers n'est qu'une petite partie d'un univers multidimensionnel beaucoup plus grand, nous commençons à voir à quel point peut être vaste la cosmologie bouddhiste.

Lorsque vous continuez à ajouter des détails à vos visualisations, vous devriez placer quatre tas d'offrandes dans les quatre directions, en suivant l'ordre dans lequel elles sont mentionnées dans le texte. Lorsque vous travaillez avec des mandalas comme offrandes, la direction Est est considérée être le bord du plat le plus proche de vous. Donc, nous plaçons ici un tas à l'Est; puis un tas au sud (sur le côté gauche de l'assiette); un, au nord (du côté droit du plat) et enfin un autre à l'ouest (de l'autre côté du plat).

Rahu, Soleil, Lune et Kalagni, et au centre, la totalité des possessions merveilleuses des humains et des dieux, au complet et auxquelles rien ne manque.

Le foyer se déplace maintenant vers tous les corps célestes qui composent notre univers tel que nous le connaissons. Dans la cosmologie décrite par le Kālachakra Tantra, cela inclut le soleil, la lune et deux «planètes» connues sous le nom de Rahu et Kalagni. Le mouvement de ces quatre corps joue un rôle critique dans les cycles de temps que nous éprouvons en tant qu'êtres sensibles. En raison de leur influence sur nos esprits, ils ont tous une profonde signification spirituelle et astrologique. La planète Rahu (représentée par un disque noir) fait référence à l'apparition d'une éclipse lunaire et est associée au nœud nord de la lune. La planète Kalagni (représentée par un disque jaune) se réfère à l'apparition d'une éclipse solaire et est associée au nœud sud de la lune. Ajouter quatre tas d'offres pour représenter chacune des quatre planètes.

Bien qu'il soit bon de connaître la cosmologie traditionnelle et de visualiser l'univers de cette façon, vous devriez également être créatif avec cette pratique et vous rappeler tout ce qui est agréable dans le monde des humains et des dieux, y compris les lacs, forêts, montagnes, palais, bijoux et œuvres d'art. Vous pouvez également offrir l'Asie, l'Europe, l'Afrique, l'Amérique du Sud et du Nord, les parcs nationaux, les cascades, l'argent, les tapis volants, les téléphones mobiles, les banques et même les objets de votre esprit tels que les qualités spirituelles. Avec chaque objet d'offrande auquel vous pouvez penser, ajoutez une pile d'offrandes au mandala jusqu'à ce que le premier anneau soit complètement plein . Rappelez-vous que tout ce que vous percevez comme étant beau ou précieux est un objet digne d'être offert. Ne pensez pas que vous ne pouvez offrir que des choses que vous possédez physiquement. Toutes vos expériences vous appartiennent et par conséquent, ce sont elles que vous offrez, pas les objets eux-mêmes.

Toutes ces richesses, je les offre avec une grande dévotion aux lamas immaculés, mon lama racine et ceux de la lignée, ainsi qu'au mandala des yidams, bouddhas, bodhisattvas, pratyekas, shravakas, dakinis et protecteurs omniscients du dharma .

Ensuite, placez votre deuxième anneau le plus grand au-dessus du premier et, tout en générant mentalement différents objets d'offrandes, placez plus de tas d'offrandes dans le mandala. Notez comme le mouvement du riz est semblable à l'apparition et la dissolution des pensées en succession rapide. Imaginez qu'avec chaque tas vous offrez de plus en plus de vos expériences. Continuez ainsi jusqu'à ce que le deuxième anneau soit complètement rempli.

Puis mettez le troisième anneau au-dessus du second, en imaginant qu'avec chaque pile d'offrandes vous offrez le niveau le plus subtil de votre expérience. Cela inclut toutes les propensions karmiques vertueuses que vous avez accumulées depuis les temps sans commencement et toutes les qualités vertueuses que vous avez développées. Offrez les meilleures parties de qui vous êtes en tant que personne.

Lorsque le dernier anneau est complètement rempli, placez le joyau qui remplit les souhaits sur le dessus pour représenter votre réalisation de l'éveil complet. Pensez au bénéfice illimité que vous apporterez aux êtres sensibles dans le futur et offrez cette vertu comme faisant partie du mandala. Après que l'ensemble du mandala soit complètement rempli, vous devriez avec une grande dévotion, le lever en geste d'offrande de toute sa richesse, au champ de refuge, aux lamas immaculés de racine et de lignée et ainsi de suite.

Par compassion, acceptez ce mandala pour le bien de tous les êtres, et ayant accepté cette offrande, s'il vous plaît bénissez moi !

Ayant fait cette offrande, vous demandez alors au champ de refuge d'accepter ce mandala. Comme la compassion des bouddhas est illimitée, leurs bénédictions naîtront naturellement en nous quand l'offrande sera faite. Notre offrande de l'univers devrait également inclure le mérite accumulé par tous les êtres sensibles et tous les êtres éveillés. Offrir de cette façon augmente le mérite de tous les êtres afin qu'ils puissent atteindre l'éveil, et donc l'offrande est faite pour le bien de tous les êtres.

> *En me rappelant les vertus du corps, de la parole et de l'esprit rassemblées par moi-même et tous les êtres durant les trois temps, unies à l'ensemble des excellentes offrandes de Samantabhadra dans ce précieux mandala, à la fois réelles et visualisées, j'offre tout ceci à mon lama et aux Trois Joyaux. S'il vous plaît, acceptez-les dans votre compassion et bénissez-moi !*

La collecte des vertues des trois temps se réfère au mérite qui a été accumulé par le corps, la parole et l'esprit depuis les temps sans commencement, ainsi que le mérite généré maintenant et dans le futur jusqu'à ce que nous atteignions la bouddhéité. Comme dans le verset précédent, vous demandez au champ de refuge, incarné par le lama et les Trois Joyaux, d'accepter votre offrande et de bénir votre continuum mental, renforçant ainsi votre pratique spirituelle.

C'est le verset final de l'offrande du mandala de longueur moyenne. Si vous le souhaitez, vous pouvez répéter ces versets encore et encore, en les comptant comme des accumulations. Cependant, lorsqu'on se concentre sur les accumulations, il est plus courant d'utiliser la brève offrande de neuf tas comme expliqué ci-dessous.

Brève offrande de mandala

> *Le sol est oint de parfum et parsemé de fleurs. Son centre, embelli par le mont Meru, est entouré par les quatre continents, le soleil et la lune. Ceci je l'offre comme champ de bouddhas pour que tous les êtres puissent en jouir.*

Cette version courte de l'offre de mandala est généralement utilisée pour les accumulations, bien qu'il soit bon, si vous le pouvez, de réciter la version de longueur moyenne avant. Vous n'avez besoin que de la base d'un ensemble de mandala ou d'une assiette pour les neuf piles d'offrandes.

Vous devez d'abord nettoyer le plat d'offrande avec votre poignet dans le sens des aiguilles d'une montre, et si vous le souhaitez, vous pouvez projeter de l'eau parfumée sur la plaque avant de faire cela. Cela symbolise le sol purifié ou oint de parfum et jonché de fleurs. Ensuite, vous placez un tas de riz au centre, symbolisant le mont Méru, suivi d'un tas à l'avant, un à gauche, un à droite et un derrière. Ces quatre dernières piles représentent les quatre quarts de l'univers ou quatre continents. Vous vous retrouvez ensuite avec quatre autres piles, l'une entre les piles avant et centrale, l'autre entre les piles gauche et centrale, l'autre entre les piles droite et centrale et l'autre entre la pile derrière et la pile centrale. Ceux-ci représentent respectivement les planètes du rahu, du soleil, de la lune et du kalagni.

La visualisation est similaire à celle décrite dans la pratique précédente. En particulier, la base du mandala d'offrande est faite de matériaux dorés et oint de parfum, représentant la vaste gamme de parfums naturels, de plantes et de fleurs de cette terre. Vous visualisez ensuite toutes sortes de choses agréables telles que les bijoux, les cristaux, les fleurs, les herbes et les grains, ainsi que le soleil, la lune, les rivières, les lacs, les minéraux, les créatures de toutes formes et tailles. Finalement, vous visualisez cette offrande entière qui se transforme en un champ de Bouddha, une terre pure habitée par des êtres éveillés avec de magnifiques arbres, des palais et des êtres spéciaux comme dans la pratique du refuge. Ce champ de bouddha a le pouvoir de bénéficier aux êtres de manière illimitée, et ainsi vous offrez ceci pour que tous les êtres puissent en jouir. Pour établir un lien particulièrement favorable, vous pouvez vous rappeler les caractéristiques du royaume sublime de Shambhala et imaginer que tous les êtres ont la chance d'y naître.

GURU IDAM RATNA MANDALA KAM NIRYA TAYAMI
(Récitez cela, puis offrez le mandala)

Après chaque récitation de la prière, vous récitez ensuite ce mantra d'offrande et imaginez que le mandala visualisé se dissout en vous. Reposez-vous un instant dans la conscience de la nature ultime des offres que vous avez faites. Ensuite, nettoyez rapidement l'assiette d'offrande et récitez à nouveau la prière en plaçant les neuf tas de riz sur l'assiette pour l'offrande suivante.

Lorsque l'accumulation de mérite est l'objectif principal de votre pratique, ce processus est répété assez rapidement. La manière la plus courte est de simplement répéter le mantra pendant que vous créez et ensuite dissolvez le mandala. Si vous pratiquez de cette manière abrégée, il est important que vous soyez toujours conscient de la signification de la pratique. Elle ne devrait pas dégénérer en rituel vide de sens. Vous pouvez également alterner cette offre brève avec une version plus longue, par exemple en faisant une offre de longueur moyenne après vingt et une plus courtes.

— *Kyabje Lama Lobsang Trinlé*—
Abbé renommé du monastère de Tashi Chöthang et maître du Kalachakra Vajra

CHAPITRE 8
Guruyoga fondamental

Le but du guruyoga, la cinquième section des préliminaires du Kālachakra, est d'unifier votre esprit avec l'esprit saint de votre maître. À un niveau relatif, vous chantez toutes sortes de prières et de supplications pour ouvrir votre esprit et votre cœur aux bénédictions du lama et générer une grande dévotion. À un niveau ultime, vous apprenez à reconnaître que le lama définitif n'est autre que votre propre esprit de sagesse. Cela signifie que le lama n'est pas seulement une personne importante dans votre vie, mais qu'il est votre chemin personnel vers l'éveil. Comme nous sommes incapables de recevoir des conseils directs d'êtres éclairés, nous devons nous en remettre à une forme humaine pour nous relier à la sagesse éclairée du Bouddha. Cet enseignant extérieur est la personne à qui vous demandez de vous aider en démantelant votre ego. Ce processus de dissolution conduit à la découverte du maître intérieur, votre propre sagesse éveillée. La pratique du guruyoga est absolument essentielle si vous souhaitez suivre la voie tantrique vers l'éveil, car c'est la bénédiction du lama qui vous permet de développer une perception pure et d'ouvrir la porte à toutes les autres réalisations tantriques.

Si vous avez un esprit sceptique, vous pourriez être très méfiant à l'égard de l'idée même de la dévotion au guru; elle peut sembler fabriquée, théiste ou antidémocratique. À un niveau élémentaire, le bouddhisme repose sur une logique saine et des méthodes pratiques que chacun peut facilement tester. C'est un peu comme un bon manuel pour apprendre à conduire une voiture. Cependant, des pratiques telles que la dévotion au guru et le guruyoga vous amènent au-delà de ce niveau de base du bouddhisme, elles s'apparentent davantage aux conseils personnels que vous pouvez recevoir d'un moniteur de conduite. Ces conseils vous apportent des connaissances essentielles issues de l'expérience de générations de maîtres de la lignée. C'est sur cette sagesse que nous nous appuyons pour pratiquer efficacement.

Lorsque vous récitez les supplications d'une pratique de guruyoga, vous n'êtes pas censé avoir simplement une dévotion aveugle, ces versets sont conçus pour vous aider à pénétrer profondément votre continuum mental et vous conduire à une compréhension de la vérité au-delà de tous les mots et concepts. Vous devez vous rappeler que la véritable dévotion au guru n'est pas une situation théiste ou dictatoriale, mais plutôt un respect de l'accord mutuel entre vous et votre enseignant pour travailler vers l'éveil.

On dit que les bénédictions que nous recevons du lama correspondent à notre attitude envers lui. Par exemple, nous pouvons le voir comme un homme très compatissant, un noble Arhat ou un bouddha pleinement éveillé. Ces attitudes donneraient lieu respectivement aux bénédictions d'un homme compatissant, aux bénédictions d'un Arhat et aux bénédictions d'un bouddha.

Dans la voie tantrique, nous travaillons au développement de la perception pure qui voit notre lama comme inséparable du bouddha. Nous commençons par nous concentrer sur les qualités extérieures du guru afin d'inspirer l'esprit, puis nous nous concentrons sur la réalité intérieure du guru comme étant inséparable de la nature de bouddha. Enfin, nous reconnaissons que notre propre nature de bouddha est inséparable de la nature de bouddha du guru et qu'il n'y a donc pas de guru qui soit séparé de nous. En essence, c'est la transformation qui s'opère par le guruyoga. Actuellement, nous avons l'impression d'être ici, alors que la nature de bouddha est ailleurs. En travaillant avec le guru, nous créons un pont qui nous relie à notre nature intérieure et nous aide à débloquer ses capacités illimitées.

PRATIQUE DU GURUYOGA COMMENTÉE

La pratique suivante est la première de trois guruyogas qui sont traditionnellement pratiqués dans la tradition Jonang. Chaque pratique met l'accent sur une connexion légèrement différente pour aider à renforcer votre lien avec les maîtres de la lignée. Dans cette pratique, le guruyoga Fondamental, l'accent est mis sur le lama racine comme étant inséparable de Vajradhara. Les deux autres (qui sont présentées à la fin de ce livre) sont centrées sur les deux plus importants maîtres de la lignée de la tradition : Kunkyen Dolpopa Sherab Gyaltsen et Jetsun Taranatha. Tous les guruyogas utilisent la même structure de base : établir la visualisation, faire des supplications au lama (et à d'autres objets de refuge), recevoir les quatre initiations, puis fusionner son esprit avec l'esprit de sagesse du lama.

Visualisation

Visualisez-vous dans un vaste et magnifique palais au centre d'un royaume pur. Votre maître vajra apparaît devant vous, au centre du palais, sous la forme du Seigneur Vajradhara. Il est assis sur un lotus, avec les disques de soleil, de lune, de rahu et de kalagni qui reposent sur un trône de lion.

Le corps de votre maître vajra est de couleur bleue, il a une tête et deux bras, il tient un vajra et une cloche croisés au niveau de son cœur. Ses jambes sont dans la position du lotus complet. Paré de vêtements de soie et orné de joyaux, possédant les marques et les signes de l'accomplissement, son corps est radieux et lumineux. Il vous sourit, satisfait de vous.

Le Seigneur Vajradhara est entouré par les déités des quatre classes de Tantra, de tous les lamas de la lignée et de l'assemblée entière des déités yidams, des bouddhas, des bodhisattvas, des shravakas, des pratyékas, des dakinis et des protecteurs du Dharma. Ayez la certitude qu'ils sont tous bien présents.

Guru Vajradhara

La pratique du guruyoga commence par l'invocation de votre lama, le maître vajra, sous la forme divine du Seigneur Vajradhara, qui est l'incarnation de tous les maîtres de la lignée, des bouddhas, bodhisattvas et ainsi de suite. Comme dans la pratique du refuge, vous considérez que toutes les apparences se dissolvent dans la vacuité, d'où émerge un royaume pur avec un vaste palais magnifique, comme le reflet de la pleine lune dans un lac. Le lama apparaît alors dans l'espace devant vous sous la forme du bouddha primordial Vajradhara sur le trône de lion, le lotus, les disques du soleil, de la lune, de rahu et de kalagni, et il vous regarde affectueusement, signifiant votre lien personnel étroit avec lui. Les détails de la composition de l'assemblée et la signification de chaque type d'être éveillé sont décrits dans la section sur les refuges. Contrairement à l'assemblée de la visualisation du refuge, dans cette pratique, le champ des êtres éveillés est rassemblé comme une foule entourant votre lama racine. Votre visualisation doit être claire, vive et vibrante, tout en apparaissant comme un reflet, car aucun des objets visualisés n'a de nature extérieure réellement existante. S'ils vous sont familiers, il peut également être utile de vous rappeler certaines des histoires des grands maîtres de la lignée pour donner vie à tout cela. Comme pour toute pratique de visualisation, vous devez essayer de visualiser les objets du mieux que vous le pouvez. Cependant, les détails ne sont pas aussi importants que le sentiment induit par la pratique ou la signification qui s'y rattache.

> *Ayant visualisé le champ d'assemblée, faites des offrandes extensives, à la fois réelles et visualisées. Lorsque vous commencez la pratique, vous devez croire, avec une confiance totale, que vous possédez la nature de bouddha et qu'elle peut être dévoilée grâce à votre sincère et infaillible dévotion envers votre lama racine immaculé .*

Après avoir visualisé le champ de mérite, vous vous imaginez alors faire de grandes offrandes au lama Vajradhara et à ses compagnons éveillés. Vous pouvez également faire des offrandes réelles au lama, par exemple en plaçant des objets précieux devant un sanctuaire. Sur un plan plus pratique, vous pouvez vous engager à offrir au lama votre temps, vos services, votre aide financière ou d'autres types d'aide en fonction de vos capacités.

Lorsque vous commencez la pratique, vous devez avoir une dévotion sincère et inébranlable, c'est-à-dire une confiance totale dans la vérité de la voie que vous suivez, en étant convaincu que vous possédez une nature de bouddha qui peut être définitivement découverte. La foi repose essentiellement sur la confiance dans le processus de cause à effet. De même que vous avez la garantie de faire cuire un gâteau si tous les bons ingrédients sont présents, de même vous pouvez avoir confiance dans la voie de l'éveil lorsque certaines conditions sont réunies. Ces conditions comprennent le renoncement, la compassion, la dévotion et surtout, le fait de savoir que vous possédez la nature de bouddha.

Prières aux maîtres de la lignée

> *Bon et précieux lama racine, tout ce qui est bon et vertueux dans le samsara et le nirvana surgit de votre pouvoir éveillé. Mon protecteur, une source exauçant les souhaits, je vous prie du plus profond de mon cœur.*

Selon le bouddhisme Vajrayana, votre bon et précieux lama racine, dont la nature est inséparable de tous les bouddhas, est la source de tout ce qui est vertueux, bon et bénéfique. Bien qu'il soit égal un grand bouddha dans sa sagesse, sa bonté surpasse celle des bouddhas alors qu'il vous apparaît en ce moment. Il est celui qui se manifeste réellement dans votre vie. En vous rappelant sa grande bonté, y compris toutes les circonstances où ses enseignements vous ont aidé et tous les petits actes de bonté et de compassion dont vous pouvez vous souvenir, vous devriez le prier du plus profond de votre cœur. En faisant cela, vous invoquez en fait l'aspect sagesse de votre propre esprit.

> *Je prie le corps de vérité omniprésent et de grande félicité,*
> *le Bouddha primordial Vajradhara qui réside en Akanishta .*
> *Je prie Kālachakra, le corps de jouissance .*
> *Je prie Bouddha Shakyamuni, le corps d'émanation, le plus grand des Shakyas .*
> *Je prie mon lama qui incarne les quatre bouddha-kayas .*

La lignée que le lama racine incarne commence avec le bouddha primordial Vajradhara, dont la forme représente le corps dharmakaya omniprésent de la réalité de l'éveil, qui est immuable et au-delà de la forme. Akanishta signifie littéralement „le plus haut", et dans ce cas, il fait référence à la sphère d'éveil du bouddha dharmakaya, le royaume de Vajradhara.

Kālachakra représente le corps de jouissance sambhogakaya de l'éveil, tandis que Bouddha Shakyamuni représente le corps d'émanation, qui, ensemble, constitue la manifestation compatissante de l'énergie d'éveil pour le bien des autres. Nous prions le lama qui incarne les quatre kayas du bouddha, qui incluent les trois kayas ci-dessus ainsi que le svabhavikakaya, qui est l'union de ces trois kayas.

Je prie les rois du Dharma, les traducteurs et les panditas :
Les trente-cinq Rois Shambhala, émanations des victorieux,
Les deux Kālachakrapada, le Vieux et le Jeune, et les deux érudits inégalés, Nalendrapa et Somonatha.

Ce verset nous relie à certains des maîtres les plus importants de la lignée Jonang-Shambhala. Les rois du dharma, les traducteurs et les panditas comprennent : les trente-cinq rois du dharma qui étaient responsables de la préservation des enseignements de Kālachakra à Shambhala; les deux Kālachakrapada, qui ont introduit les enseignements de Kālachakra dans le monde humain ; et les deux grands érudits de Nalanda qui ont largement propagé les enseignements de Kālachakra, Nalendrapa et Somanatha.

Je prie les trois lamas qui ont atteint les siddhis suprêmes :
Konchoksung, le protecteur de tous les êtres,
Droton Namseg, le grand et accompli méditant,
Le Drupchen Yumo Chöki Rachen, Grand Mahasiddha, grand héraut du Dharma.

Nous commençons maintenant à invoquer les lamas de la lignée par groupes de trois, dans un ordre chronologique approximatif, tout en nous souvenant de leurs qualités uniques. Le terme „siddhis suprême" fait référence à un accomplissement spirituel extraordinaire. Konchoksung, également connu sous le nom de Lama Lhaje Gompa, était un grand nagpa (praticien laïc tantrique) qui a largement diffusé les enseignements du Kālachakra. Droton Namseg, également un nagpa, aurait développé une connexion directe avec de nombreuses divinités éclairées grâce à une pratique exceptionnelle de la méditation. Drupchen Yumo Chöki Rachen était un moine pleinement ordonné, célèbre pour ses extraordinaires pouvoirs spirituels, qui était largement reconnu comme un grand mahasiddha.

> *Je prie les trois merveilleuses sources de refuge :*
> *Le Nirmanakaya Sétchok Dharmeshvara le plus grand fils,*
> *Khipa Namkha Oser, l'érudit sans faille du Dharma,*
> *Sémotchen, le maître des pouvoirs magiques et de la clairvoyance.*

Sétchok Dharmeshvara était salué comme une émanation de Manjushri et était le fils de Drupchen Yumo. Khipa Namkha Öser était un érudit extraordinaire, sans faille, et un grand yogi tantrique qui maîtrisait les œuvres d'Asanga ainsi que le tantra du Kālachakra. Semochen a atteint une réalisation rapide après avoir pratiqué les Six Vajrayogas, et a ainsi acquis la clairvoyance et d'autres capacités surnaturelles.

> *Je prie les trois sauveurs suprêmes :*
> *Jamsar Sherab, le chasseur de ténèbres,*
> *Kunkhyen Chöku Öser, l'omniscient,*
> *Kunpang Thukje Tsondru, qui a atteint la perfection de l'immuable félicité.*

Jamsar Sherab (également connu sous le nom de Chöje Jamyang Sarma) était un maître hautement réalisé qui a été guéri de la lèpre après s'être engagé dans une pratique intensive de retraite. Chöku Öser était un grand érudit des sutras et des tantras, salué comme omniscient ou grand savant, et était également un yogi très accompli. Kunpang Thukje Tsondru était considéré comme une émanation de l'un des rois Kalki de Shambhala, ayant unifié toutes les lignées de Kālachakra au Tibet et perfectionné la félicité immuable par la pratique des six Vajrayogas.

> *Je prie les trois lamas incomparables :*

Jangsem Gyalwa Yeshe, le conquérant de la grande sagesse,
Khetsun Zangpo, l'océan des grandes qualités,
Dolpopa, le Bouddha omniscient des trois temps .

Malgré un succès limité dans la pratique du dharma au début de sa vie, Jangsem Gyalwa Yeshe a atteint une réalisation incomparable et une grande sagesse après avoir pratiqué les six Vajrayogas sous la direction de Thukje Tsondru. Khetsun Zangpo (également connu sous le nom de Khetsun Yonten Gyatso) était connu pour ses nombreuses grandes qualités telles qu'une conduite morale impeccable, ainsi que pour sa réalisation extraordinairement rapide des pratiques du vajrayoga. Le grand lumineux Jonang Dolpopa, qui a unifié la lignée tantrique Kālachakra et la lignée du soutra Zhentong, était considéré comme l'émanation du Bouddha des trois temps tant sa réalisation et sa maîtrise des enseignements du bouddha étaient profondes en tant qu'érudit et en tant que saint.

Je prie les trois racines du Dharma vivant :
Choklé Namgyal, triomphant de tout,
Nyabonpa, source universelle de joie,
Kunga Lodrö, trésor de la connaissance et de la compassion .

Choklé Namgyal était connu sous le nom de „l'invincible" car il était capable de mémoriser tous les grands textes et était invincible dans les débats, triomphant de tout. Nyabonpa (également connu sous le nom de Tsungmed Nyabon Kunga) était un écrivain prolifique et un enseignant du Dharma très respecté, dont les enseignements étaient une source universelle de joie. Kunga Lodrö a beaucoup étudié au début de sa vie, son esprit devenant un trésor de connaissances, mais plus tard, il est devenu yogi errant, mû par le renoncement et la compassion suprêmes.

Je prie les trois merveilleux lamas :
Trinlé Zangpo, Incarnation des Trois Joyaux,
Nyeton Damcho, protecteur du Dharma définitif et totalement vaste,
Namkha Palzangpo, le grand maître du soutra et du tantra .

Trinlé Zangpo (également connu sous le nom de Jamyang Konchog Zangpo) s'est formé dans divers monastères de toutes les traditions, incarnant ainsi tous les enseignements des Trois Joyaux. Nyeton Damcho (également connu sous le nom de Drenchog Namkha Tsenchan) a atteint une grande réalisation par la pratique des Six Vajrayogas, et en tant qu'abbé de deux grands monastères, il était un protecteur du Dharma définitif et expansif. Namkha Palzangpo (également connu sous le nom de Panchen Namkha Palzang) a d'abord été formé dans la tradition Sakya et est devenu un éminent spécialiste du soutra et du tantra, en particulier du glorieux tantra Kālachakra.

Je prie les trois qui ont accompli pour autrui des bienfaits insurpassables :
Ratnabhadra, le grand traducteur,
Lama Kunga Drolchok, source de joie pour tous les êtres,
Lungrig Gyatso, le témoin du sens véritable du non-née .

Il était dit que Ratnabhadra apportait de grands bénéfices aux autres par sa capacité à pacifier les démons grâce à sa connexion avec la divinité courroucée Mahakala, tout en établissant plusieurs monastères. Lama Kunga Drolchok était un grand maître Rimé qui avait un lien étroit avec la Dakini Niguma et apportait une grande joie à tous les êtres par son travail sur le Dharma. Lungrig Gyatso a atteint une réalisation extraordinaire par la pratique des six Vajra Yogas, y compris le contrôle complet de l'état de rêve, et a donc été un témoin de la vérité, le sens du non-née de la vérité ultime.

Je prie les trois à la bonté inégalée :
Drolwé Gonpo, le grand libérateur,
Kunga Rinchen, trésor de qualités semblable à l'océan,
Khidrup Namgyal, l'incarnation de tous les êtres saints .

Drolwé Gonpo (également connu sous le nom de Taranatha ou Kunga Nyingpo), était un grand libérateur des êtres, car il enseignait largement le Dharma, était un écrivain prolifique et a revitalisé la tradition Jonang.

Kunga Rinchen (également connu sous le nom de Ngonjang Rinchen Gyatso) était un grand érudit et enseignant, connu pour sa capacité à absorber de grandes quantités de connaissances et pour d'autres qualités semblables à celles de l'océan, grâce à ses accomplissements dans des vies antérieures. Khidrup Lodrö Namgyal était considéré comme la réincarnation de la mère de Dolpopa et comme l'incarnation de tous les êtres saints, car il avait acquis de grandes capacités spirituelles et des signes miraculeux apparaissaient chaque fois qu'il accomplissait certains rituels.

Je prie les trois détenteurs du trésor des enseignements sacrés :
Thugye Trinlé, le maître de la parole,
Tenzin Chogyur, le victorieux,
Ngawang Chöjor, l'ornement de la pratique du dharma .

Ngawang Thugye Trinlé (également connu sous le nom de Chalongwa), est né à Chosang l'année du cheval de bois et possédait dès son plus jeune âge de nombreux pouvoirs spirituels, comme celui de pacifier les démons. Il a reçu l'enseignement de nombreux lamas, dont le Panchen Lama Lobsang Chogyen,recevant en particulier celui des les six yogas de Kālachakra de Chöjé Kunsang Wangpo. Il eut de nombreux disciples, de Golok à Zuka Ta Tse. Tenzin Chogyur (également connu sous le nom de Ngawang Tenzin Namgyal), atteint de nombreuses et grandes réalisations grâce à la pratique des Six Vajrayogas et fut ainsi victorieux dans sa pratique du Dharma. Ngawang Chöjor (également connu sous le nom de Ngawang Khetsun Dargye) était considéré comme un ornement de la pratique du dharma en raison de ses grandes réalisations, qui comprenaient des pouvoirs magiques dans ses rêves et la perception continue de son corps dans l'état de claire lumière.

Je prie les trois lamas qui sans relâche accomplissent les activités saintes :
Trinlé Namgyal, ornement de la parfaite conduite,
Chokyi Peljor, trésor suprême et parfaite réalisation du Dharma,
Gyalwé Tsenchang, détenteur des instructions essentielles parfaites .

Trinlé Namgyal a reçu des instructions de divers maîtres et a atteint une profonde réalisation par la pratique des six Vajrayogas. Il était donc vénéré comme quelqu'un possédant de nombreuses qualités, y compris une conduite parfaite. Chokyi Peljor reçut les six yogas de Kālachakra de son maître, Khetsun Dargye. Il a rapidement atteint les signes de la véritable réalisation des phases d'accomplissement de Kālachakra et devint un authentique détenteur de la lignée. Il était connu sous le nom de Shayul Chögor et était clairvoyant, lisant les pensées des autres. Gyalwe Tsenchang (également connu sous le nom de Nuden Lhundrup Gyatso) est né à Zuka Yakdo. Il fut reconnu comme la réincarnation de Tsangwa Ngawang Trinlé. Il devint résident du palais Yakdo et fut largement connu comme un maître spirituel tenu en haute estime dans de nombreux endroits. Il fut reconnu comme un grand chef spirituel par le monarque Ahkyong, qui était son protecteur.

Je prie les trois lamas qui libèrent les êtres par le son et la vue :
Jigme Namgyal, quintessence des Trois Joyaux,
Chöpel Gyatso, Incarnation de tous les sauveurs,
Chözin Gyatso, ayant atteint le corps d'union de l'éveil.

Jigme Namgyal, considéré comme la troisième réincarnation de Khidrup Lodrö Namgyal, a atteint de nombreuses qualités extraordinaires grâce à une étude et une pratique sans faille. Chöpel Gyatso fut connu pour ses extraordinaires capacités de clairvoyance. Au moment de sa mort, de nombreux arcs-en-ciels sont apparus, témoignant de sa grande réalisation. Chözin Gyatso était considéré comme l'émanation d'Akashagarbha. Ses réalisations étaient si profondes qu'il pouvait accomplir des exploits miraculeux tels que traverser des murs et voyager dans des royaumes purs comme Shambhala, où il recevait des instructions qu'il rapportait au Tibet.

Je prie les trois ornements du Dharma sacré :
Tenpa Rabgye, enseignant du Dharma d'or,

*Lobsang Trinlé, Incomparable sagesse dans les activités saintes,
Jamphel Lodrö, florissant en ce monde et possédant la sagesse de
Manjoushri .*

Tenpa Rabgye reçut de Ngawang Chözin toutes les instructions pour les Six Vajrayogas et fit l'expérience de nombreux signes indiquant la maîtrise de la pratique. Il vécut une vie très humble et mourut à l'âge de soixante-seize ans, restant dans un état de claire lumière pendant six jours. Lobsang Trinlé se concentra également de manière intensive sur la pratique du Kālachakra. Après avoir contracté la lèpre à l'âge de trente ans et s'être retiré en retraite solitaire pour pratiquer Vajrapani pendant cinq ans, il a consacré le reste de sa vie à traiter et à guérir les personnes atteintes de la lèpre et d'autres maladies. Il a également travaillé sans relâche à la reconstruction du bouddhisme Mahayana et Vajrayana dans sa forme pure. Jamphel Lodrö a été reconnu comme la réincarnation de Getse Khentrul, qui dans sa vie antérieure était le maître du Kālachakra, Chözin Gyatso. Il a étudié les cinq traditions bouddhistes tibétaines en fréquentant onze monastères au Tibet. Après un pèlerinage en Inde pour pratiquer sur les principaux sites bouddhistes sacrés, il s'est rendu en Australie avec la volonté d'enseigner et de traduire le Dharma en langue anglaise.

Pratique et supplication des sept membres

*Je me prosterne avec le corps, la parole et l'esprit devant vous, ultime, infaillible et éternel refuge .
Je vous offre d'innombrables nuages d'offrandes, à la fois réels et mentalement générées .*

Ce verset est le début de ce que l'on appelle la pratique des sept branches. Dans la tradition bouddhiste tibétaine, ce recueil de prières pour sept pratiques est couramment récité comme préliminaire à de nombreuses pratiques, car il offre une version condensée de nombreuses instructions essentielles à l'accumulation de mérite et de sagesse.

La première branche est similaire à la pratique du refuge, dans laquelle vous vous prosternez avec le corps, la parole et l'esprit pour rendre hommage et exprimer votre respect au refuge ultime, indéfectible et éternel du lama et des Trois Joyaux, qui ont le pouvoir de vous libérer du samsara, vous et tous les êtres. Ceci agit comme un antidote à notre orgueil. La deuxième branche de la prière consiste à offrir des nuages illimités d'offrandes, à la fois réelles et générées mentalement, afin d'accumuler des mérites. En récitant ces prières, vous devez visualiser le champ de refuge décrit précédemment, avec vous et tous les êtres sensibles offrant des prosternations et d'autres objets précieux, comme dans la pratique de l'offrande du mandala. Cela sert d'antidote à notre avarice ou à notre manque de générosité.

> *Je confesse toutes mes négativités et mes transgressions amassées depuis des temps sans commencement.*
> *Je me réjouis de toutes les vertus au sein du samsara et du nirvana.*
> *Je vous prie pour de tourner sans cesse la roue du dharma.*

La troisième branche de la pratique des sept branches consiste à confesser toutes nos négativités et nos transgressions, avec le lama et les Trois Joyaux comme témoins. Comme dans la pratique de Vajrasattva, les quatre pouvoirs doivent être présentes. Avec le lama et les trois joyaux comme soutien, vous devez cultiver un regret sincère pour toute la négativité que vous avez accumulée par votre corps, votre parole et votre esprit, comme si vous veniez d'avaler du poison, et prendre la résolution de ne pas répéter cela à l'avenir. Comme antidote, vous pouvez visualiser des rayons de lumière émanant des Trois Joyaux et lavant toute votre négativité, qui s'accumule sous la forme d'un tas noir sur le bout de votre langue.

Après cette pratique de la confession se trouve la quatrième branche. Ici, vous vous réjouissez de toutes les vertus au sein du samsara et du nirvana, ce qui inclut tous les mérites accumulés par vous-même et par les autres, tant les êtres sensibles ordinaires que les êtres éveillés. Cela

GURUYOGA FONDAMENTAL

vous permet d'accumuler de grandes vagues de mérites et agit comme un antidote à la jalousie.

Dans la cinquième branche, vous priez ensuite pour que le lama et les trois joyaux fassent tourner sans cesse la roue du dharma, car sans quelqu'un pour nous enseigner le dharma, il n'y aurait aucun moyen de se libérer du samsara et nous serions comme un aveugle laissé seul au milieu d'un désert. Après avoir atteint l'éveil, le bouddha avait initialement décidé de ne pas enseigner, mais il a changé d'avis lorsque les dieux Brahma et Indra lui ont fait des offrandes et lui ont demandé de tourner la roue du Dharma. De la même manière, nous devrions demander à tous ceux qui détiennent les enseignements du Bouddha de continuer à enseigner dans ce monde comme antidote à notre confusion.

Je vous implore de rester avec nous sans passer au parinirvana .
Puissent toutes vertus être dédiées afin que moi et tous les autres atteignions rapidement l'éveil suprême !

Après avoir prié pour que le lama et les trois joyaux fassent tourner la roue du dharma, nous prions dans cette sixième branche pour qu'ils continuent à rester avec nous dans le samsara pour toujours, sans passer au parinirvana, l'état au-delà de toute souffrance dans lequel le Bouddha est entré lorsqu'il est décédé. Bien qu'en réalité le Bouddha soit au-delà de la naissance et de la mort, notre capacité à le percevoir dépend de notre mérite. En faisant cette demande, nous prions donc pour que nous ayons le mérite de continuer à recevoir ses enseignements.

La septième et dernière branche de cette pratique est la dédicace, par laquelle nous offrons toutes les vertus afin que moi-même et tous les autres atteignons rapidement l'éveil suprême. Comme pour les pratiques de consécration précédentes, vous devez non seulement offrir votre propre vertu, mais aussi tous les mérites accumulés par vous-même et par les autres dans le passé, le présent et le futur. Cette vaste intention conduira sans aucun doute à un vaste résultat.

Je prie mon précieux et glorieux lama, seigneur du Dharma et incarnation de tous les bouddhas.
Je prie mon précieux et glorieux lama, seigneur du dharma et détenteur des quatre kayas du Bouddha.

Ce verset nous rappelle une fois de plus que dans la pratique du Vajrayana, le lama est l'objet de refuge le plus important, car il est l'incarnation de tous les bouddhas, ou notre lien vivant avec l'énergie universelle de l'éveil. En apprenant à voir le lama comme un être éveillé possédant les quatre kayas de bouddha, nous disposons d'une voie qui nous permet de découvrir les quatre kayas intérieurs de notre nature éclairée.

Je prie mon précieux et glorieux lama, seigneur du Dharma, mon inégalé et ultime refuge.
Je prie mon précieux et glorieux lama, seigneur du Dharma, mon inégalé et ultime sauveur.

Le lama est votre refuge ultime inégalé et votre sauveur ultime inégalé, puisqu'il incarne le refuge ultime des Trois Joyaux, qui nous offre une voie inégalée et inégalable par laquelle nous pouvons être sauvés de la souffrance du samsara et atteindre le parfait éveil.

Je prie mon précieux et glorieux lama, seigneur du Dharma, qui enseigne le suprême chemin de la libération.
Je prie mon précieux et glorieux lama, seigneur du Dharma, la source de toutes les sublimes réalisations.
Je prie mon précieux et glorieux lama, seigneur du Dharma, qui dissipe les ténèbres de l'ignorance.

Dans ce verset, nous reconnaissons notre immense gratitude envers le lama, en nous rappelant qu'il enseigne la voie suprême de la libération, qu'il nous présente toutes les réalisations sublimes en tant que lien personnel avec les bouddhas, et qu'il dissipe les ténèbres de l'ignorance qui nous empêchent de devenir éveillé.

> *S'il vous plaît, accorde-nous les initiations !*
> *Bénissez-moi pour me donner la force de m'engager dans la pratique*
> *avec un dévouement complet !*

Nous supplions maintenant le lama de nous conférer l'initiation, ce qui est un rituel formel pour nous connecter à sa sagesse éveillé (comme décrit dans la section qui suit). Dans le bouddhisme Mahayana, la nature vide de l'esprit est présentée par le biais d'une analyse philosophique et contemplative, de sorte que l'esprit comprend d'abord la vacuité, puis la découvre. Par le biais de l'autonomisation (abhisheka en sanskrit), non seulement l'esprit, mais aussi le corps et la parole sont présentés comme une manifestation de notre nature de bouddha, comme pour dire „vous avez ceci !". Nous ne recevons pas quelque chose d'extérieur, mais nous activons plutôt une reconnaissance de quelque chose en nous.

Nous prions également le lama de nous donner les moyens de nous engager dans la pratique du dharma avec un dévouement total. Cette requête est un moyen puissant de créer des conditions propices à une pratique authentique du dharma.

> *Puissent tous les obstacles être dissipés, afin que*
> *je puisse consacrer ma vie à la pratique !*
> *Puissé-je faire l'expérience de l'essence de la pratique !*

Les obstacles à la pratique spirituelle comprennent les obstacles externes, comme les problèmes financiers ou les adversaires qui agissent contre nous, et les obstacles internes, comme les pensées d'avarice ou de luxure, qui détournent notre esprit de la pratique du dharma. Nous prions également pour faire l'expérience de l'essence de la pratique, ce qui signifie atteindre la véritable réalisation plutôt qu'une simple compréhension intellectuelle.

> *Puisse ma pratique atteindre l'ultime perfection !*
> *Puissé-je émaner naturellement l'amour, la compassion et la bodhicitta !*

Pour garantir la réussite de notre pratique du dharma, nous devons faire preuve de dévouement ou de dévotion envers le dharma, d'une bonne attention ou d'une concentration en un seul point. Nous avons également besoin de la capacité à cultiver l'amour, la compassion et la bodhicitta, qui devrait devenir une partie intégrante de nous, afin que nous émanions naturellement ces qualités.

Puissé-je unifier parfaite concentration et vue profonde !
Puissé-je atteindre la véritable expérience et la suprême réalisation du dharma !

Nous pouvons faire l'expérience de la réalité de notre nature de Bouddha et éradiquer complètement nos souillures mentales si nous sommes capables d'unir la concentration et la vue parfaites. Nous prions donc pour que nous atteignions shamatha, l'état de concentration parfaite en un seul point grâce auquel l'esprit peut être puissamment concentré comme un projecteur sur n'importe quel objet de notre choix, et que cela conduise à vipashyana, l'état de vue profonde dans la vraie nature de la réalité.

Puissé-je parachever la pratique de la voie profonde du vajrayoga !
Puissé-je être empli du pouvoir des siddhis du grand sceau dans cette vie même !

Enfin, nous prions le lama de nous permettre de pratiquer et d'accomplir la voie profonde du vajrayoga, qui est l'extraordinaire méthode tantrique de la tradition Jonang Kālachakra connue sous le nom des Six Vajrayogas.

Recevoir les quatre initiations

Grâce aux quatre initiations, nous sommes initiés au corps sacré, à la parole, à l'esprit et à la sagesse primordiale du lama, qui sont en fait une manifestation de notre propre nature de bouddha. Le „corps, la parole et l'esprit" auxquels nous sommes initiés ont de nombreux niveaux de signification différents, mais de manière simple, nous purifions le corps subtil (composé de canaux et de chakras), la parole subtile (ou vent inté-

GURUYOGA FONDAMENTAL

rieur), l'esprit subtil (ou essences) et enfin les résidus des trois combinés (connu sous le nom de conscience fondamentale). Selon le système de Kālachakra, les quatre véritables initiations ont lieu avec une consort de sagesse secrète. Par conséquent, la pratique consistant à recevoir les initiations ici est une représentation symbolique de ce niveau plus profond.

De la syllabe OM (ॐ) au front de mon lama racine, le grand Vajradhara, des rayons de lumière blanche émanent et se dissolvent dans mon chakra du front, purifiant les négativités et les obscurcissements du corps. Puissé-je recevoir l'initiation du vase et être béni du corps éveillé !

Avec la première initiation, connue sous le nom d'initiation du vase, de la lumière blanche rayonne du front du lama et se dissout dans votre chakra frontal, situé au milieu entre les yeux, environ un centimètre au-dessus de l'arête nasale. Cela purifie les obscurcissements du corps, liés à des actions négatives telles que voler ou infliger des dommages physiques à autrui, et dissout les souillures des canaux et des chakras. Vous êtes donc béni par le corps-vajra éveillé, devenant un récipient réceptif pour la pratique de la visualisation et doté des dispositions nécessaires pour atteindre les corps d'émanation nirmanakaya d'un bouddha.

De la syllabe AH (ཨཱཿ) à la gorge du lama, des rayons de lumière rouge émanent et se dissolvent dans mon chakra de la gorge, purifiant les négativités et les obscurcissements de la parole. Puissé-je recevoir l'initiation secrète et les bénédictions de la parole éveillée !

Avec la seconde initiation, connue sous le nom d'initiation secrète, une lumière rouge rayonne de la gorge du lama et se dissout dans votre chakra de la gorge, situé juste au-dessus de la pomme d'Adam. Cela purifie les négativités et les obscurcissements de la parole liés à des actions négatives telles que parler durement ou de façon mensongère. Il dissout également les souillures des vents intérieurs. Vous êtes donc béni par le Vajra de la parole éclairé, devenant un réceptacle sensible pour la pratique de la récitation des mantras et doté des propensions nécessaires pour atteindre les corps de jouissance sambhogakaya d'un bouddha.

De la syllabe HUNG (ཧཱུྃ) au cœur du lama, des rayons de lumière bleu foncé émanent et se dissolvent dans mon chakra du cœur, purifiant les négativités et les obscurcissements de l'esprit.
Puissé-je recevoir l'initiation de la sagesse et les bénédictions de l'esprit éveillé !

Avec la troisième initiation, connue sous le nom d'initiation à la sagesse, une lumière bleu foncé rayonne du cœur du lama et se dissout dans votre chakra du cœur, situé au centre de la poitrine. Cela purifie les obscurcissements de l'esprit liés aux pensées telles que l'avidité, la haine et les vues fixes, et dissout les souillures des essences subtiles. Vous êtes donc béni par le Vajra de l'esprit éveillé, devenant un réceptacle sensible pour des pratiques telles que le tummo (impliquant les vents et les canaux subtils) et doté de la propension à atteindre le corps de vérité de la sagesse du dharmakaya du bouddha.

De la syllabe HO (ཧོཿ) au nombril du lama, des rayons de lumière jaune émanent et se dissolvent dans mon chakra du nombril, purifiant toutes les tendance habituelles de pensées conceptuelles et liées à l'attachement. Puissé-je atteindre la quatrième initiation sacrée ; Puissé-je être imprégné des quatre kayas du bouddha et des bénédictions de l'indestructible sagesse primordiale !

Avec la quatrième initiation, connue sous le nom d'initiation de la parole, une lumière jaune rayonne du nombril du lama et se dissout dans votre chakra du nombril, qui est en fait situé à environ quatre largeurs de doigt sous le nombril. Cela purifie toutes les propensions à la pensée conceptuelle et à l'attachement, qui font référence aux obscurcissements cognitifs et aux empreintes karmiques stockés dans la conscience de base, le „fondement de toutes choses". Cela dissout les souillures qui sont laissées comme un résidu des trois poisons déjà mentionnés. Vous êtes donc béni par l'indestructible Sagesse Primordiale-Vajra, devenant un réceptacle sensible pour la méditation directe sur la vérité ultime et doté de dispositions à atteindre le svabhavikakaya, corps de nature sublime du bouddha.

Fusionner l'esprit avec l'esprit de sagesse du lama

Le lama se fond dans la lumière et se dissout en moi. Mon propre esprit devient inséparable de l'esprit du lama qui est le dharmakaya . Puissé-je demeurer sans effort dans cet état non conceptuel exempt de toute élaboration .

Comme dans les pratiques précédentes, vous terminez la pratique du guruyoga en dissolvant toute la visualisation et en observant et contemplant l'inséparabilité entre vous et le lama. Le lama se fond donc dans la lumière et se dissout en vous. À mesure que cela se produit, votre esprit devient inséparable de l'esprit dharmakaya du lama. Lorsque vous commencez la pratique, il existe encore une notion séparée de „vous" et du lama, tout comme le riz et le blé peuvent encore être séparés, bien qu'ils soient mélangés. Lorsque vous avancez sur cette voie, il n'y a plus du tout de notion de séparation et votre esprit se fond complètement dans l'esprit de sagesse du lama. Tout comme l'eau se déversée dans l'eau, ils deviennent inséparables. Finalement, vous réalisez qu'il n'y a jamais eu de séparation entre votre esprit et l'esprit du lama, qui n'est autre que votre propre nature de bouddha. Vous ne fusionnez pas seulement votre esprit avec celui du lama, mais l'ensemble de votre être, y compris le corps et la parole, même si en réalité il n'y avait rien à fusionner, puisqu'ils n'ont jamais été séparés.

Après avoir fusionné votre esprit avec l'esprit de sagesse du lama, vous devez rester sans effort dans cet état non conceptuel et sans contrainte, du mieux que vous pouvez. Laissez votre esprit fusionner avec l'esprit du lama aussi longtemps que vous pouvez le maintenir. Lorsque vous perdez ce sentiment d'unité, vous pouvez réciter des prières pendant quelques minutes, puis faire l'expérience que le lama se dissout en vous une fois de plus, en vous contentant d'observer sans aucune idée préconçue.

Il faut parfois un certain temps pour comprendre ou maîtriser cette pratique, et il ne faut pas se plaindre si rien ne se passe tout de suite. Pour réussir cette pratique, de nombreuses conditions doivent être réunies de la part de celui qui donne, de celui qui reçoit et de la connexion. Le lama doit être purement lié à une lignée authentique, nous devons générer beaucoup de mérite tout en maintenant la juste dévotion, et nous devons avoir une bonne relation ou un lien karmique étroit avec le lama.

Dédicace

Puissé-je devenir exactement comme vous, glorieux lamas racine et lamas de la lignée .
Puissent ceux qui me suivent, ma durée de vie, mes titres de nobles et ma terre pure devenir exactement comme les vôtres !

Nous dédions la vertu de cette pratique du guruyoga en aspirant à imiter les glorieux lamas de la racine et ceux de la lignée. C'est notre perception limitée qui nous empêche de voir la vérité: ces lamas sont en fait des bouddhas pleinement éveillés. Nous devons donc aspirer à suivre leur exemple afin de découvrir notre propre nature de bouddha.

Dans la deuxième ligne, nous développons l'aspiration à atteindre toutes les qualités éveillées de notre lama. Cela inclut, dans notre entourage, des disciples que nous avons le pouvoir d'influencer de manière éveillée afin d'atteindre notre objectif éveillé. C'est le résultat de notre mérite. La „durée de vie" fait référence à une longue vie afin que nous portions bénéficie aux êtres de la meilleure façon possible. Le „titre noble" fait référence à la manière dont nous nous manifestons pour le bien des autres, que ce soit en tant que roi Kalki de Shambhala, simple moine ou ermite errant. Enfin, le „royaume pur" fait référence à la manifestation du mérite que le lama a accumulé sur le chemin de la bouddhéité, tout comme le Bouddha Amitabha a consacré des océans de mérite pour que les êtres puissent renaître dans son royaume pur s'ils se souviennent de son nom au moment de leur mort.

Par le pouvoir des prières que je vous adresse,
Que toutes les maladies, pauvretés et conflits être pacifiés, où qu'ils puissent être !
Puisse le précieux Dharma et tout ce qui est de bon augure augmenter dans l'univers tout entier !

Par ce verset, nous dédions la vertu de la pratique afin que toutes les maladies, la pauvreté et les conflits soient apaisés dans le monde entier et que tout ce qui est vertueux et de bon augure, en particulier le précieux dharma, augmente dans tout l'univers et conduise tous les êtres au bonheur ultime de l'éveil.

* * *

Les *Préliminaires Uniques* détaillés dans la section suivante sont réservés à ceux qui ont pris les engagements du tantrayoga le plus élevé. Si vous n'avez pas encore reçu ces initiations, vous devez arrêter votre récitation ici, à la fin du guruyoga. À une date ultérieure, lorsque les conditions seront réunies, vous pourrez alors recevoir les initiations et vous engager dans les pratiques sans restrictions.

TROISIÈME PARTIE

Préliminaires uniques et pratique principale de Kalachakra

— *Kalachakra Yab-Yum* —
Kālachakra inné en union avec Vishvamatal

CHAPITRE 9

Pratique de Kālachakra Inné

Dans la pratique suivante, nous nous visualisons dans la forme éveillée de la déité Kālachakra à deux bras, connue sous le nom de Kālachakra Inné. C'est le premier des deux préliminaires uniques pour les six Vajrayogas selon la tradition Jonang, et il est également connu comme la phase de génération dans le plus haut tantrayoga. Nous ne devrions nous engager dans cette pratique que si nous avons préalablement reçu une initiation du tantrayoga le plus élevé, de préférence conformément à la tradition du Kālachakra . Dans la tradition Jonang, nous pratiquons la phase de génération comme préliminaire aux pratiques de la phase d'accomplissement des Six Vajrayogas. Pour ces pratiques, il est essentiel de recevoir les initiations du Kālachakra.

Lorsque vous vous „générez" en tant que déité éveillé, vous ne générez pas une réalité fabriquée, mais vous utilisez une méthode extraordinairement habile pour vous rapprocher de la réalité non-duelle de l'éveil qui est votre nature la plus profonde. Avec cette méthode, vous apprenez à considérer l'univers comme pur et tous les êtres qui s'y trouvent comme éveillés, même s'ils peuvent apparaître aux esprits ordinaires comme ayant de nombreuses souillures qui n'ont pas encore été surmontées. En voyant à travers la réalité conventionnelle et en embrassant sa nature ultime, vous êtes en mesure d'expérimenter tous les niveaux de la réalité avec une vision beaucoup plus claire et plus compatissante.

Actuellement, nous sommes coincés dans toutes sortes de notions dualistes, de distinctions et d'émotions négatives. Méditer sur vous-même en tant que déité vous aide à déconstruire ce cocon d'illusions en vous introduisant dans un royaume bouddhique pur, libre de toute limitation dualiste. Elle vous permet de transformer toutes les expériences impures en une perception pure jusqu'à ce que vous réalisiez que tout a toujours été pur. Bien que cette perception pure ne soit pas encore l'expérience réelle de la vacuité, vous vous en rapprochez et elle est donc utilisée comme un tremplin provisoire pour atteindre une réalité beaucoup plus profonde. Une fois que vous serez parfaitement familiarisé avec la nature pure de votre expérience, vous serez qualifié pour pratiquer l'étape d'achèvement, où vous méditerez directement sur la sublime vacuité.

Tout en vous entraînant à vous considérer comme la déité éveillé de Kālachakra, vous transformez votre monde en un mandala sacré de Kālachakra qui représente la relation profonde entre Kālachakra extérieur de l'univers contenant, Kālachakra intérieur des êtres sensibles contenus et Kālachakra alternatif de leur nature éveillé. En vous familiarisant avec la visualisation et le mantra suivant, en particulier lors de la pratique intensive en retraite, vous pouvez acquérir la conviction de cette réalité éveillé où toutes les apparences deviennent les déités éveillées de Kālachakra, tous les sons deviennent la parole éveillées de Kālachakra, et toutes les pensées naissent et se dissolvent dans le royaume sans naissance de l'esprit éveillés de Kālachakra. Où que vous alliez, votre expérience entière est imprégnée de l'essence de Kālachakra.

UNE COURTE PRATIQUE DE KĀLACHAKRA INNÉ AVEC COMMENTAIRE

Comme pour toute pratique du Mahayana, vous devez prendre refuge et cultiver l'intention suprême de la bodhicitta. Vous commencez ensuite la pratique en établissant d'abord la visualisation, puis en récitant le mantra. Cette pratique de visualisation doit contenir trois caractéristiques essentielles : (1) la présence, (2) la clarté et (3) la pureté de la perception. La *présence*, ou fierté divine, est liée à la force du sentiment ou de la connexion émotionnelle que vous avez avec la visualisation. La clarté est la conscience des détails, qui s'imprime progressivement dans notre esprit par la pratique. Elle doit être vibrante et translucide comme un arc-en-ciel, et non rigide et figée. La *perception pure* est le moment où vous réalisez la véritable signification des symboles que vous visualisez. Si vous êtes submergé par tous les détails, rappelez-vous que le sentiment de présence et de confiance est de la plus haute importance.

Visualisation

OM SHUNYATA JÑANA VAJRA SVABHAVA ATMAKO HAM
OM, ma vraie nature vajra est vacuité et claire connaissance

En récitant ce mantra, visualisez rapidement que vous-même et tous les phénomènes se dissolvent dans l'état naturel au-delà des concepts et restez dans cet état pendant un moment. Vous devriez penser avec une confiance absolue : „Je suis l'état primordial et naturel de la réalité, au-delà du sujet et de l'objet". Essayez de demeurer dans cet état non conceptuel du mieux que vous pouvez.

Surgissant de la vacuité, j'apparais instantanément et spontanément en tant que Kālachakra Inné. J'apparais sur un coussin formé d'un lotus et des disques de lune, de soleil, de Rahu et de Kalagni*, culminant au sommet du mont Méru et des quatre éléments de l'univers. Mon corps est de couleur bleue, avec un visage, deux bras et trois yeux. J'enlace la consort Vishvamata et je tiens un vajra et une cloche devant ma poitrine .

Depuis l'état vide au-delà des concepts, vous êtes imprégné de l'intention de la bodhicitta et apparaissez instantanément comme le Kālachakra inné, connu sous le nom de „Dukor Langkye" en tibétain. Dans l'esprit éveillé de Kālachakra Inné apparaît une série de quatre disques concentriques représentant l'univers des quatre éléments : (à partir du bas) un vaste mandala de vent, un mandala de feu, un mandala d'eau et un mandala de terre. Au centre du mandala de la terre apparaît le mont Méru, au sommet duquel apparaît une fleur de lotus multicolore, puis un disque de lune blanc, un disque de soleil rouge, un disque de rahu noir et un disque de kalagni jaune. Le disque lunaire symbolise la bodhicitta, le disque solaire la réalisation de la vacuité, le disque rahu la félicité immuable et le disque kalagni la forme vide.

Kālachakra se tient majestueusement sur ce siège. Il est de couleur bleu foncé, symbolisant la pureté ultime du canal central, et a un visage symbolisant l'unique véritable nature ultime de tous les phénomènes. Ses deux bras symbolisent la méthode et la sagesse de l'état primordial ou l'inséparabilité de la grande félicité immuable et de la forme vide. Ses trois yeux symbolisent la perception directe du passé, du présent et du futur. Il enlace la consort Vishvamata, les mains tendues, tenant un vajra dans la main droite et une cloche dans la gauche, symbolisant l'unité ultime de la méthode et de la sagesse, ou les aspects masculins et féminins de l'éveil.

Le cou de Kālachakra a trois couleurs - bleu foncé au milieu, rouge sur le côté droit et blanc sur le côté gauche - qui symbolisent l'élimination de trois qualités connues sous le nom des Trois Gunas : (1) tamas, (2) rajas et (3) sattva. Dans le tantra de Kālachakra, ces qualités représentent les Trois Poisons : (1) l'ignorance, (2) l'attachement et (3) l'aversion. Ces termes sont familiers aux adeptes du système hindou Samkhya et ont été utilisés spécifiquement pour aider à guider ces pratiquants sur un chemin bénéfique.

Ma jambe gauche blanche est repliée et piétine le cœur du dieu blanc de la création. Ma jambe droite rouge est étendue et piétine le cœur du dieu rouge du désir. Ma tête est parée d'un chignon de nattes tressées, d'un joyau exauçant tous les souhaits et d'un croissant de lune .

Kālachakra a deux jambes et se tient debout sur deux dieux samsariques liés à la tradition hindoue, symbolisant la libération à la fois du samsara et du nirvana. La jambe gauche blanche est légèrement pliée et écrase la poitrine du dieu Ishvara, représenté comme un dieu blanc courroucé, à un visage et à trois yeux, qui porte une peau de tigre et un ornement de serpent et qui est couché face vers le ciel, après s'être évanoui. Cela signifie la transformation du canal gauche lalana et l'élimination des quatre afflictions (attachement, aversion, ignorance et orgueil). La jambe droite rouge se tient droite et écrase la poitrine du dieu rouge du désir Karmadeva, qui a un visage paisible, deux bras et porte des ornements en forme de bijoux, et qui est à nouveau couché face vers le ciel, après s'être évanoui. Cela signifie la transformation du canal droit rasana et l'élimination des quatre maras (les agrégats, l'affliction, la mort et les objets de plaisir).

La tête de Kālachakra est ornée d'un nœud supérieur de cheveux épais tressés en mèches qui pendent librement le long de son dos, sur le nœud se trouve un précieux joyau exauçant les souhaits, drapé de soie et coulant vers le bas. Devant le nœud supérieur se trouve un vajra croisé multicolore, symbolisant les *quatre pouvoirs sublimes d'un bouddha* : (1) pacifier, (2) augmenter, (3) contrôler et (4) soumettre avec colère. Au-dessus du double vajra se trouve un croissant de lune symbolisant la félicité immuable.

Je porte des ornements de vajra et un pagne en peau de tigre. Mes doigts sont de cinq couleurs différentes et les trois articulations de chaque doigt sont également de couleurs différentes. Vajrasattva est assis sur le point couronne de ma tête, et je me tiens debout au centre d'un cercle de flammes brûlantes de cinq couleurs différentes. L'expression de mon visage montre un mélange de courroux et de passion.

Kālachakra est paré de nombreux ornements vajra faits de diamants indestructibles, tels que des boucles d'oreilles, des colliers, des brassards, une ceinture, des bracelets de cheville et des malas. Il est drapé dans une écharpe de soie, symbolisant la félicité immuable et indestructible de l'esprit éclairé, et porte un vêtement inférieur en peau de tigre symbolisant l'élimination de la fierté et de l'arrogance.

Les cinq doigts de la main gauche et de la main droite sont de cinq couleurs différentes : (1) le pouce est jaune, (2) l'index est blanc, (3) le majeur est rouge, (4) l'annulaire est bleu foncé et (5) l'auriculaire est vert. Ils symbolisent la purification des *cinq éléments* du canal gauche lalana, qui permet d'atteindre les *cinq sagesses* : (1) la sagesse qui englobe tout, (2) la sagesse du miroir, (3) la sagesse de l'équanimité, (4) la sagesse de la discrimination et (5) la sagesse de l'accomplissement. À l'intérieur de chaque main, les trois articulations de chaque doigt sont de trois couleurs différentes : (1) l'articulation la plus proche du bout du doigt est blanche, (2) l'articulation du milieu est rouge et (3) à la base (la plus proche de la paume) est bleu foncé. Ces couleurs symbolisent la purification du canal droit rasana et l'obtention du vajra indestructible (1) corps, (2) parole et (3) esprit. La couronne est ornée d'un Vajrasattva de couleur bleue, symbolisant le fait que Kālachakra appartient principalement à la famille des bouddhas Vajrasattva.

Des rayons lumineux de cinq couleurs différentes rayonnent vers l'extérieur jusqu'au limites du corps, puis se transforment en un anneau de flammes intenses, les lumières et les flammes continuant à s'étendre vers l'extérieur. Son visage a une apparence à la fois courroucée et puissante, avec une paire effrayante de crocs supérieurs et inférieurs, et ses trois yeux exorbités et légèrement injectés de sang. Son expression est un mélange d'intensité courroucée et intransigeante et d'amour passionné ou de félicité sexuelle divine. Cela signifie une compassion indestructible et une félicité immuable.

Je suis enlacé par Vishvamata dont le corps est de couleur jaune, avec un visage, deux bras et trois yeux. Elle tient un poignard à la lame incurvée dans sa main droite et une coupe crânienne dans sa main gauche. Avec sa jambe droite fléchie et sa jambe gauche étendue, nous nous tenons ensemble debout en union. Elle est nue et parée des cinq ornements d'ossements. La moitié de ses cheveux sont noués en chignon, le reste tombe librement.

PRATIQUE DE KĀLACHAKRA INNÉ

Kālachakra embrasse sa compagne Vishvamata, et ils sont inséparablement en union (connue sous le nom de Kālachakra Yab-yum). L'aspect de Vishvamata a un corps jaune d'or, avec un visage, deux bras et trois yeux, et dans sa main droite, qui enlace Kālachakra elle tient un couteau de dépeçage à lame incurvée. Elle tient une coupe de crâne dans sa main gauche, offrant le nectar divin à Kālachakra. Elle se tient debout avec Kālachakra dans une union sexuelle divine, la jambe droite pliée et la jambe gauche étendue. Elle est nue et ornée d'une roue en or sur sa couronne et de cinq ornements en os : (1) boucles d'oreilles en os, (2) brassards, bracelets, (3) bracelets de cheville, (4) ceinture et (5) colliers. La moitié de ses cheveux est nouée en haut de sa couronne et l'autre moitié coule dans son dos, symbolisant le fait que tous les phénomènes ont finalement une nature de forme vide.

> *Au front de mon apparence en Yab-yum apparaît la syllabe OM (ॐ); à la gorge, AH (अः); au cœur, HUNG (हूं); au nombril, HO (होः); à l'endroit secret, SVA (स्व); et au point couronne, HA (ह).*

Au front de Kālachakra Yab-yum se trouve (1) un OM de couleur blanche, représentant la nature pure de l'élément eau et Amitabha, le corps vajra de tous les bouddhas. (2) A la gorge, une syllabe rouge AH représentant la nature pure de l'élément feu et Ratnasambhava, la parole vajra de tous les bouddhas. (3) Au cœur, une syllabe bleu foncé HUNG représentant la nature pure de l'élément air et Amoghasiddhi, l'esprit vajra de tous les bouddhas. (4) Au niveau de leur nombril se trouve un HO jaune, représentant la nature pure de l'élément terre et Vairochana, la sagesse vajra indestructible de tous les Bouddhas. (5) A leur endroit secret se trouve une syllabe bleue SVA, représentant la nature pure de l'élément sagesse primordiale et Vajrasattva, la pureté ultime de la sagesse primordiale des Bouddhas. (6) Enfin, sur leur couronne se trouve une syllabe verte HA représentant la nature pure de l'élément espace et Akshobya, les activités vajra de tous les bouddhas.

Le but de la visualisation des six syllabes n'est pas seulement de bénir ou de transformer ces endroits particuliers de votre corps, mais de comprendre que Kālachakra et Vishvamata sont la pure incarnation des six royaumes du samsara et que cela n'est pas différent de votre propre nature primordiale.

Des rayons de lumière émanent de mon cœur, transformant l'univers entier en un champ de bouddha, et tous les êtres en d'innombrables divinités du mandala de Kalachakra.

Ensuite, des rayons de lumière de six couleurs différentes émanent du cœur de Kālachakra et des six syllabes, pour atteindre les six royaumes du samsara. Le champ de Bouddha du mandala de Kālachakra imprègne l'univers entier des six royaumes, et la lumière transforme tous les êtres en d'innombrables déités du mandala de Kālachakra .

Avec confiance, rappelez-vous que vous êtes Kālachakra et Vishvamata en union et rendez votre visualisation claire, vibrante et transparente comme la lumière de l'arc-en-ciel, contrairement à une image ou une statue ordinaire. Restez dans cet état de Kālachakra naturel aussi longtemps que vous le souhaitez.

Répétition et dissolution du mantra

OM HA KSHA MA LA VA RA YANG (SVAHA)
(Récitez le mantra aussi longtemps que vous le souhaitez)

Après avoir stabilisé la visualisation du Kālachakra inné, vous devez ensuite visualiser le symbole du mantra Kālachakra au niveau de votre cœur et réciter le mantra. La meilleure façon de réciter le mantra est d'avoir à l'esprit une compréhension des nombreux niveaux de signification de chaque syllabe, tout en conservant une visualisation claire dans votre esprit. Il peut être récité à haute voix ou en silence, mais dans tous les cas, chaque syllabe doit avoir un son distinct. La meilleure méthode consiste à réciter le mantra à voix basse, en veillant à ce qu'il ne soit pas trop fort.

Pour visualiser le symbole du mantra (parfois connu sous le nom du "dix fois puissant"), visualisez un lotus au niveau de votre cœur avec des disques superposés - lune, soleil, rahu et kalagni. Au-dessus de ces disques apparaît le symbole du mantra avec des lettres colorées reliées entre elles, comme indiqué ci-dessus. Selon la pratique que vous faites, vous pouvez visualiser les composants avec des couleurs différentes. Dans la tradition Jonang, pour la phase de génération de Kālachakra, nous visualisons le symbole comme suit (du haut vers le bas) : (1) il y a un HA blanc ; (2) un KSHA vert ; (3) un MA multicolore ; (4) un LA jaune ; (5) un VA blanc ; (6) un RA rouge ; (7) et un YA noir ; (8) au sommet se trouve un croissant rouge ; (9) avec une goutte blanche dessus ; et un (10) nada bleu foncé (comme une petite flamme) sortant de la goutte.

Les syllabes du mantra ont de multiples niveaux de signification, symbolisant divers aspects du Kālachakra extérieur, intérieur et alternatif. D'une manière générale, elles représentent l'ensemble du bouddha-dharma, y compris les trois véhicules et les 84 000 enseignements du Bouddha. Il représente également les six éléments, qui constituent l'ensemble des phénomènes conventionnels et sont les principaux objets de purification : (1) le vent (YA), (2) le feu (RA), (3) l'eau (VA), (4) la terre (LA), (5) la conscience (MA) et (6) l'espace (HA). Ces éléments sont également associés aux six aspects de la voie de l'éveil et aux six familles de bouddhas, résultat final de l'éveil. En outre, le KSHA vert représente l'élément esprit primordial, le croissant de lune représente les essences rouges et le canal droit, la goutte représente les essences blanches et le canal gauche et le nada représente le canal central.

Visualisations alternatives pour la récitation

Jetsun Taranatha nous donne la possibilité de visualiser simplement le mantra en vert au centre de notre cœur si les détails spécifiques sont trop difficiles, car le vert représente toutes les couleurs. Vous pouvez également continuer à pratiquer l'une des visualisations suivantes. Parmi elles,

Les dix fois puissants

vous pouvez choisir de vous concentrer sur la visualisation à laquelle vous vous sentez le plus lié. Tout en récitant le mantra, concentrez-vous sur les détails de la visualisation et gardez votre esprit au repos dans l'état qu'elle produit. Grâce à la puissance de cette pratique, vous pouvez commencer à faire l'expérience de tous les sons en tant que mantra, de toutes les apparences en tant que déités et de toutes les pensées en tant que sagesse du dharmakaya.

Conscience du mandala du Kālachakra

À partir du mantra Kālachakra visualisé au niveau de votre cœur, vous rayonnez des faisceaux de lumière infinis vers les royaumes bouddhiques de Sambhogakaya et invoquez l'ensemble des 636 déités du Kālachakra et toute autre déité yidam des quatre classes du tantra. Le Kālachakra Yabyum absorbe toutes ces déités et vous en devenez l'incarnation.

PRATIQUE DE KĀLACHAKRA INNÉ

Conscience du guru racine

En vous visualisant comme Kālachakra Yab-yum et à partir du mantra de votre cœur, rayonnez de la lumière dans toutes les directions en invoquant votre guru spirituel principal. Vous recevez les quatre pouvoirs de votre guru qui se dissout alors dans le Vajrasattva bleu au-dessus de votre couronne et vous devenez inséparables.

Conscience des enseignants du dharma

En vous visualisant comme Kālachakra en union avec Vishvamata, de la lumière rayonne dans toutes les directions à partir du mantra de votre cœur, invoquant tous les enseignants du dharma avec lesquels vous êtes en relation. Ils se dissolvent tous dans votre guru principal, l'incarnation de tous vos maîtres spirituels, qui est inséparable de Vajrasattva sur votre couronne.

Faire des offrandes aux êtres éveillés

Visualisez-vous en tant que Kālachakra Yab-yum et irradiant des rayons de lumière infinis vers tous les royaumes bouddhiques à partir du mantra Kālachakra en votre cœur. Ces rayons se transforment en d'innombrables offrandes faites à l'extérieur, à l'intérieur et en secret, satisfaisant et agréant les esprits purs de tous les bouddhas. En même temps, soyez certain que tous les êtres accumulent des océans de mérites. Les rayons de lumière reviennent ensuite en portant les bénédictions du corps, de la parole et de l'esprit de tous les bouddhas sous forme d'images, de mantras et de symboles, qui se dissolvent tous dans le Kālachakra Yab-yum. Vous recevez ainsi les pouvoirs du corps, de la parole et de l'esprit de tous les bouddhas.

Purification de tous les royaumes impurs

En vous visualisant en tant que Kālachakra Yab-yum, des rayons de lumière infinis irradient du mantra de votre cœur vers tous les univers impurs. Lorsque la lumière touche chaque univers, il devient instantanément un royaume pur de Bouddha rempli de grands palais, et tous les êtres deviennent instantanément des déités de Kālachakra. Les rayons de lumière reviennent et se dissolvent en Kālachakra Yab-yum. Cette pratique est connue sous le nom de purification des univers impurs et équivaut à la pratique de bodhisattva connue sous le nom d'entraînement à la terre pure, par laquelle toutes les racines de la vertu sont transformées en moyens d'établir un royaume de bouddha, où vous obtiendrez l'état d'éveil. Pour les pratiquants des sutras du Mahayana, cette pratique s'étend sur de nombreux éons, mais un véritable pratiquant du Vajrayana peut l'accomplir en un temps très court.

La marque de feu du mantra

Les deux visualisations suivantes sont couramment pratiquées dans toutes les formes de Yoga-tantra les plus élevées. Pour la première, continuez à vous visualiser en tant que Kālachakra Yab-yum, avec le symbole du Kālachakra en votre cœur, en vous rappelant que votre vraie réalité naturelle est vide de tous les phénomènes trompeurs. Tous les phénomènes samsariques et éveillés sont une manifestation de Kālachakra Yab-yum. Avec une grande confiance, voyez toutes les syllabes du mantra de Kālachakra OM HAKSHA MALA VARAYA rayonner en un flux de la bouche de Kālachakra jusqu'à son cœur, continuant le long de son corps jusqu'à son joyau secret vajra et se déversant avec un grand son de félicité dans le lotus secret de Vishvamata. Le flot de syllabes remonte ensuite par son canal central, sort de sa bouche et entre dans celle de Kālachakra avant de se dissoudre dans le symbole de son cœur. Chaque fois qu'un nouveau mantra est formé, il continue de couler de cette manière.

Le mantra inversé Marque du feu

Pour la seconde visualisation, visualisez-vous en tant que Kālachakra Yab-yum avec le mantra de Kālachakra au cœur comme précédemment. Rappelez-vous que votre vraie réalité naturelle est vide de tous les phénomènes trompeurs et que tous les phénomènes samsariques et éveillés sont une manifestation de Kālachakra Yab-yum. Avec une grande confiance, voyez toutes les syllabes du mantra de Kālachakra, OM HAKSHA MALA VARAYA, rayonner en un flux de la bouche de Kālachakra à la bouche de Vishvamata, continuant le long de son canal central à travers son lotus secret et se déversant avec un grand son de félicité dans le joyau vajra secret de Kālachakra. Il remonte ensuite dans son canal central et se dissout dans le symbole de Kālachakra situé en son cœur. Chaque fois qu'un nouveau mantra est formé, il continue à se déplacer en un flux circulaire de cette manière.

La récitation qui ressemble au bourdonnement des abeilles

Enfin, il existe deux autres formes de visualisation et de récitation de mantras qui ont été pratiquées par de nombreux grands maîtres indiens et tibétains. Elles sont très puissantes et ne sont pratiquées que par les adeptes du tantrayoga le plus élevé. Ce sont également les pratiques les plus précieuses pour se préparer à l'étape d'achèvement du Kālachakra et la principale pratique de récitation du tantrayoga suprême. En effet, grâce à elles, on peut obtenir la réalisation de l'union inséparable de la grande félicité et de la forme vide.

Pour la première pratique, continuez à vous visualiser en tant que Kālachakra Yab-yum avec le mantra dans votre cœur, et cette fois, tous les bouddhas et les êtres sensibles dans les dix directions deviennent instantanément Kālachakra. Récitez tous le mantra Kālachakra OM HAKSHA MALA VARAYA de sorte que tout ce que vous pouvez entendre est le son du mantra. Gardez votre esprit concentré sur cet état et récitez le mantra d'un seul trait : OM HAKSHA MALA VARAYA. Un maître indien a déclaré : „Vos récitations de mantras, votre pratique et vos mérites sont multipliés par cette visualisation et cette pratique."

Les quatre activités extraordinaires

La deuxième pratique est connue sous le nom des quatre activités extraordinaires, réalisées pour les autres par les pratiquants tantriques. Ces activités comprennent : pacifier, augmenter, contrôler et soumettre avec colère ; chacune est identifiée par une couleur spécifique comme décrite ci-dessous et peut être pratiquée individuellement ou ensemble.

Commencez à nouveau par vous visualiser en tant que Kālachakra en union avec Vishvamata, avec le symbole de Kālachakra au cœur, et cette fois-ci, des multitudes de déités apparaissent au milieu de rayons de lumière rayonnant vers les confins de l'espace. Ces rayons de lumière jaillissent de la syllabe de semence : (1) la lumière blanche émerge en tant que divinités blanches pour pacifier ou dissiper la maladie, les afflictions et les obstacles ; (2) la lumière jaune émerge en tant que divinités jaunes pour augmenter la longévité, le mérite, la richesse et les bonnes qualités de tous les êtres ; (3) la lumière rouge émerge en tant que divinités rouges pour conférer la capacité de contrôler et d'obtenir le pouvoir, la gloire, la grande énergie et l'influence au profit de tous les êtres ; et (4) enfin, la lumière bleu foncé émerge en tant que divinités bleu foncé pour vaincre les démons, les maras et les obstacles difficiles qui empêchent les êtres sensibles d'atteindre l'éveil.

Les lumières et les déités reviennent et se dissolvent en vous, éradiquant vos afflictions et vos obscurcissements pour atteindre l'éveil. Vos réalisations sont renforcées et vous atteignez la capacité de contrôler vos vents intérieurs et vos chakras : toute votre ignorance et vos illusions sont supprimées.

Ces deux visualisations peuvent être pratiquées de manière séquentielle, chaque partie étant suivie de la récitation du mantra, ou dans leur ensemble avec la récitation du mantra à la fin.

Dissolution

Puis, toute la visualisation fond en lumière et se dissout en moi.

Pour conclure une séance de pratique, dissolvez toutes les visualisations que vous avez créées, y compris l'environnement et les divinités du mandala entier dans Kālachakra Yab-yum, puis Vishvamata se dissout dans Kālachakra, et Kālachakra se dissout de la périphérie vers le centre, laissant le symbole du mantra intérieur au centre de sa poitrine. Ensuite, le symbole du mantra se dissout de la base vers le haut jusqu'au nada. Le nada au sommet de ce symbole disparaît ensuite progressivement dans le vide et vous restez dans cet état de conscience ouvert aussi longtemps que possible.

De cette façon, la visualisation entière se dissout et se fond dans votre être comme de l'eau se déverse dans de l'eau. Tout au long de cette pratique, vous devriez comprendre clairement que Kālachakra et Vishvamata qui vous embrassent sont en fait vous. Lorsque vous dissolvez la visualisation, vous devriez simplement vous reposer dans la conscience de cette inséparabilité.

Dédicace

Par le pouvoir de cette vertu, puissé-je atteindre rapidement l'état de Kālachakra, et guider tous les êtres vers l'éveil de Kālachakra !

Comme pour les pratiques précédentes, vous terminez en dédiant le mérite afin d'atteindre rapidement l'état de Kālachakra par la pratique des six Vajrayogas. Votre objectif devrait être de conduire tous les êtres à l'état d'éveil de Kālachakra, à ce moment le corps d'éveil sous forme de rupakaya apportera spontanément des bienfaits à d'innombrables êtres sensibles.

("L'Échelle divine - Pratiques préliminaires et principales du Vajrayoga profond de Kālachakra", composé par Drolwé Gonpo (Taranatha), décrit la manière dont l'illustre lignée tantrique des maîtres Jonangpa et leurs fils de cœur ont pratiqué, et inclut l'essence de toutes les instructions de la lignée pure.)

L'auteur de ce texte est Taranatha, le grand maître Jonang du XVIIe siècle qui était à la fois un brillant érudit et un pratiquant hautement réalisé. Il rassemble les instructions essentielles qui ont été transmises d'une génération à l'autre, des maîtres de la lignée tantrique à leurs disciples de cœur. Les grands pratiquants du passé ont pratiqué de cette manière, et nous devrions considérer comme une immense bénédiction d'avoir l'opportunité de suivre leurs traces. À ce stade, le texte principal est achevé.

CHAPITRE 10

Aspiration à accomplir les six Vajrayogas

Grâce à la pratique de la phase de génération de Kālachakra inné, nous renforçons notre perception pure, ce qui nous permet d'utiliser davantage notre expérience comme base pour réaliser la nature ultime de la réalité. Sur cette base, nous sommes maintenant prêts à entrer dans la pratique principale de la phase d'accomplissement de Kālachakra; les six Vajra Yogas.

Afin de pratiquer ces méthodes profondes, il est d'abord nécessaire de recevoir les quatre initiations supérieures d'un maître Vajra de Kālachakra qualifié. Vous devrez également recevoir la quintessence même des instructions sur la manière de pratiquer correctement ces techniques. C'est pourquoi il est vital que vous cultiviez une relation spirituelle avec un enseignant authentique qui détient la lignée de ces instructions. Sans elles, il n'y a aucun moyen de progresser sur cette voie.

ༀ་ཨཿཧཱུྃ་ཧོཿཧཱུྃ་ཕཊཿ

Conformément à la tradition Jonang-Shambhala, les pratiques de la phase d'accomplissement sont idéalement enseignées de manière expérimentale, l'étudiant recevant d'abord des instructions, puis s'engageant dans la pratique jusqu'à ce que la technique soit maîtrisée. Lorsque l'étudiant atteint le niveau de réalisation nécessaire, le maître Vajra lui donne la série d'instructions suivante. De cette manière, l'étudiant progresse étape par étape, ce qui garantit l'obtention des résultats souhaités.

Bien qu'il s'agisse de la méthode de pratique la plus traditionnelle, il est également devenu courant de pratiquer les six yogas de manière intensive au cours d'une retraite de trois ans. De nombreux pratiquants de Jonang s'engagent dans ce type de retraite dès leur plus jeune âge afin d'établir les liens nécessaires avec la voie du Vajrayoga. Après s'être familiarisés avec les pratiques, ils entreront immédiatement dans une retraite à long terme ou continueront à élargir leur compréhension par l'étude avant d'entrer en retraite plus tard.

Jusqu'à ce que nous soyons en mesure de participer à une telle retraite, nous devons concentrer notre attention sur le développement de l'aspiration à pratiquer les six vajrayogas. La prière qui suit est destinée à renforcer notre lien avec cette voie et à nous aider à nous familiariser avec la structure générale des pratiques.

LE PRÉLIMINAIRE NON-COMMUNS DES TROIS ISOLEMENTS

Après avoir reçu les initiations de la phase d'accomplissement, la première pratique qui est donnée est en fait la dernière des deux pratiques préliminaires non-communs connues sous le nom des Trois isolements (Wen Sum en tibétain). Cette pratique unique dans une chambre noire est spécifiquement conçue pour établir la concentration non conceptuelle, en un seul point, qui est nécessaire pour pratiquer authentiquement les Vajrayogas. Cette pratique avancée n'est pas contenue dans le texte racine, car elle est traditionnellement transmise directement du maître vajra à l'étudiant. Je vais maintenant décrire brièvement les principaux éléments de cette pratique afin de donner une indication de sa structure et de son objectif.

Les trois isolements sont essentiellement une méthode très efficace pour développer l'esprit de concentration en un seul point, connu sous le nom de shamatha. Ce qui rend cette pratique si unique, c'est qu'elle combine une méditation profonde semblable aux traditions du Mahamudra ou du Dzogchen, avec une posture physique puissante qui travaille directement avec le corps énergétique subtil du pratiquant. Ensemble, ces deux aspects isolent rapidement le corps, la parole et l'esprit du méditant, les rendant souples et propices à des pratiques yogiques avancées. Les résultats de cette pratique peuvent être compris de la manière suivante :

1. **Isolement du corps :** Grâce à l'utilisation d'une posture physique spécifique en sept points, les énergies subtiles qui sont distribuées dans tout le corps sont progressivement rassemblées et commencent à circuler dans le canal central. Lorsque cela se produit, le corps devient souple et capable de méditer pendant de longues périodes sans fatigue. Comme le corps physique n'est plus une source d'inconfort pour le méditant, il devient alors possible de rediriger complètement l'esprit dans une conscience non conceptuelle.

2. **Isolement de la parole :** Si nous sommes pris dans ou attachés à la parole ordinaire, notre vent intérieur circule dans les canaux gauche et droit. Ce mouvement d'énergie entraîne la prolifération de pensées conceptuelles qui servent à masquer notre nature primordiale. Lorsque nous nous reposons en silence, la circulation de l'énergie se ralentit, ce qui a pour effet de mettre en sommeil l'esprit conceptuel et de permettre à l'esprit non conceptuel de se manifester. Au fur et à mesure que nous nous familiarisons avec cette pratique, la respiration devient extrêmement subtile et nous sommes capables de rester en silence aussi longtemps que nous le souhaitons, sans éprouver d'ennui ou d'autres formes de difficultés.

3. **Isolement de l'esprit :** Tant que nous sommes pris par des pensées dualistes ordinaires ou attachés à celles-ci, il nous sera impossible de manipuler efficacement les vents subtils. En nous reposant dans un esprit libre de toute forme d'emprise, nous cessons d'alimenter la prolifération indésirable des pensées. Cela permet à nos vents subtils de s'installer encore davantage, jusqu'à ce que nous puissions atteindre un esprit pur, bienheureux, non conceptuel et incroyablement lucide.

Ces trois éléments étant étroitement liés, il est possible, en les travaillant simultanément, d'atteindre des niveaux de concentration extraordinaires dans un laps de temps relativement court. Si l'on procède correctement, il faut normalement deux mois de pratique intensive pour atteindre les réalisations souhaitées. Ceci étant dit, ce délai dépend entièrement de la façon dont le pratiquant prépare son esprit avec les pratiques préliminaires discutées précédemment. S'il cultive les qualités de patience et de détermination, son esprit se développera au fil du temps en passant par les quatre étapes suivantes :

1. **Percevoir** : À ce stade, l'esprit est plus conscient, mais il ne peut pas rester longtemps concentré sur un seul point.

2. **La Familiarisation** : Les pensées qui surgissent disparaissent spontanément, ce qui permet à l'esprit de rester concentré sur un point unique sans effort.

3. **Stabilisation** : En continuant à pratiquer, les pensées ne surgissent pratiquement plus et l'esprit n'est plus perturbé et ne perd plus sa concentration. De temps en temps, des pensées surgissent, puis disparaissent doucement.

4. **Stabilisation parfaite** : L'esprit devient si habile qu'il peut choisir de se reposer dans un calme qui est spontanément placé en un point unique, ou de se concentrer sans distraction sur un sujet d'analyse.

LA PRATIQUE PRINCIPALE DES SIX VAJRAYOGAS

En pratiquant les six vajrayogas, vous développez la capacité de vous voir, vous et votre environnement, comme des formes vides non-dualistes. Les pratiques initiales dans la chambre noire visent à se familiariser avec ces formes vides, puis, grâce à des techniques yogiques spéciales, vous mélangez les perceptions de la forme vide avec la conscience et les vents intérieurs. Lorsque ces trois aspects sont pleinement intégrés, ils fournissent la base permettant à ces vents de pénétrer dans le canal central et de dissoudre les essences subtiles situées à différents points clés du corps subtil. Ces essences subtiles donnent ensuite lieu à des états d'esprit de plus en plus concentrés. Le résultat de cette pratique est la capacité d'arrêter complètement le flux de tous les vents intérieurs et de dissoudre ainsi l'expérience d'un corps matériel, jusqu'à ce que tout ce qui reste soit le corps illusoire de l'arc-en-ciel au point d'éveil.

Il n'existe pas de texte racine spécifique pour la pratique des six Vajrayogas, car traditionnellement ils étaient transmis oralement de maître à disciple. En raison de la nature extrêmement avancée de cette pratique, il est nécessaire de renforcer votre aspiration jusqu'à ce que vous soyez réellement capable de contrôler votre système énergétique subtil, ou que votre maître Vajra estime que vous êtes qualifié pour commencer.

OM AH HUM HO HANG KYA

Par le pouvoir de la nature de bouddha, puissé-je couper les mouvements conceptuels de mon esprit. Puis-je expérimenter les dix signes et l'esprit de claire lumière, et atteindre la voie du yoga de l'isolement. Je prie mes sauveurs, mon lama bienveillant et les détenteurs de la lignée sacrée. Bénissez-moi pour que cela soit accompli !

Le mantra de six syllabes au début de ce verset symbolise à la fois les six chakras et les six pratiques yogiques. Le pouvoir de la nature de bouddha fait référence au „Tathagatagarbha", la base primordiale ou le bouddha naturel résidant dans le continuum de chaque être, par lequel toutes les qualités éveillés sont obtenues.

Les trois lignes suivantes décrivent le premier des six Vajrayogas, connu sous le nom de *retrait*. Il comprend une pratique nocturne, effectuée dans une pièce sombre avec les yeux grands ouverts, et une pratique diurne qui consiste à concentrer sa vision sur le ciel bleu clair. Grâce à ces pratiques, le mouvement conceptuel de votre esprit est coupé, car les dix vents intérieurs qui circulent dans le corps subtil sont absorbés dans le canal central. On fait l'expérience des dix signes et de l'esprit clair et lumineux, qui deviennent alors plus forts, plus clairs et plus stables. Quatre de ces signes sont des objets de la pratique de nuit, tandis que les six autres sont des objets de la pratique de jour. Sur la base de ces dix signes, un „monde intérieur" tout à fait indépendant du monde extérieur est développé. A ce stade cependant, ces signes sont encore perçus comme étant séparés de la conscience subjective de l'esprit.

Enfin, comme il s'agit d'une prière d'aspiration, vous priez l'aimable lama et tous les héritiers de la sainte lignée, car la pratique ne peut être accomplie qu'avec une connexion à la lignée de transmission et une dévotion envers le lama.

Par le pouvoir de la nature de Bouddha, puisse ma parole, mes vents intérieurs et ma conscience devenir inébranlables. Puisse ma sagesse augmenter, en même temps que la joie et la félicité par l'analyse, et puissé-je atteindre la voie du yoga de la stabilisation. Je prie mes sauveurs, mon lama bienveillant et les héritiers de la sainte lignée. Bénissez-moi afin que cela soit accompli !

Ce verset fait référence au deuxième des six Vajrayogas, connu sous le nom de Stabilisation Méditative. Grâce à ce yoga, la perception des formes vides atteintes dans la pratique précédente est unifiée de manière indivisible avec la conscience d'un percepteur intérieur, et par conséquent, la parole, le vent intérieur et la conscience deviennent inébranlables. Alors que le premier yoga permet de percevoir les formes vides des dix signes en tant qu'objets de l'esprit, le deuxième yoga permet au pratiquant de „mélanger" ces signes avec l'esprit et d'expérimenter la joie et la félicité par l'analyse (vision pénétrante). Avant cette étape, vous vous exercez avec la conscience des sens oculaires et des formes visuelles. Ici, vous vous exercez avec chacune des

ASPIRATION À ACCOMPLIR LES SIX VAJRAYOGAS

consciences sensorielles et leurs objets individuellement, y compris le son, l'odeur, le goût et le toucher. À ce stade, des conditions particulières, comme une pièce sombre, ne sont plus forcément nécessaires.

> *Par le pouvoir de la nature de Bouddha, puissent les dix vents de lalana et rasana entrer dans l'avadhuti. Puissé-je expérimenter le feu ardent de Tummo et la fonte et la descente de l'essence du point couronne HANG (ཧཾ). Puissé-je ainsi réaliser la voie du yoga de la force vitale. Je prie mes sauveurs, mon lama bienveillant et les détenteurs de la lignée sacrée. Bénissez-moi afin que cela soit accompli !*

Le troisième des six Vajra Yogas est connu comme harnacher la force vitale. Auparavant, les formes vides étaient mélangées à la conscience des sens elle-même. Ces deux éléments sont maintenant combinés avec les vents intérieurs, de sorte qu'il n'y a plus de séparation entre les trois entités. Les dix vents des canaux gauche et droit (lalana et rasana) sont unifiés lorsqu'ils sont attirés dans le canal central (avadhuti), provoquant ainsi l'arrêt de la circulation des vents intérieurs dans les canaux gauche et droit. On y parvient en se concentrant sur le centre du nombril, où l'on ressent le feu ardent du tummo (connu sous le nom de „chaleur intérieure"). Lorsque l'énergie du canal central s'intensifie, la chaleur monte et fait fondre la syllabe visualisée HANG (ཧཾ) au sommet de la tête. Lorsque l'énergie commence à s'écouler vers le bas, elle génère une expérience de félicité de plus en plus intense.

> *Par le pouvoir de la nature de bouddha, puisse l'essence blanche être retenue et stabilisée à mon front. Puis-je expérimenter la félicité immuable pendant que l'essence fond, et atteindre la voie du yoga de la rétention. Je prie mes sauveurs, mon lama bienveillant et les détenteurs de la lignée sacrée. Bénissez-moi afin que cela soit accompli !*

Ce verset fait référence au quatrième yoga, connu sous le nom de rétention. Au cours de l'étape précédente, le pratiquant est capable de retenir les fluides corporels essentiels et d'unifier ainsi les formes vides, la conscience et les vents subtils. Grâce à ce yoga, ces trois éléments sont ensuite intégrés aux essences fluides subtiles indestructibles situées dans les six centres de chakras subtils. En commençant par les essences blanches qui sont retenues et stabilisées au niveau du chakra frontal, le praticien apprend à diriger les essences vers le canal central, en se déplaçant de chakra en chakra. Ce faisant, il fait l'expérience d'aspects de grande félicité. Cette félicité augmente au fur et à mesure que les essences subtiles continuent à se fondre, donnant lieu à ce que l'on appelle les seize aspects de la joie.

> *Par le pouvoir de la nature de bouddha, puissent tous mes chakras et canaux être remplis de la pure essence de la grande félicité. Puissé-je atteindre la maîtrise des trois glorieuses consortes, et atteindre la voie du yoga du recueillement. Je prie mes sauveurs, mon lama bienveillant et les détenteurs de la lignée sacrée. Bénissez-moi afin que cela soit accompli !*

Le cinquième des six Vajrayogas est connu sous le nom de recueillement. À ce stade, le pratiquant a acquis le contrôle complet du mouvement des essences subtiles, ce qui lui permet de remplir complètement les six chakras avec l'essence pure de la grande félicité. Afin d'obtenir la forme de concentration la plus puissante, toutes les essences brutes et subtiles doivent être rassemblées à l'ouverture inférieure du canal central. On y parvient en travaillant avec trois types de consorts : une consort physique, une consort visualisée et une grand consort de forme vide. Grâce aux deux premiers, il devient possible de manifester le troisième, qui est la seule consort capable de supporter la félicité immuable qui demeure sans mouvement dans le sens définitif.

> *Par le pouvoir de la nature de bouddha, puisse les six chakras de mon corps subtil être remplis de l'essence blanche de l'immuable grande félicité. Puissé-je expérimenter l'inébranlable esprit non-duel et atteindre la voie du yoga de l'Absorption. Je prie mes sauveurs, mon lama bienveillant et les détenteurs de la lignée sacrée. Bénissez-moi afin que cela soit accompli !*

L'étape finale des six Vajrayogas est l'absorption méditative. Après avoir

ASPIRATION À ACCOMPLIR LES SIX VAJRAYOGAS

développé une absorption stable dans l'état de félicité suprême immuable, on progresse le long des douze étapes d'absorption du bodhisattva. Au début de ce processus, on atteint la voie de l'intuition, au cours de laquelle on fait pour la première fois l'expérience directe de l'esprit inébranlable et non-dualiste de la sublime vacuité, avec une concentration parfaite en un seul point. À ce stade, on atteint une forme approximative de Kālachakra, semblable à la forme réelle de la divinité éveillé. En restant dans cet état d'absorption, chacun des six chakras est rempli, de bas en haut, de l'essence blanche de la grande félicité immuable. Au fur et à mesure que le processus se développe, on progresse sur la voie de la familiarisation. Au total, on fait l'expérience de 21 600 moments de grande félicité immuable, qui purifient 21 600 souillures, dissolvant progressivement les vents intérieurs et épuisant les éléments du corps matériel. Lorsque touts les obscurcissements afflictifs et cognitifs sont ainsi éliminés, la bouddhéité est atteinte sous la forme de la déité co-émergente de Kālachakra pleinement réalisée.

Par le pouvoir de la nature de bouddha, puisse mon corps ne jamais être séparé des postures de yogiques, puisse mon esprit ne jamais être séparé des profondes instructions essentielles du Dharma sans erreurs, et puissè-je accomplir la voie des six Vajrayogas. Je prie mes sauveurs, mon lama bienveillant et les détenteurs de la lignée sacrée. Bénissez-moi afin que cela soit accompli !

Ce verset est une prière d'aspiration finale pour accomplir la voie des six yogas du Vajra. Vous priez pour que votre corps ne se sépare jamais des postures yogiques spéciales et que votre esprit ne se sépare jamais des profondes instructions essentielles qui vous sont données par votre lama. Dans ce contexte, les instructions essentielles sont les instructions relatives aux postures et aux techniques de méditation yogiques profondes, transmises oralement par le lama plutôt que par écrit

Dédicace

Par cette vertu, puissent tous les êtres abandonner les préoccupations dénuées de sens du samsara, Puissent-ils méditer sur la voie suprême du vajrayoga .et rapidement révéler l'éveil de Kālachakra !

Nous terminons notre pratique de Kālachakra par une prière de consécration, en souhaitant que tous les êtres abandonnent les préoccupations insignifiantes du samsara et profitent au maximum de la précieuse opportunité qui leur est offerte d'atteindre l'éveil. Plus précisément, vous souhaitez qu'ils se connectent à la voie suprêmement significative du vajrayoga telle qu'elle est présentée ici dans ce texte, et qu'ils aient la capacité de méditer sur les Six Vajrayogas et de dévoiler ainsi rapidement l'éveil de Kālachakra.

Par cette vertu, puis-je atteindre rapidement les six Vajrayogas, et conduire tous les êtres sans exception à l'état d'éveil de Kālachakra !

Cette deuxième partie de la dédicace souligne votre souhait personnel d'atteindre les six Vajrayogas, non seulement pour votre propre bien, mais aussi pour conduire tous les êtres sans exception à l'état d'éveil de Kālachakra. C'est aussi un rappel que les six Vajrayogas sont une pratique Mahayana, par laquelle vous prenez la responsabilité personnelle de conduire tous les êtres à l'éveil. Cette intention est ce qui détermine le résultat de votre pratique.

Par cette vertu, puissent tous les êtres parachever l'accumulation de mérite et de sagesse primordiale, et atteindre les deux kayas bouddha !

Enfin, vous dédiez la vertu pour que tous les êtres complètent l'accumulation de mérite et de sagesse primordiale, qui sont la cause de l'obtention du corps dharmakaya de la réalité de l'éveil et des corps de forme rupakaya de l'éveil. Les corps de forme sont ceux qui se manifestent spontanément pour accomplir le bienfait pour les autres, et dans ce cas, ils émergent sous la forme de la déité Kālachakra.

QUATRIÈME PARTIE

Deux guruyogas supplémentaires

— *Kunkyen Dolpopa Sherab Gyaltsen* —
Le roi du Dharma de la Glorieuse Tradition Jonang

CHAPITRE 11

Guruyoga de Dolpopa

Pluie de bénédictions pour les six yogas de la lignée Vajra

Dans la tradition Jonang, il existe trois pratiques distinctes de guruyoga qui sont utilisées dans le contexte d'une retraite traditionnelle de trois ans : le guruyoga de base (décrit plus haut dans ce texte), le guruyoga de Dolpopa et le guruyoga de Taranatha. Ces trois pratiques offrent une méthode puissante pour nous relier à la lignée sacrée, Dolpopa et Taranatha étant considérés comme les deux figures les plus influentes et extraordinaires de la tradition Jonang-Shambhala du Kālachakra.

Au cours d'une telle retraite, la pratique du guruyoga est entreprise pour une durée maximale de trois semaines. La première semaine, le guruyoga de Dolpopa est récité, la deuxième semaine, le guruyoga de Taranatha est pratiqué, et la troisième semaine, le guruyoga fondamental. Ces pratiques profondes ne sont pas seulement des préliminaires. Elles jouent également un rôle important dans la pratique des six Vajrayogas. Après avoir accompli la pratique du guru yoga en tant que préliminaire, il est d'usage de réciter un guruyoga pour chaque séance, à raison de quatre séances par jour. Nous récitons d'abord le guruyoga de Dolpopa, puis le guruyoga Taranatha, et enfin le guruyoga de base. Lorsque nous avons terminé les trois, nous recommençons le cycle depuis le début.

LA PRATIQUE DU YOGA DU GURU DE DOLPOPA AVEC COMMENTAIRE

Le Guruyoga de Dolpopa porte le titre de „Guruyoga - Pluie de bénédictions pour les six yogas de la lignée Vajra". Cette pratique peut être considérée comme une pluie de bénédictions car les récitations et les prières sont conçues pour nous amener au-delà de l'esprit ordinaire en invoquant les bénédictions de Dolpopa et des autres maîtres de la lignée. Cela ouvre la porte à la réalisation tantrique en nous donnant la capacité de pratiquer authentiquement les six Vajrayogas tels qu'ils ont été transmis par cette lignée. Les principes de base et la structure de cette pratique sont les mêmes que ceux du guruyoga fondamental décrit plus haut dans ce commentaire.

Visualisation

Kunkyen Dolpopa apparaît devant vous sous la forme d'un Vajradhara bleu entouré de tout le champ de mérite. Regardant dans votre direction, son regard est rempli d'un grand amour.

Dans cette pratique, nous visualisons deux fois le champ de mérite. D'abord, nous l'établissons comme base pour prendre refuge et générer la bodhicitta, puis nous le générons comme base pour notre pratique du guruyoga. Imaginez que le champ de mérite entier se manifeste instantanément dans l'espace devant vous. Kunkyen Dolpopa est assis sur un trône de lion en son centre, indivisible avec Vajradhara. Une fois que vous avez établi la visualisation, continuez en prenant refuge.

NAMA SHRI KāLACHAKRAYA

Je prends refuge dans le lama, les yidams et les Trois Joyaux avec une foi intense.
(Répétez trois fois la phrase ci-dessus)

"*Nama*" est une expression d'hommage et „*shri*" signifie glorieux. „*Prendre refuge avec une foi intense*" signifie que notre esprit est clair et rempli de joie, de gratitude et d'inspiration. Cette foi doit également être enthousiaste et assurée, avec une confiance totale dans le lama, les yidams et les Trois Joyaux.

Puissé-je générer l'amour, la compassion, la joie et l'équanimité incommensurable envers tous les êtres !

Puissé-je pratiquer avec diligence la voie profonde du guruyoga pour le bien de tous les êtres !

Vous éveillez alors l'aspiration altruiste de la bodhicitta en cultivant d'abord les quatre incommensurables - amour, compassion, joie et équanimité - et en aspirant à atteindre l'éveil complet pour eux. Vous renforcez ensuite votre détermination en générant la forme engageante de la bodhicitta, en priant pour que vous pratiquiez la voie profonde du guru yoga pour le bien de tous les êtres.

Puissent toutes les apparences impures et temporaires se dissoudre dans la vacuité.

Nous dissolvons l'ensemble du champ de mérite dans la vacuité afin de nous rappeler sa véritable nature. Que toutes les apparences impures et temporaires se fondent à nouveau dans l'état non-duel, devenant comme le reflet de la lune sur un lac.

Assis sur un trône au sommet de mon point couronne, sur un siège à cinq couches composé d'un lotus, d'un disque lunaire et ainsi de suite, mon lama racine apparaît sous la forme du grand Vajradhara. Son corps est de couleur bleue et il a un visage et deux bras.

Nous construisons maintenant le champ de mérite à nouveau en visualisant votre lama racine sous la forme de Vajradhara, avec un corps bleu, un visage et deux bras. Il demeure au-dessus du point couronne de votre tête, assis sur un trône soutenu par un siège à cinq couches composé d'un lotus vert, d'un disque lunaire blanc, d'un disque solaire rouge, d'un disque rahu noir et d'un disque kalagni jaune. Chacune de ces couches a une signification spirituelle - le lotus signifie la pureté, le disque lunaire symbolise l'état de veille, le disque solaire l'état de rêve, le disque rahu l'état de sommeil profond et le disque kalagni l'état de sagesse primordiale. Ensemble, ils englobent la totalité de notre expérience et la base sur laquelle nous réalisons la nature ultime de la réalité.

Bien que nous ayons reçu l'instruction de visualiser Vajradhara, dans cette pratique, il est plus courant de visualiser votre lama racine sous la forme de Dolpopa. Vous pouvez cependant choisir de visualiser la forme de Vajradhara tout en vous remémorant les qualités de l'omniscient Dolpopa. Comme cette pratique a été composée par Dolpopa, elle ne mentionne pas l'utilisation de sa forme dans la visualisation - cette instruction a été ajoutée plus tard pour honorer la contribution de Dolpopa à la lignée et se connecter à sa présence spirituelle.

Il est assis dans une posture du lotus complet. Il est drapé dans d'élégants vêtements de soie et son corps est orné de précieux joyaux et d'ossement. Il tient un vajra et une cloche croisée au niveau du cœur.

Nous donnons ici plus de détails sur la forme visualisée de Vajradhara, dont la nature est inséparable de votre lama racine et de Dolpopa. Il est assis sur le trône en posture de lotus et porte des vêtements de soie, des bijoux et des ornements en os, qui symbolisent tous des aspects particuliers de la réalité éveillé. Le vajra et la cloche croisés sur son cœur symbolisent l'union de la compassion et de la sagesse indestructibles.

Les quatre centres de son corps sont marqués des quatre syllabes, des rayons de lumière émanent vers l'extérieur de la syllabe HUNG (ཧཱུྃ) au niveau de son cœur, Invoquant tous les lamas racine et ceux de la lignée ainsi que tout le champ de refuge,

***DZA** (ཛཿ) **HUNG** (ཧཱུྃ) **VAM** (ཝཾ) **HO** (ཧོཿ)*
devenant inséparable d'eux.

Au front de Dolpopa apparaît une syllabe OM (ༀ), à la gorge AH (ཨཿ), au cœur HUNG (ཧཱུྃ) et au nombril HO (ཧོཿ). À partir du HUNG du cœur, des rayons de lumière jaillissent dans toutes les directions. Lorsque vous prononcez la syllabe DZA, cette lumière reçoit le pouvoir de tous les lamas de la racine et de la lignée. Lorsque la syllabe HUNG est prononcée, elle se rassemble au point couronne de Vajradhara. Avec VAM, elle se dissout dans Vajradhara et avec HO, elle devient inséparable de leur présence éveillée. Rappelez-vous que Vajradhara, Dolpopa et tous les lamas de la lignée, y compris votre lama racine le plus précieux, sont tous d'une nature inséparable.

Supplication du Lama

Précieux lama, je rends hommage à votre corps, à votre parole et à votre esprit. Votre corps est orné des marques et des signes immuables et parfaits. Votre parole ininterrompue, telle celle de Brahma, imprègne les dix directions. Vous résidez dans l'esprit infaillible du grand sceau .

Avec ce verset, vous commencez les prières de supplication adressées au lama en louant les merveilleuses qualités de son corps, de sa parole et de son esprit. Les marques et les signes immuables de son corps font référence aux 32 marques majeures et aux 80 signes mineurs d'un bouddha, tandis que son discours ininterrompu semblable à celui de Brahma fait référence au discours agréable, beau et mélodieux des dieux du royaume des formes subtiles. L'esprit inaltéré du grand sceau fait référence à la qualité immuable de l'esprit éveillé, qui est comme le sceau du roi en ce qu'il ne peut être altéré. Le grand sceau est également une référence au Mahamudra ultime - la réalisation directe du sens définitif.

Je me prosterne devant vous qui êtes l'incarnation des trente-six Tathagatas, qui sont révélés lorsque les trente-six agrégats ont été parfaitement purifiés au moyen yoga de l'isolement et des cinq autres vajrayogas .

Ce verset est le début d'une pratique d'offrande à sept branches dans laquelle nous nous prosternons ou rendons hommage au lama en tant qu'incarnation des trente-six Tathagatas. Dans le Kālachakra Tantra, six familles de bouddhas représentent chacun des *six agrégats* : (1) l'agrégat de la forme est Vairochana, (2) l'agrégat de la perception est Amitabha, (3) l'agrégat des sensations est Ratnasambhava, (4) l'agrégat des facteurs de composition est Amoghasiddhi, (5) l'agrégat de la conscience est Akshobhya et (6) l'agrégat de la sagesse primordiale est Vajrasattva.

Les six bodhisattvas représentent les *six pouvoirs des sens* : (1) le pouvoir des sens de l'oreille est Vajrapani, (2) le pouvoir des sens du nez est Khagarba, (3) le pouvoir des sens des yeux est Kshitigarba, (4) le pouvoir des sens de la langue est Lokeshvara, (5) le pouvoir des sens du corps est Sarvanivarana et (6) le pouvoir des sens de l'esprit est Samantabhadra. Lorsque ces bodhisattvas sont combinés avec les bouddhas, nous arrivons à un total de trente-six combinaisons. Par exemple, dans le cas d'Akshobhya, nous avons Vajrapani-Akshobhya, Khagarba-Akshobhya, Kshitigarba-Akshobhya, Lokeshvara-Akshobhya, Sarvanivarana-Akshobhya, Samantabadra-Akshobhya. Ces six représentent la purification parfaite de l'agrégat de conscience à travers les six facultés des sens, conformément aux méthodes de méditation que l'on trouve dans les six vajrayogas. Les cinq autres familles de bouddhas doivent être comprises de la même manière.

J'offre avec joie et intention pure un inconcevable océan d'offrandes de Samantabhadra, incluant toutes les vertus du corps, de la parole et de l'esprit rassemblées pendant les trois temps !

Ceci fait référence à la deuxième partie de l'offrande à sept branches, au cours de laquelle vous générez un nombre inconcevable d'objets d'offrande visualisés pour le lama et les Trois Joyaux, avec la pure intention de souhaiter libérer tous les êtres. Cela inclut non seulement les objets physiques, mais aussi les vertus du corps, de la parole et de l'esprit rassemblées dans le passé, le présent et le futur.

Samantabhadra fait référence au bouddha primordial qui demeure dans l'étendue illimitée du dharmakaya, et les „offrandes de Samantabhadra" sont une façon de décrire la nature illimitée et omniprésente de vos offrandes. Dans la tradition de Kālachakra, nous pouvons imaginer douze dakinis en offrande. Du cœur de chaque déesse émergent douze autres déesses de l'offrande. Elles continuent à se multiplier de cette manière, chaque déesse émanant d'autres déesses, jusqu'à ce que leurs nombres deviennent illimités.

> *Je confesse ouvertement toutes mes négativités amassées par le corps, la parole et l'esprit, et je prie afin qu'elles soient purifiées.*
> *Je me réjouis de toutes les vertus !*
> *Je vous prie de tout cœur de tourner sans cesse la roue du Dharma !*
> *Je vous implore de demeurer à jamais dans le samsara pour le bien de tous les êtres !*

L'offrande à sept branches se poursuit par la confession de toutes les négativités accumulées par des actions nuisibles du corps, de la parole et de l'esprit, en priant pour qu'elles soient purifiées, avec la ferme résolution de ne pas les répéter à l'avenir. Nous multiplions ensuite notre mérite en nous réjouissant de nos vertus et de celles de tous les êtres sensibles. Bien que la compassion du lama soit infinie, il n'enseignera que si nous lui demandons sincèrement de faire tourner la roue du dharma. Bien qu'en réalité le lama soit au-delà de la vie et de la mort, nous l'implorons néanmoins de rester à jamais dans le samsara sans passer dans le parinirvana pour le bien de tous les êtres.

> *Je prie mon glorieux lama. Votre nature est inséparable des quatre kayas de bouddha. Vous êtes le chef de tous les détenteurs vajra, ayant accompli les trois accumulations et atteint les douze voies. S'il vous plaît, bénissez-moi !*

Le lama étant l'incarnation de tous les bouddhas, sa nature est inséparable des *quatre kayas de bouddha* : (1) le corps de nature svabhavikakaya, (2) le corps de sagesse-vérité dharmakaya, (3) le corps de jouissance sambhogakaya et (4) le corps d'émanation nirmanakaya. Comme il est l'incarnation de tous les maîtres qui transmettent les profonds enseignements tantriques, il est le chef de tous les détenteurs de vajra. Les *trois accumulations* font référence à (1) la générosité, (2) la grande concentration et (3) la sagesse, tandis que les douze voies font référence à des étapes spécifiques de réalisation sur la voie du Kālachakra, qui correspondent à l'épuisement des composants matériels du corps et de leurs énergies aux six centres de chakra.

> *Je prie mon glorieux lama. Vous avez pleinement réalisé les cinq sagesses et complètement transformé les huit objets de conception dualiste en demeurant en un instant dans la conscience primordiale non-duelle. S'il vous plaît, bénissez-moi !*

Les cinq sagesses d'un bouddha sont dévoilées lorsque les *cinq agrégats* sont purifiés. Elles comprennent : (1) la sagesse de l'espace universel, (2) la sagesse du miroir, (3) la sagesse de l'équanimité, (4) la sagesse de la discrimination et (5) la sagesse de l'accomplissement total. Les huit objets de la conception dualiste sont les objets des huit formes de conscience : (1) les couleurs et les formes, (2) les sons, (3) les odeurs, (4) les goûts, (5) les sensations tactiles, (6) les phénomènes mentaux, (7) les conceptions illusoires et (8) le substrat (alaya). Une fois purifiés, ils sont vécus comme les huit bodhisattvas féminins. Tout cela, cependant, est purifié en mélangeant votre conscience avec le glorieux lama qui demeure dans la conscience primordiale non duelle.

> *Je prie mon glorieux lama. Votre activité éveillée ne fait qu'un avec l'activité de tous les lamas, libérant et faisant mûrir les disciples fortunés par les douze réalisations des phases de génération et d'accomplissement. S'il vous plaît, bénissez-moi !*

Comme le lama incarne tous les maîtres, l'activité compatissante du lama ne fait qu'un avec l'activité de tous les lamas et conduit à la libération et à la maturation spirituelle de tous ses disciples chanceux. La portée de cette activité de compassion augmente au fur et à mesure que l'on progresse dans les douze réalisations des processus de génération et d'accomplissement. Ces douze réalisations se produisent pendant la pratique du sixième vajrayoga, connu sous le nom d'absorption méditative, et correspondent à l'épuisement des composants matériels du corps et de leurs énergies dans les six centres de chakra. Les initiations d'innombrables bouddhas sont nécessaires pour accomplir chacune de ces réalisations.

Je prie le glorieux lama. Vous êtes un avec tous les yidams, vos agrégats sont les six familles de bouddhas, votre conscience est celle des huit bodhisattvas, vos bras, jambes et ainsi de suite sont l'assemblée des déités courroucées. S'il vous plaît, bénissez-moi !

Dans ce verset, nous supplions le lama en tant qu'incarnation de tous les yidams, les déités éveillés pacifiques et courroucées qui sont la source de toutes les réalisations tantriques. Les six familles de bouddhas (mentionnées précédemment) sont l'aspect pur des six agrégats. Les huit bodhisattvas sont l'aspect pur des huit pouvoirs des sens, tandis que l'assemblée des déités courroucées est l'aspect pur des *cinq facultés d'action* : (1) la faculté de la bouche, (2) la faculté du bras, (3) la faculté de la jambe, (4) la faculté de l'anus, et (5) la faculté suprême.

Je prie le glorieux lama. Vous êtes un avec tous les bouddhas, votre nature est le magnifique corps de vérité ; vous avez achevé les deux accumulations et vous manifestez d'innombrables émanations pour le bénéfice des êtres. S'il vous plaît, bénissez-moi !

Nous supplions maintenant le lama en tant qu'incarnation de tous les bouddhas. Sa nature est inséparable du dharmakaya, le magnifique corps de vérité. Comme il a perfectionné les deux accumulations de sagesse et de mérite, il est capable de manifester d'innombrables corps d'émanation pour le bénéfice des êtres. En accumulant ainsi sagesse et mérite, il a dévoilé les *deux kayas de bouddha* : (1) le corps dharmakaya de la réalité de l'éveillé et (2) les corps de forme rupakaya infinis.

Je prie le glorieux lama. Vous êtes un avec tous les Dharmas immaculés, vous vous manifestez sous la forme d'enseignements et de textes au sens définitif, vous nous guidez vers l'inexprimable et profonde vérité. S'il vous plaît, bénissez-moi !

Avec ce verset, nous considérons que le lama est l'incarnation de tous les dharmas immaculés, qui incluent les 84 000 enseignements du Bouddha qui servent de remède à toutes les afflictions mentales imaginables. Cela inclut les enseignements et les textes de signification ultime, qui font référence aux enseignements qui sont définitifs dans leur interprétation, en particulier les enseignements du troisième tour qui décrivent la réalité inconcevable de la nature de bouddha et constituent la base de l'indéfectible vue Zhentong de Dolpopa. À travers les mots et l'exposition de ces enseignements et textes, nous sommes conduits à l'expérience directe de l'inexprimable vérité profonde, tout comme un doigt peut pointer vers la lune même s'il n'est pas la lune lui-même.

> *Je prie le glorieux lama. Vous êtes un avec tous les grands seigneurs du sangha des Aryas qui demeurent dans les dix niveaux de bodhisattva, ayant atteint la complète libération et l'accomplissement; Vous êtes l'ami vertueux immaculé, un refuge pour tous les êtres. S'il vous plaît, bénissez-moi !*

Nous supplions maintenant le lama en tant qu'incarnation des grands seigneurs du Sangha des Aryas, les amis immaculés et vertueux qui nous aident sur notre chemin spirituel. Ce sont des êtres nobles qui progressent de manière irréversible vers l'état de bouddha grâce à la puissance de leur mérite et de leur sagesse et qui sont entrés dans la voie de la clairvoyance, où la véritable nature vide de la réalité est vue directement. Ce voyage se déroule en dix étapes, appelées les dix niveaux de bodhisattva, au cours desquelles des obscurcissements de plus en plus subtils sont surmontés et des qualités telles que la générosité et la patience sont perfectionnées. La libération et l'accomplissement complets font référence à l'absence de renaissance dans le samsara, qui est obtenue sur la voie de la vue pénétrante et de l'accomplissement d'un bodhisattva de la vision de la vacuité.

> *Je prie le glorieux lama. Vous êtes un avec tous les protecteurs du Dharma qui détruisent tous les ennemis et les obstacles par le pouvoir de votre compassion non-duelle. S'il vous plaît, bénissez-moi !*

Nous considérons ici le lama comme l'incarnation de tous les protecteurs du dharma qui détruisent tous les ennemis et les obstacles. Ce sont des êtres mondains ou éveillés qui prennent une forme courroucée. Leur fonction est d'empêcher que les enseignements du Bouddha ne soient dilués ou déformés et d'aider les véritables pratiquants à surmonter les ennemis ainsi que les obstacles externes et internes. Les obstacles externes comprennent une mauvaise santé ou d'autres circonstances qui vous empêchent de pratiquer, tandis que les vues déformées ou le fait d'être attiré par des activités distrayantes sont considérés comme des obstacles internes. La compassion non-duelle fait référence au type de compassion qui est simultanément conscient de la nature illusoire de tous les phénomènes et qui n'est donc pas lié par des attentes ou des attachements.

Je prie le glorieux lama. Vous êtes à l'origine de tous les siddhis, le dispensateur des accomplissements à la fois suprêmes et communs, vous avez maîtrisé les actions de pacification, d'expansion, de contrôle et de soumission. S'il vous plaît, bénissez-moi !

Nous supplions maintenant le lama en tant qu'origine de tous les siddhis, car c'est en suivant ses instructions que nous sommes capables d'atteindre des réalisations à la fois suprêmes et communes. Les accomplissements communs font référence à des capacités surnaturelles telles que la clairvoyance et les pouvoirs miraculeux, tandis que les accomplissements suprêmes sont liés à la réalisation de qualités éveillées. Les quatre pouvoirs sublimes d'un Bouddha sont : (1) la pacification, (2) l'expansion, (3) le contrôle et (4) la soumission. Ils sont les moyens par lesquels un bouddha s'engage spontanément dans des activités qui apportent un bénéfice illimité aux êtres. En tant que pratiquant du Vajrayana, vous vous entraînez à voir que tout ce que le lama fait ou dit est l'expression de ces quatre pouvoirs, en apprenant à le percevoir comme un bouddha vivant.

Je prie le glorieux lama. Vous dissipez toutes obscurités comme vous clarifiez les vues fausses en composant, débattant et expliquant les sutras, les tantras, les traités et les instructions quintessentielles. S'il vous plaît, bénissez-moi !

Nous supplions maintenant le lama sous l'aspect d'un parfait enseignant du Dharma qui dissipe l'obscurité de l'ignorance et des vues erronées. Il le fait en composant des textes, en s'engageant dans des débats pour vaincre les opinions erronées, en expliquant les paroles du Bouddha telles qu'elles sont présentées dans les soutras et les tantras en se référant à des traités ou à des commentaires authentiques, et enfin en transmettant les instructions quintessentielles ou l'essences des conseils, qui sont des instructions orales clés transmises par la lignée.

En buvant le nectar de ses précieuses instructions sur le sens profond du Dharma, à partir de ce jour, puissé-je sans cesse suivre le lama comme une ombre. Puisse mon glorieux lama me bénir pour que cela soit accompli !

Ce verset est une déclaration de notre engagement résolu à suivre les précieuses instructions du dharma du lama, qui mènent à la vérité profonde de la vacuité. Comme ce dharma est si précieux, nous nous engageons également à faire des offrandes et à servir le lama, en le suivant comme une ombre. En renforçant ainsi notre lien avec le lama, nous pouvons accumuler du mérite, ce qui nous place dans une meilleure position pour comprendre la signification profonde de ses enseignements.

Sans considération pour la nourriture, les vêtements et le luxe, ayant abandonné les moyens de subsistance erronés et impurs, puissé-je goûter le nectar du Dharma du bout de la langue. Puisse mon glorieux lama me bénir pour que cela soit accompli !

Nous nous engageons maintenant à développer un véritable esprit de renoncement en nous engageant à pratiquer le Dharma sans considération pour la nourriture, les vêtements et le luxe. Cet engagement est soutenu par notre abandon des moyens de subsistance erronés et impurs, ce qui inclut toute activité impliquant de porter atteinte à la vie, de tricher, de voler, de mentir ou d'autres formes de conduite immorale.

À partir de ce jour, puis-je sans cesse rester dans un endroit isolé, en méditant en un seul point sur le sens profond, pour que je puisse atteindre le grand sceau de la libération dans cette vie même. Que mon glorieux lama me bénisse pour que cela soit accompli !

Après avoir établi l'esprit de renoncement, nous nous engageons maintenant à simplifier notre vie et à nous contenter de vivre dans un endroit isolé où les conditions sont propices au développement d'une bonne concentration en un seul point en méditant intensivement sur le sens profond du Dharma. Avec ce genre de dévouement, nous pouvons viser à atteindre le grand sceau de la libération, ou le résultat final de la bouddhéité, en une seule vie.

Puissé-je voir les quatre syllabes aux chakras du corps du lama comme les quatre kayas de bouddha.
Puissé-je recevoir les quatre initiations en me concentrant sur elles.
Puisse mon glorieux lama me bénir pour que cela soit accompli !

Ce verset est une prière d'aspiration pour recevoir les quatre initiations du lama. Ces quatre initiations sont reçues lorsque vous vous concentrez sur les quatre syllabes situées sur les quatre chakras principaux du corps du lama - le front, la gorge, le cœur et le nombril. Avec chacune de ces transmissions, vous éveillez les quatre kayas de bouddha dans votre propre flux mental : nirmanakaya, sambhogakaya, dharmakaya et svabhavikakaya.

Recevoir les quatre initiations

Du OM (ॐ) au front de mon lama, un OM blanc (ॐ) jaillit et se dissout dans mon propre chakra frontal. Par ce pouvoir, je peux recevoir l'initiation du vase. Puisse mon glorieux lama me bénir pour que cela soit accompli !

Comme dans le guruyoga fondamental, nous recevons maintenant les quatre initiations. Cela commence par l'initiation du vase, qui a lieu lorsque le OM, que vous visualisez sur le front du lama, émet une lumière blanche éblouissante et se dissout dans votre propre chakra frontal.

Par ce pouvoir, puissé-je purifier les obscurcissements du corps et de l'état de veille, expérimenter les quatre joies et révéler le corps d'émanation vajra. Puisse mon glorieux lama me bénir pour que cela soit accompli !

Cette initiation du vase purifie les obscurcissements de votre corps, qui se sont accumulés par des actions négatives telles que le vol et ainsi de suite, ainsi que les obscurcissements de l'état de veille, au moment où le chakra frontal est le plus actif. Les quatre joies sont ressenties lorsque les fluides corporels grossiers sont raffinés et deviennent de plus en plus subtils au niveau de chacun des quatre chakras principaux. Ce processus détruit également la négativité ou les obscurcissements qui forment des „nœuds" autour de ces chakras. En outre, cette initiation vous fait découvrir le corps d'émanation indestructible du vajra, ou l'aspect nirmanakaya de votre nature de Bouddha.

De l'AH (ཨཿ) à la gorge de mon lama, un AH rouge (ཨཿ) jaillit et se dissout dans mon propre chakra de la gorge. Par ce pouvoir, je peux recevoir l'initiation secrète. Puisse mon glorieux lama me bénir pour que cela soit accompli !

Ensuite, vous recevez l'initiation secrète alors que des rayons de lumière rouge éblouissants jaillissent de la syllabe AH à la gorge du lama et se dissolvent dans votre propre chakra de la gorge.

Par ce pouvoir, puissé-je purifier les obscurcissements de la parole et de l'état de rêve, expérimenter les quatre excellentes joies et révéler le corps de jouissance de la parole vajra. Puisse mon glorieux lama me bénir pour que cela soit accompli !

Ce pouvoir purifie les obscurcissements de la parole liés aux mensonges, aux mots rudes et ainsi de suite. Elle purifie également les obscurcissements de l'état de rêve, qui est associé au chakra de la gorge et détermine notre capacité à nous engager dans des pratiques telles que le yoga du rêve. Les quatre excellentes joies sont expérimentées à mesure que les fluides ou essences subtiles sont raffinés et que vous êtes introduit dans le corps de plaisir de la parole vajra, qui est l'aspect sambhogakaya de votre nature de Bouddha.

> *Du HUNG (ཧཱུྂ) du cœur de mon lama, un HUNG noir (ཧཱུྂ) jaillit et se dissout dans mon propre chakra du cœur. Par ce pouvoir, puis-je recevoir l'initiation de la sagesse primordiale. Puisse mon glorieux lama me bénir pour que cela soit accompli !*

Vous recevez maintenant l'initiation de la sagesse primordiale alors que d'éblouissants rayons de lumière noire jaillissent de la syllabe HUNG au cœur du lama et se dissolvent dans votre propre chakra du cœur.

> *Par ce pouvoir, puis-je purifier les obscurcissements de l'esprit et l'état de sommeil profond, expérimenter les quatre joies suprêmes et révéler le corps Dharmakaya de l'esprit vajra. Puisse mon glorieux lama me bénir pour que cela soit accompli !*

Cette prise de pouvoir purifie les obscurcissements de l'esprit liés à la luxure, aux vues erronées, etc. et purifie également les obscurcissements de l'état de sommeil profond, qui est associé au chakra du cœur. Les quatre joies suprêmes sont vécues comme un raffinement encore plus subtil des essences, qui a lieu au niveau des quatre chakras. C'est ainsi que vous êtes introduit dans le corps dharmakaya de l'esprit vajra, qui est l'aspect du dharmakaya non-né de votre nature de bouddha.

> *Du HO (ཧོཿ) du nombril de mon lama, un HO jaune (ཧོཿ) jaillit et se dissout dans mon propre chakra du nombril. Par ce pouvoir, puis-je recevoir la quatrième initiation sacrée. Puisse mon glorieux lama me bénir pour que cela soit accompli !*

Enfin, vous recevez le quatrième pouvoir sacré alors que des rayons de lumière jaunes éblouissants jaillissent de la syllabe HO au niveau du nombril du lama et se dissolvent dans votre propre chakra du nombril.

> *Grâce à ce pouvoir, puissé-je purifier les propensions à l'attachement, expérimenter les quatre joies innées et révéler la sagesse primordiale du vajra de la vacuité-félicité. Puisse mon glorieux lama me bénir pour que cela soit accompli !*

Cette initiation purifie les tendances les plus subtiles de l'attachement qui sont stockées dans la conscience fondamentale et sous-tendent toutes les autres tendances négatives du corps, de la parole et de l'esprit. Les quatre joies innées sont expérimentées comme le raffinement le plus subtil des essences, et vous êtes introduit à la sagesse vajra primordiale de la vacuité bienheureuse, qui est l'aspect svabhavikakaya de votre nature de Bouddha, représentant l'inséparabilité des trois kayas.

Dissolution

> *Le lama au-dessus de mon point couronne fond en lumière et se dissout en moi. Il réside au centre d'un lotus à huit pétales au niveau de mon cœur. Puisse mon glorieux lama me bénir pour que cela soit accompli !*

Comme dans le guruyoga fondamental, vous terminez la pratique en dissolvant la visualisation et en reconnaissant que le lama ultime n'est autre que votre propre esprit. Pour ce faire, vous regardez le lama de votre couronne se fondre en lumière et descendre le long de votre canal central jusqu'au centre d'un lotus à huit pétales situés dans votre cœur. Vous devez simplement observer l'inséparabilité du lama et de votre propre esprit. Restez dans cet état naturel aussi longtemps que vous le pouvez. Lorsque l'esprit recommence à s'agiter, vous pouvez continuer à faire des prières et des supplications.

Dédicace

> *Grâce à cette pratique, puissent tous les êtres purifier toutes leurs souillures et tous leurs obstacles et atteindre rapidement l'essence du Tathagata.*

Nous concluons en dédiant le mérite au bénéfice ultime d'autrui. Dans ce cas, nous prions pour que tous les êtres purifient toutes leurs obscurcissements et obstacles qui les empêchent de reconnaître la réalité de leur nature de Bouddha. Nous prions également pour qu'ils atteignent rapidement l'essence du Tathagata, à ce moment-là, le fondement de notre véritable être, le Tathagatagharba, est complètement dévoilé.

Puissé-je ne jamais laisser s'élever, même pour un instant, à des vues erronées concernant les apparences libératrices du précieux lama. Avec une dévotion qui considère tout ce qu'il fait comme excellent, puissent les bénédictions du lama entrer dans mon esprit.

Dans cette aspiration, nous prions de ne jamais perdre de vue le fait que toutes les apparences que nous expérimentons ne sont que des expressions de la conscience primordiale du glorieux lama. C'est en réalisant la nature de ces apparences que nous atteignons la libération. Forts de cette compréhension, nous nous efforçons de pratiquer la perception pure qui considère toutes les actions du lama comme des occasions de développer des réalisations.

Dans les vies futures, puissé-je ne jamais être séparé de mon glorieux lama. Puissé-je ne jamais être séparé de la joie de pratiquer le précieux Dharma. Puissé-je accomplir tous les niveaux bhumi de l'éveil et de la voie et rapidement atteindre l'état de Vajradhara.

Nous terminons la pratique par la prière de ne jamais être séparé du lama, à la fois de façon conventionnelle comme étant notre enseignant et ultimement comme étant notre nature. Nous prions pour ne jamais être séparés de notre pratique du précieux Dharma afin de pouvoir poursuivre notre voyage vers l'éveil, traverser les dix niveaux de bhumi bodhisattva qui établissent les cinq voies et atteindre finalement l'état pleinement éveillé de Vajradhara.

— *Jetsun Taranatha Drolway Gonpo* —
Le grand maître Rimé qui préserva la pureté de la tradition Jonang

CHAPITRE 12

Le Guruyoga de Taranatha
L'ancre pour rassembler les Siddhis

Le guruyoga de Taranatha est le troisième des trois pratiques de guruyoga dans la tradition Jonang, et parmi les trois pratiques, c'est la plus brève. Elle s'appelle "L'ancre pour rassembler les Siddhis" parce que c'est une pratique fondamentale, ou une pratique racine (une "ancre") pour l'accomplissement de la réalisation spirituelle. Le terme "siddhis" se réfère à la fois aux accomplissements spirituels ordinaires, tels que la clairvoyance ou les pouvoirs miraculeux, aussi bien que pour l'accomplissement suprême de l'éveil. Nous pouvons simplement déraciner nos afflictions que par la réalisation de l'éveil, et c'est pour cela que nous le considérons comme suprême.

Puisque Taranatha était une figure extraordinaire dans la lignée Kālachakra Jonang Kālachakra, ce guruyoga nous donne l'opportunité d'entrer en relation avec sa présence spirituelle et de ce fait créer un lien avec tous les êtres éveillés. Dans les monastères Jonang d'aujourd'hui, ce guruyoga est pratiqué dans la deuxième semaine d'une période intensive de trois semaines de pratique du guruyoga. Nous devons toujours nous souvenir que le guruyoga est une pratique fondamentale qui nous permet de développer notre lien, non seulement avec la lignée mais surtout plus important encore, avec le cœur de l'essence de la pratique tantrique; notre nature de Bouddha primordialement présente. C'est cette réalisation qui nous permettra de transformer notre pratique des Six Vajrayogas en une cause efficace pour l'accomplissement de l'éveil.

LA PRATIQUE DU GURUYOGA DE TARANATHA COMMENTÉE

Les principes de base et la structure de cette pratique sont les mêmes que ceux précédemment décrits dans le guruyoga fondamental. La chose la plus importante dont il faille se souvenir est que le lama, de manière ultime, est l'incarnation de la sagesse de votre esprit, et l'acte de prier et de faire des supplications au lama externe est en fait une méthode habile pour nous aider à voir cette sagesse innée.

Visualisation

> *Je rends hommage avec ferveur au glorieux Lama. Tous les phénomènes ne sont que des apparences au sein de l'esprit. Notre propre esprit est de nature vide et claire, au-delà des mots. Quelles que soient les apparences variées, elles ne sont jamais séparables de la conscience du Soi toujours présente à chaque instant.*

Ce guruyoga commence par rendre hommage ou par des prosternations au Glorieux Lama, qui est l'incarnation de tous les bouddhas et votre connexion personnelle à l'éveil. Ensuite nous décrivons la vacuité de la vérité relative, en décrivant comment tous les phénomènes relatifs ne sont qu'apparences au sein de l'esprit. Cependant la vérité ultime de notre esprit de bouddha, n'est pas vide en soi mais plutôt vide et clair. Tout ce que nous percevons est donc une représentation des projections de l'esprit et non la véritable nature de l'esprit en lui-même.

OM SHUNYATA JÑANA VAJRA SVABHAVA ATMAKHO HUNG

Avec ce mantra tous les phénomènes relatifs se dissolvent en un état de vacuité (SHUNYATA), apparaissant comme le reflet de la lune sur des eaux calmes. Contrairement aux mantras précédents, celui-ci indique davantage encore que la vacuité, il met, plus particulièrement, l'accent sur l'aspect de "plénitude"—la réalité de la nature de Bouddha qui est la base de notre être.

Mon esprit dans son état naturel est la terre pure d'Akanishta. Au centre de cette terre pure se tient un palais resplendissant, et à l'intérieur mon glorieux lama racine est assis sur un lotus, un disque de soleil et de lune qui reposent sur un trône soutenu par des lions .

(Pour des raisons de consistance, les enregistrements de Rahu et de Kalagni peuvent également être affichés.)

Ayant reposé votre esprit dans un état naturel un certain temps, vous commencez par visualiser un palais radieux au centre d'Akanishta, le règne pur du corps de jouissance du samboghakaya. Le glorieux lama racine est assis au milieu de ce palais sur un trône soutenu par des lions, une fleur de lotus, un disque de soleil et un disque de lune, dans le ciel devant vous. Cela signifie la majesté, la pureté, la sagesse et la compassion

Mon glorieux lama resplendit telle une montagne d'or reflétant des centaines de milliers de rayons de soleil. Il est satisfait et il me sourit .

Le lama est radieux en apparence et il vous sourit, comme pour dire "c'est bien !". La forme du lama, ici, n'est pas spécifiée, donc vous pouvez le visualiser en tant que Vajradhara, ou alternativement sous la forme de Taranatha ou même sous la forme physique de votre lama racine. En tous cas, sa nature est inséparable de la présence spirituelle de Taranatha et de la nature de votre propre lama racine.

Au-dessus de mon lama, la lignée des maîtres apparaît spontanément, entourée des nuées de yidams et des héroukas, comme Vajravarah .

Les maîtres de la lignée Jonang-Shambhala apparaissent au-dessus du lama pendant que des déités du yidam paisibles et courroucées (également connues sous le nom de "héroukas") entourent le lama comme un grand nuage.

Les bouddhas et bodhisattvas des dix directions apparaissent dans l'es-

pace devant moi et les émanations des glorieux arhats occupent le sol. Ils sont entourés par les dakinis et les protecteurs omniscient du Dharma avec leur suite, prêt à obéir à toutes les instructions du lama.

A présent, nous construisons l'assemblée, en y incluant tous; Bouddhas et bodhisattvas des dix directions (les quatre directions cardinales et intermédiaires plus celles du haut et du bas). On visualise également les émanations d'arhat, que nous considérons comme de véritables émanations de bouddhas et bodhisattvas. Ce sont des dakinis et des protecteurs de Dharma qui les entourent, dont la fonction est de monter la garde contre les obstacles internes et externes. Ils sont prêts à obéir à chacune des instructions du lama, puisqu'ils sont des émanations du lama ayant un rôle particulier à accomplir.

La totalité de l'assemblée est dans une intense effervescence, tels des éclairs et des nuages de tempête, remplissant tout l'espace et les terres alentour. Tous ces êtres ont des corps resplendissants : pour tous ces êtres qui ont besoin d'être domptés, leurs apparences varient en fonction. Incessamment, ils exposent les enseignements du Mahayana et leur esprit demeure dans la claire lumière de la grande félicité tout en accomplissant un océan d'activités vertueuses.

Ce verset décrit l'assemblée visualisée en termes généraux. Plutôt que d'être quelque chose de plat, solide ou fixe, l'assemblée est radieuse, vibrante et en mouvement et incroyablement vaste, s'étendant aux confins les plus éloignés de l'espace. Tandis que leur esprit demeure dans la claire lumière de la grande félicité, qui est au-delà de toutes notions dualistes, ils exposent incessamment les enseignements du Mahayana pour le bénéfice de tous les êtres, sans efforts et spontanément ils accomplissent des océans d'activités vertueuses.

Tout ceci n'est rien d'autre qu'une véritable manifestation du glorieux lama, tout comme toutes les apparences du samsara et du nirvana ne sont que la manifestation spontanée de la sagesse primordiale du lama.

La visualisation totale que vous êtes en train de développer est en fait une manifestation du glorieux lama, puisque le lama est inséparable de votre propre nature de bouddha et incarne tous les maîtres de lignées, les yidams, les bouddhas, les bodhisattvas, les arhats, les dakinis et les protecteurs du dharma. Parmi cette vaste et sublime assemblée, nous choisissons de nous concentrer sur le lama puisqu'il est notre lien personnel vers l'éveil.

Selon la vue la plus élevée du bouddhisme, toutes les apparences du samsara et du nirvana sont une manifestation spontanée de la sagesse primordiale du lama, qui n'est autre que notre propre nature de bouddha. Au niveau ultime, par exemple, les cinq agrégats sont les cinq bouddhas masculins et les cinq éléments sont leurs consorts, tandis que les six facultés des sens sont les six bodhisattvas masculins et les six objets représentent leurs consorts.

La Supplication au Lama

J'offre mon corps, mes possessions, toutes les vertus des trois temps et tous les objets d'offrandes concevables de toutes les terres pures des dix directions .

Ayant établie la visualisation avec le lama comme objet central de refuge, dès à présent vous remplissez votre esprit avec tout objet d'offrande concevable, y compris votre corps (que vous chérissez par dessus tout), vos possessions et tous les actes vertueux accomplis par vous-même et les autres depuis le passé jusqu'au présent et au futur. En plus, vous devez également visualiser les royaumes purs de bouddha dans les dix directions et les offrir également.

J'offre tout ce que mon esprit peut concevoir avec une aspiration pure : Tous les êtres des six royaumes, incluant les adversaires, les amis, la famille, s'étendant aussi loin que l'espace, De même chaque plaisant objet d'offrandes de tous les trois royaumes. Par le pouvoir de ma visualisation

> *et de ma prière, je manifeste toutes ces innombrables, inconcevables et magnifiques objets d'offrande .*

La pratique d'offrande continue au fur et à mesure que vous faites survenir à votre esprit et manifestez d'innombrables, inconcevables et magnifiques objets d'offrandes, accompagné de la pure aspiration se reliant à la sagesse du bouddha et aux bénéfices pour les autres. Votre offrande comprend tous les êtres des six royaumes; les humains et les animaux, ainsi que des êtres non perceptibles tels que les dieux, les demi-dieux, les esprits affamés et les êtres des enfers. Vous devez également y inclure vos proches, vos amis, votre famille et vos ennemis. Normalement, dans les pratiques d'offrandes nous pensons à des objets plaisants et désirables, mais en fait, dans la réalité, il n'y a aucune distinction entre ce qui est plaisant et désagréable puisqu'ils ne sont tous que de simples projections de l'esprit. Nous devons donc offrir toute chose sans parti pris ni jugement, abandonnant totalement notre attachement et notre aversion.

> *Tous ces trésors d'offrandes manifestés de la conscience primordiale des bouddhas, bodhisattvas et dakinis qui apparaissent dans les trois temps et les dix directions, toutes ces manifestations innombrables et inconcevables ne sont rien d'autre que le déploiement de l'esprit du glorieux lama, inséparable de mon propre esprit, la manifestation non-née du dharmakaya .*

La question dans ce verset est de savoir d'où viennent tous ces objets d'offrandes. Sur le plan ultime elles se manifestent toutes à partir de la conscience primordiale des bouddhas et des autres objets de refuge, et en particulier, ils ne sont autres que la représentation glorieuse de l'esprit du lama, qui est inséparable de mon propre esprit. C'est ainsi que nous commençons par concevoir cette représentation immense d'objets d'offrandes comme quelque chose d'extérieur à nous-même puis par la suite comme étant un reflet de notre propre nature de bouddha qui est inséparable du lama.

LE GURUYOGA DE TARANATHA

Précieux Lama, vous incarnez tous les bouddhas.
Précieux Lama, vous incarnez tous les dharmas.
Précieux Lama, vous incarnez toutes les sanghas.

À présent nous supplions le lama en tant qu'incarnation des Trois Joyaux Externes — (1) Le Bouddha, (2) Le Dharma et (3) Le Sangha. Ce sont les manifestations externes qui agissent en tant que support premières à notre pratique spirituelle. Chacune d'entre elles est incarnée à travers la forme physique du lama.

Suprême roi du Dharma, vous incarnez tous les lamas. Vous incarnez tous les yidams alors que toutes les dakinis et les protecteurs du dharma se manifestent en tant que vos envoyés. Je vous prie, Vajradhara, veuillez me bénir, moi et tous ceux qui ont foi en vous !

Maintenant nous prions le lama qui est l'incarnation des Trois Joyaux Internes — (1) Le lama, (2) Les yidams et (3) Les dakinis. Nous prions le lama en tant que roi du Dharma Suprême, incarnant tous les lamas qui détiennent la sainte lignée et enseignent le Précieux Dharma. Ce même lama incarne les déités du yidam éveillées qui sont la racine des accomplissements spirituels , les dakinis qui sont la racine de l'activité d'éveil et une source interne de protection, ainsi que les protecteurs de dharma qui protègent de tous les obstacles au progrès spirituel. Nous disons qu'ils se manifestent en tant que suite (du lama) car ils sont inséparables de la nature d'éveil du lama. A un niveau relatif ils sont envoyés pour accomplir les instructions du lama tel que le messager d'un roi. Enfin nous prions le lama en tant que Vajradhara, qui est la nature essentielle du guru éveillé et la source de toutes les bénédictions.

Glorieux Lama, vous êtes Vajradhara dans sa terre pure du corps de jouissance. Vous êtes le Hérouka courroucé qui soumet tous les maux . Vous êtes Shakyamuni pour les êtres dont le renoncement est pur. Vous êtes le grand sage pour les ascètes .

Tout comme le cristal peut refléter de nombreuses couleurs différentes, la compassion du Glorieux lama se reflète en d'innombrables formes selon le mérite, les capacités et les personnalités des êtres différents. Pour ceux à la perception pure, il apparaît en tant que Vajradhara dans le royaume pur du corps de jouissance. Pour les êtres indisciplinés ou malsains qui ont le besoin d'être domptés, il apparaît en tant qu'Hérouka le courroucé, une expression d'éveil de la compassion courroucée qui est capable de maîtriser tous les maux. Pour ceux qui ont un renoncement pur, tels que les grands arhats des temps du bouddha, il apparaît sous la forme du Bouddha Shakyamuni, et pour ceux qui vivent comme des ascètes il apparaît comme le grand sage qui montre le chemin vers la véritable voie du milieu.

> *A ceux qui suivent la voie des trois véhicules, vous vous manifestez comme le Bodhisattva, Pratyeka et le grand Shravaka. Vous apparaissez également sous la forme de Brahma, Vishnu, Le Seigneur Shiva et tous les autres sages et saints.*

Le Bouddha a décrit trois types de voie pour convenir à trois types d'aspirants spirituels, auxquelles on fait référence en tant que trois types de véhicules — (1) le véhicule du Bodhisattva, (2) le véhicule du Pratyeka et (3) le véhicule du Shravaka. Le véhicule du bodhisattva est un voyage se déroulant sur un vaste nombre de vies qui soutient l'aspiration de devenir un bouddha omniscient afin que nous puissions spontanément et sans effort aider les êtres à se libérer de la souffrance et atteindre l'éveil par euxmêmes. Le véhicule du pratyeka "le solitaire réalisé" est la voie qui développe la sagesse profonde par sa propre analyse, sans le besoin de maîtres extérieurs et dont le résultat est une forme d'éveil limitée. Le véhicule du Shravaka ou "auditeur" implique d'écouter et de suivre les enseignements fondateurs du Bouddha et d'accomplir la libération individuelle du samsara. Pour les aspirants de chacune de ces voies, le lama se manifeste en tant que mentor spirituel approprié, que ce soit en tant que bodhisattva, pratyeka ou grand shravaka.

Le dernier vers de ce verset est un témoignage à la profondeur de la sagesse de Taranatha et de son parfait point de vue non-sectaire. Non seulement le lama se manifeste en tant que maîtres bouddhistes ou mentors, mais aussi en tant que maîtres, sages et saints appartenant à d'autres traditions telles Brahma, Vishnu et le Seigneur Shiva de la tradition Hindouiste. Cela comprend également les grands sages tel que Jésus Christ ou le prophet Mohammed. Du fait que les êtres ont une innombrable variété de personnalités et de styles d'apprentissage, il va de soi que les bouddhas enseignent une variété de systèmes religieux afin de tous les conduire vers une vérité plus proche.

Parfois vous apparaissez occupant la position du roi, d'autres fois vous apparaissez comme un yogi ou un ascète. A d'autres vous apparaissez comme un moine pur avec de simples robes. Je vous prie, vous qui accomplissez de grands et vastes actes selon les besoins de chaque être. De même que les pensées et les aspirations de tous les êtres sont inconcevables, De même, vastes et profonds sont vos enseignements.

Dans ce verset nous continuons à faire la supplication au lama en tant qu'incarnation de tout ce qui est bénéfique au monde. Il apparaît comme roi portant un vif intérêt aux affaires du monde, afin d'y apporter paix, justice et valeurs spirituelles à un grand nombre de personnes. Il apparaît comme un yogi ou un ascète montrant la voie du renoncement et de la discipline aux aspirants spirituels, et comme un moine pur aux simples robes montrant la parfaite conduite morale et le bénéfice d'une simple vie consacrée au bénéfice des autres. Par conséquent nous prions le lama qui accomplit de grands et vastes faits, selon les besoins de chaque être. De la même manière que les pensées et les aspirations de chaque être sont inconcevables, les méthodes d'enseignement du Dharma du lama le sont également.

Tout comme les arcs-en-ciel et les nuages apparaissent dans le ciel, s'élèvent, résident puis disparaissent à nouveau dans le ciel, vous êtes le corps du dharmakaya de la réalité de l'éveil, libre de tous les extrêmes, accomplissant de grands actes spontanément et sans efforts. Bien que vous agissiez de manière à correspondre aux besoins de tous les êtres, l'état dans lequel vous demeurez, est la conscience qui se connaît elle-même, claire et non-duelle de l'étendue du dharmadatu.

Ces deux versets offrent une description poétique de la compassion spontanée et sans effort du lama, qui se manifeste sous forme de grands faits accomplis de manière à satisfaire les besoins de tous les êtres. Ces activités spontanées sont comparées aux arcs-en-ciels et aux nuages. Ils surviennent et disparaissent spontanément dans la grande étendue du ciel, en interdépendance avec de nombreuses causes et conditions, telles que la présence d'humidité, l'angle de la lumière du soleil, et ainsi de suite. De la même manière, les grandes actions du lama émergent du corps de vérité du dharmakaya; l'état de clarté, de conscience de soi et d'étendue non-duelle de l'espace de la base de la réalité (dharmadatu); en dépendance des causes et des conditions tels que le mérite et les aspirations des différents êtres.

Vous êtes au-delà de la naissance et de la mort, de la venue et de l'aller, du proche et du lointain. Je vous prie, corps originellement pur de la réalité de l'éveil. Je rends hommage depuis les profondeurs de mon cœur par une dévotion incessante !

Le corps immaculé du dharmakaya de la réalité de l'éveil du lama est totalement au-delà de tout concept tel que la naissance et la mort, allant et venant, de prêt et de loin. La dévotion incessante que nous suscitons envers le lama du fond de notre cœur n'est autre que la dévotion et la confiance en la réalité de notre propre nature de bouddha. Prier le lama est donc un moyen très habile de nous mener au plus près de cette vérité sacrée.

Je prends refuge en vous, incarnation de toutes les sources de refuge. J'offre d'innombrables objets vertueux tout en étant conscient de leur nature vide. Je confesse et purifie toutes mes négativités même si leur nature est vide depuis le commencement.

Avec ce verset nous commençons la prière à sept branches. En premier nous rendons hommage au lama qui est l'incarnation de toutes les sources de refuge. Ensuite nous offrons d'innombrables objets vertueux et nous confessons et purifions toutes nos négativités. Cependant cela comporte une signification plus profonde, tandis que nous sommes appelés à être conscient de la nature vide des objets d'offrandes et de manière ultime, il n'y a rien à confesser car notre nature est primordialement pure. Ces déclarations d'une profondeur incroyable nous aident à voir cette pratique sous la lumière de son sens définitif puisqu'ils nous font penser à la nature illusoire de tout phénomène.

Je me réjouis des vertus de tous les êtres du samsara et du nirvana.
Puisse le son vide de vos enseignements ne jamais avoir de cesse.

La prière à sept branches continue alors que nous nous réjouissons de la vertu de tous les êtres et nous exprimons la requête pour que le lama ne cesse jamais d'enseigner le précieux Dharma. Cependant de la perspective de la vérité ultime, même les paroles du lama ne sont autre qu'un son vide, la luminosité du dharmakaya incréé perçu sous la forme de son.

Le dharmakaya, corps de réalité de l'éveil, est au-delà de la naissance et de la mort. Puissiez-vous sans cesse tourner la roue du précieux Dharma.
Puissiez-vous rester toujours, pour le bien de tous les êtres.

Avec ce verset nous faisons la requête au lama de tourner incessamment la roue du précieux Dharma selon les besoins de tous les êtres, et qu'il demeure éternellement pour le bien de tous les êtres sans abandonner le samsara.

Je dédie de toutes mes vertus afin que mon esprit puisse devenir inséparable du votre, O saint lama. Puissent tous les êtres atteindre l'éveil suprême !

La prière en sept branches se termine ici et nous faisons la dédicace de toute notre vertu afin que notre esprit puisse devenir inséparable de l'esprit du saint lama, ce qui signifie que nous allons découvrir la réalité sacrée de notre propre nature de bouddha par la reconnaissance de la nature ultime du lama. Nous faisons également la dédicace de cette pratique avec l'aspiration d'un bodhisattva, en souhaitant avec grande compassion que tous les êtres soient libre de la souffrance et puissent atteindre l'éveil suprême.

> *Glorieux Drolwé Gonpo, sauveur de tous les êtres, s'il vous plaît, bénissez-moi, avec votre corps, parole et esprit. Accordez-moi les quatre initiations à cet instant même !*

Nous supplions maintenant le glorieux Drolwé Gonpo, plus connu sous le nom de Taranatha, qui est le sauveur de tous les êtres de cette souffrance incontrôlable de l'existence samsarique. Nous l'implorons de nous bénir avec son corps, sa parole et son esprit et de nous accorder les quatre initiations. Puisque ce verset mentionne Taranatha, l'auteur de cette pratique de guru Yoga, il a dû être ajouté par quelqu'un à une autre époque de celle de Taranatha.

Recevoir les Quatre Initiations

> *Puisse mon corps se transformer en félicité innée .*
> *Puisse ma parole se transformer en mantras puissants*
> *Puisse mon cœur se transformer en sagesse de claire lumière !*
> *Lama parfait, je vous prie de me bénir dès maintenant !*

Lorsque nous recevons les trois premières des quatre initiations notre corps se transforme en corps de vajra de félicité innée, notre parole se transforme en parole vajra qui possède le pouvoir du mantra, et notre cœur se transforme en esprit vajra qui est inséparable de la sagesse de claire lumière de notre nature de bouddha. Ce verset implique un niveau de sens plus profond qui s'accorde avec les instructions quintessentielles du tantra, spécialement la référence au pouvoir du mantra.

Des rayons de lumière jaillissent du front, de la gorge, du cœur, du nombril du lama, Et se dissolvent dans mes quatre chakras, S'il vous plaît m'accordez-moi les quatre initiations du corps, de la parole, de l'esprit et de la sagesse vajra primordiale !

Lorsque vous récitez ce verset, vous commencez par recevoir les quatre initiations. Des rayons brillants de lumière blanche jaillissent du front du lama, pendant que des rayons éblouissant rouges, noirs et jaunes de lumière jaillissent des centres de la gorge, du cœur et du nombril respectivement. Ces rayons de lumière se dissolvent dans vos propres quatre chakras au fur et à mesure que vous recevez l'initiation du corps, de la parole, de l'esprit et de la sagesse vajra primordiale. Par le biais de chacune de ces quatre initiations, des souillures spécifiques sont purifiées et des pouvoirs spirituels particuliers sont obtenus. Vous pouvez vous référer à d'autres sections pour plus de détails.

Puis-je recevoir l'initiation du vase .
Puis-je recevoir l'initiation secrète .
Puis-je recevoir l'initiation de l'union de la grande félicité et de la sagesse .
Puis-je recevoir la quatrième initiation sacrée du grand sceau au-delà de toutes conceptions !

Avec ce verset vous recevez de fait les quatre initiations — l'initiation du vase, l'initiation secrète, l'initiation de sagesse, et la quatrième initiation sacrée. Chacune d'entre elles porte une attention particulière à un aspect de votre nature de bouddha, comme pour dire "Vous détenez ceci !". Ici, la troisième initiation est traduite littéralement par "l'initiation de l'union de la grande félicité et de la sagesse primordiale". La quatrième initiation est décrite comme le grand sceau au-delà de la conception puisqu'elle porte l'attention directement sur la réalité ultime de votre nature de bouddha, complètement au-delà de toute notion dualiste qui donne lieu à la pensée conceptuelle.

Dissolution

Grand Roi du Dharma, je ne m'en remets à personne d'autre que vous, Vous êtes mon seul véritable refuge. Telle de l'eau se déversant dans de l'eau, Puissé-je me dissoudre dans l'inséparable union avec vous !

Une dernière fois, nous proclamons notre confiance totale envers le lama, que nous considérons comme un grand Roi du Dharma et notre seul véritable objet de refuge ou notre seul véritable et digne sauveur des souffrances du samsara. Le lama ensuite se dissout en lumière, se fondant inséparablement avec notre continuum mental, tout comme l'eau qui se déverse dans de l'eau. Cependant avec une expérience plus approfondie, ce processus de dissolution peut devenir davantage le processus qui brise le vase lorsque l'espace vide à l'intérieur du vase se fond avec l'espace qui l'entoure. A force de répéter cet exercice sans cesse et d'observer simplement l'esprit du lama et le nôtre se réunir de cette manière, nous pouvons développer une grande confiance en notre nature de bouddha, qui toujours a été présente en nous.

Puisse le lama fondre en essence de nectars et emplir mes quatre chakras, en m'accordant les initiations .

Au fur et à mesure que le lama se fond en lumière et se dissout en vous, visualisez son essence sous forme de nectar de félicité blanc et radieux remplissant vos chakras au front, à la gorge, au cœur et au nombril, purifiant ainsi toutes les souillures et les énergies malsaines accumulées autour de ces chakras. Nous expérimentons une incroyable joie autour de ces centres d'énergie qui ont été activés, et une fois de plus nous avons le sentiment d'être initiés par la bénédiction du corps, de la parole, de l'esprit et de la sagesse primordiale du lama.

Méditez sur le lama naturel, le grand corps du dharmakaya de la réalité de l'éveil inséparable de l'esprit proche à chacun, et demeurez dans l'état naturel au-delà de tous concepts .

Une fois encore vous devez méditez sur l'inséparabilité du grand corps de vérité du lama et de votre propre esprit. Nous appelons cela le lama naturel, l'état naturel d'éveil au-delà de toute notion dualiste, qui ne peut être réalisé que lorsque notre foi et dévotion nous mènent au-delà de l'esprit ordinaire dualiste.

Dédicaces

> *Dans toutes mes vies futures puis-je renaître dans une excellente famille, avec un esprit clair, dépourvu d'orgueil, une grande compassion et une foi envers le lama. Puissé-je maintenir mes engagements envers le glorieux lama .*

Nous terminons cette pratique par ces vers de dédicaces. Par cette prière nous aspirons à renaître possédant toutes les conditions nécessaires pour progresser sur la voie spirituelle le plus rapidement possible. En particulier nous prions pour avoir la capacité de pratiquer par les moyens les plus habiles et profonds de dévotion envers le glorieux lama, qui accumulent des océans de mérite et de sagesse.

> *Puissé-je ne pas faire naître, même pour un instant, les vues erronées, à propos des apparences libératrices du glorieux lama. Par une dévotion qui considère tout ce qu'il fait comme étant excellent, puissent les bénédictions du lama entrer dans mon esprit .*

Par cette prière, nous prions d'être libérés de tout obstacle à notre pratique spirituelle. En particulier nous prions d'être libéré de la vue ordinaire qui se concentre sur les fautes du lama, et nous empêche d'accomplir les réalisations. A la place nous prions pour développer la perception pure qui reconnaît la pureté fondamentale présente dans toutes ses actions, et qui fonctionne en tant que fondement de la profonde vue pénétrante.

> *Dans les vies futures, puissé-je ne jamais être séparé de mon glorieux lama. Puis-je ne jamais être séparé de la joie de pratiquer le précieux*

Dharma. Puis-je accomplir tous les niveaux et les voies des Bhumi de l'éveil et rapidement atteindre la Bouddhéité de Vajradhara.

A nouveau nous terminons notre pratique en reconnaissant que le lama est la base par laquelle tous les obscurcissements sont éliminés et toutes les qualités sont développées. Pour cette raison nous prions de ne jamais être séparés de lui, ni de ses précieux enseignements qui mènent vers la joie ultime—l'éveil total et complet.

C'est le guruyoga parfait qui vous permet d'atteindre la Bouddhéité en une seule vie. N'ayez aucun doute. Composé par Jetsun Taranatha, agé de 29 ans.

Cette pratique a été composée par le grand érudit et siddha Jonang Jetsun Taranatha au XVII ème siècle. Dans sa conclusion, ses remarques nous rappellent que la pratique du Guruyoga une pratique suprêmement profonde, rare et précieuse puisqu'elle établit un lien avec la lignée sainte des Six Vajrayogas. Cette pratique est si efficace et puissante qu'elle peut vous permettre d'atteindre l'état omniscient de la bouddhéité en une seule vie, à l'instar d'un grand nombre de pratiquants par le passé. Ceci devrait être une formidable source de confiance et vous ne devez avoir aucun doute concernant cette pratique.

Conclusion

On dit du tantra de Kālachakra qu'il est le Roi des Tantras. Dans le Pays des Neiges, il est reconnu du sage comme du sot en raison de la bienveillance des excellents protecteurs du Tibet, qui ont accordé à maintes reprises la Grande Initiation.

Et pourtant, où sont donc les puissants et mûrs disciples remplis de foi, à s'engager dans une pratique régulière authentique? Il est important de reconsidérer comment au Pays des Neiges, pareil karma s'avère maintenant quasi inexistant.

À force de me dissiper dans l'élaboration de bien des projets, mon armure de persévérance s'est dérobée sous le poids de la paresse. Cependant même si les présentes analyses et la compréhension manquent d'être sans égales, vous pouvez être certains qu'elles vous guideront sur l'excellent sentier.

Née d'une intention vertueuse, j'offre cette médecine de bonheur et de bien-être, à tous les nouveaux venus sur la voie. Puisse la vérité de l'origine conditionnée se déployer pleinement et les dakinis et les protecteurs du Dharma nous aider en tout temps.

Par la voie du cheminement vers le sens définitif et profond, des six yogas qui font cesser le mouvement des vents dans les canaux subtils, et de la grande félicité de l'union avec la Grande Consort de Forme-Vide, puissions-nous dorénavant faire l'expérience de l'extase des seize joies.

Même si d'autres êtres sensibles et moi-même sommes incapables de révéler l'essence du Dharma secret et profond, à l'avenir puissions-nous jouir du Dharma définitif et secret de l'Âge d'Or sous la guidance du mandala du Féroce Kalkin.

TRÉSOR CACHÉ

—*Le sublime royaume de shambhala* —
Les Gardiens des Enseignements de Kālachakra

CONCLUSION

OM AH HUM HO

Je me prosterne et prends refuge en tous ceux qui méritent d'être loués tels que les Rois Kalkin du Dharma, l'assemblée des divinités de sagesse et leurs 96 émanations royales, demeurant dans la lignée supérieure du Sublime Royaume du Tantrayana de Shambhala —ceint d'une guirlande de montagnes enneigées. Comme un lotus à huit pétales, divine émanation, la ville principale de Kalapa se dresse au sommet du mont Kailash; à son entour des jardins d'agrément, des lacs aux fleurs de lotus blanches; ainsi qu'au cœur d'une forêt de santal réside le mandala illuminé; et dans les pétales extérieurs, résidant séparément neuf cent soixante millions de villes et ainsi de suite.

Par la puissance de la vertu sublime créée par cet effort, lorsque nos corps de cette vie seront abandonnés, puissions-nous naître dans le cortège des glorieux Rois Kalkin de Shambhala et accomplir les enseignements de Kālachakra.

ANNEXES

ANNEXE I

L'Échelle divine: Pratique préliminaires et principale du profond Vajrayoga de Kālachakra

Jpar Jetsun Tāranatha

PREMIÈRE PARTIE PRÉLIMINAIRES EXTERNES & INVOCATION DE LA LIGNÉE

I. Les Quatre Convictions du Renoncement

Ô Pensez ! Pendant d'innombrables éons, pour cette fois, j'ai atteint cette précieuse renaissance humaine, si difficile à obtenir et si facile à perdre. L'heure de la mort est incertaine et les circonstances qui y menant sont au-delà de mon entendement, Ce corps chéri peut même mourir aujourd'hui ! Aussi vais-je abandonner toutes les préoccupations mondaines qui me maintiennent enchaîné au samsara, y compris toutes les non-vertus et les crimes odieux. Au lieu de cela, je vais utiliser le peu de temps qu'il me reste avec sagesse et pratiquer le Dharma avec urgence, en réfléchissant aux bienfaits de la libération.

(Commencez par fermer la narine gauche en utilisant le Mudra de la Pacification et expirez trois fois par la narine droite, puis changez pour l'autre narine. Terminez en expirant trois fois par les deux narines. Visualisez toutes les afflictions et la négativité quittant votre corps sous forme de fumée noire.)

II. Brève invocation de la lignée Jonang Kalachakra

(i) Visualisation

Visualisez votre Lama-Racine, assis sur une fleur de lotus au centre de votre cœur. Il remonte le long de votre canal central jusqu'au point couronne de votre tête, au-dessus duquel il apparaît lumineux.

(ii) Invocation

Glorieux et précieux lama racine, Après avoir pris place sur le lotus de la dévotion au sommet de ma tête, bénissez-moi de votre grande compassion, prenez soin de moi dans votre grande bonté, et accordez-moi les réalisations (siddhis) de votre corps, de votre parole et votre esprit!

Je vous prie Dolpopa. Vous êtes le Seigneur omniscient du Dharma, qui comprenez parfaitement les trois tours de roue du Dharma et les quatre classes de tantra. S'il vous plaît, montrez la voie sans erreur à toutes les êtres!

Je vous prie Kazhipa, Incarnation de toutes les activités des bouddhas vous faites briller le précieux joyau du Dharma comme le soleil, En manifestant les quatre pouvoirs sublimes.

Je vous prie Rinchen Drakpa. Vous êtes paré des enseignements du Dharma et des réalisations profondes, Et vos activités sont vastes et incomparables, Quiconque vous voit ou vous entend et assuré d'être libéré !

Je vous prie Gyalwa Sangye. Ordonné dans le Dharma, votre dévotion envers vos maîtres est immense, et vos activités sont une glorieuse manifestation de pureté, discipline, sagesse et compassion.

Je prie à vos pieds Kunga Nyingpo. Vous êtes la source de tout ce qui est bon, l'incarnation de tous les bouddhas et le seul refuge pour tous les êtres, Que vous protégez du samsara et du nirvana.

Je vous prie Chalongwa, Arbre du Dharma exauçant les souhaits. Vos paroles s'épanouissent comme les fleurs. Et les nouveaux adeptes se réjouissement de vos enseignements comme les abeilles se délectent du pollen.

Je vous prie Gawa'i Chöpel. Votre maîtrise de la parole est illimitée et votre apparence est parfaite. Vous êtes la source de toutes les qualités suprêmes, De même votre conduite morale est sublime et votre savoir est inégalable, tel un merveilleux trésor.

Je vous prie Trinlé Namgyal, Votre sagesse brille comme Manjushri, incarnant la sagesse d'innombrables bouddhas. Vous êtes un trésor de compassion, la puissance de tous les éveillés.

Je prie maintenant tous mes précieux enseignants, qui m'ont accordé des transmissions, des initiations et des enseignements ; se souvenir de vous suffit pour être libéré de la souffrance, et quiconque est empli de dévotion obtiendra forcément l'éveil.

(Visualisez votre lama racine qui fond en lumière et bénissant ainsi votre continuum mental.)

(iii) Hommage de l'Auteure

OM GURU BUDDHA BODHISATTVA BHAYANA NAMO NAMAH
OM, je rends hommage aux lamas, aux bouddhas et aux bodhisattvas.
Je rends hommage au lama qui confère généreusement à tous les êtres le joyau du Dharma qui exauce tous les souhaits.

(Cette section n'est pas récitée habituellement)

III. Invocation complète de la Lignée Jonang-Shambhala

(i) Visualisation

Dans l'espace immédiatement devant vous, au centre d'une aura de lumière d'arc-en-ciel de cinq couleurs et sur un siège à cinq couches fait d'un lotus et de disques de lune, soleil, Rahu et Kalagni.

Visualisez votre lama-racine sous la forme de Vajradhara, assis sur un trône, son corps est de couleur bleue, avec un visage et deux bras, tenant un vajra et une cloche croisés au niveau du cœur. Il est assis avec ses jambes dans la posture du lotus, il est vêtu de vêtements de soie, paré d'ornements précieux tels qu'une couronne, des boucles d'oreilles, des colliers, des bracelets autour de ses bras, de ses poignets et de ses chevilles, et il possède toutes les marques et les signes d'un bouddha.

Il est entouré de tous les maîtres de la lignée des six Vajrayogas, y compris le Bouddha Primordial immaculé, Kālachakra le corps de jouissance, Shakyamouni le corps d'émanation, les trente-cinq Rois du Dharma de Shambhala et toutes la lignée des maîtres indiens et tibétains. Leur corps apparaissent radieux, magnifiques et agréables.

(ii) Invocation

Je rends hommage à mon lama racine et je le prie. Je prie les lamas racine et ceux de la lignée. Je prie la lignée qui exauce tous les souhaits.

Veuillez me bénir afin que la transmission de la lignée opère en moi. Puissent toutes ces bénédictions pénétrer mon cœur! S'il vous plaît, bénissez-moi afin que les ténèbres de mon cœur se dissipent !

Je prie le lama.
Je prie le seigneur du Dharma.
Puissent tous les pères spirituels et leurs fils de cœur me bénir.

Je prie le Tathagatagarbha, l'essence de la base primordiale.
Je prie la profonde voie vajra de Kālachakra.
Je prie le dharmakaya, corps dévoilé de la réalité éveillée, résultat de l'épuisement du samsara.

Je prie le sublime Bouddha primordial.
Je prie Vajradhara, le dharmakaya, corps de réalité éveillée.
Je prie Kālachakra, le sambhogakaya, corps de jouissance.

Je prie Bouddha Śakyamuni, le nirmanakaya corps d'émanation.
Je prie les trente-cinq Rois du Dharma de Shambhala.

Je prie le Drupchen Dushapa Chenpo.
Je prie le Drupchen Dushapa Nyipa.
Je prie Gyalse Nalendrapa.
Je prie Panchen Dawa Gonpo.

Je prie le grand traducteur Drotön Lotsawa.
Je prie Lama Lhaje Gompa.
Je prie Lama Droton Namseg.

Je prie Lama Drupchen Yumo.
Je prie Sechok Dharmeshvara.
Je prie Khipa Namkha Öser.
Je prie Machig Tulku Jobum.

Je prie Lama Drubtop Sechen.
Je prie le Tcheudjé Jamyang Sarma.
Je prie Kunkyen Chöku Öser.

Je prie Kunpang Thukje Tsondru.
Je prie Jangsem Gyalwa Yeshe.
Je prie Khetsun Yonten Gyatso.

Je prie Kunkyen Dolpopa, émanation des bouddhas des trois temps.
Je prie le Chögyal Choklé Namgyal.
Je prie Tsungmé Nyabön Kunga.

Je prie Drupchen Kunga Lodrö.
Je prie Jamyang Könchog Zangpo.
Je prie Drenchog Namkha Tsenchen.
Je prie le Panchen Namkha Palzang.

Je prie Lochen Ratnabhadra.
Je prie Palden Kunga Drölchog.

TRÉSOR CACHÉ

Je prie Khenchen Lungrig Gyatso.

Je prie Kyabdak Drolway Gonpo.
Je prie Ngönjang Rinchen Gyatso.
Je prie Khédrup Lodrö Namgyal.
Je prie Drupchen Ngawang Trinlé.

Je prie Ngawang Tenzin Namgyal.
Je prie Ngawang Khetsun Dargyé.
Je prie Kunzang Trinlé Namgyal.
Je prie Nuden Lhundrub Gyatso.

Je prie Könchog Jigmé Namgyal.
Je prie Ngawang Chöpel Gyatso.
Je prie Ngawang Chökyi Pakpa.
Je prie Ngawang Chöjor Gyatso.

Je prie Ngawang Chözin Gyatso.
Je prie Ngawang Tenpa Rabgyé.
Je prie le dissipateur des ténèbres, le précieux Lama Lobsang Trinlé.
Je prie le guerrier du Dharma Khentrul Jamphel Lodrö.

Je prie mon lama racine principal.
Je prie mon glorieux lama.
Je prie tous les seigneurs du Dharma.

Puissent tous les pères spirituels et leurs fils de cœur me bénir !
Quiconque honore et voue une dévotion à vie au précieux lama, lui adresse constamment des supplications et lui rend hommage dans cette vie.
Puisse-t-il être béni par la sagesse primordiale du guerrier compatissant.

Dans toutes mes vies futures, puissé-je ne jamais être séparé de mon glorieux lama.
Puissé-je vivre la félicité suprême en pratiquant le précieux Dharma.

Puissé-je accomplir tous les chemins vers l'éveil et atteindre rapidement l'état de Vajradhara !

(Ayez la ferme conviction que les lamas de la lignée sacrée se fondent en lumière et bénissent votre continuum mental)

DEUXIÈME PARTIE : PRÉLIMINAIRES INTERNES

I. Refuge et Prosternations

(i) Visualisation

Pour prendre refuge, ce qui est le fondement de toute pratique du Dharma, allez, d'abord, dans un endroit isolé ou calme et placez votre esprit dans son état naturel, détendu et concentré. Visualisez l'espace devant vous comme un royaume pur, illuminé, vaste et très étendu Au centre de ce royaume se trouve un grand palais fait de diverses substances précieuses et paré de superbes bijoux et ornements. Au centre du palais se trouve un immense arbre exauçant les souhaits, aux vastes branches drapées, pourvues de belles feuilles, de fleurs et de fruits, dont le rayonnement emplit tout le palais.

Au sommet de cet arbre se trouve un magnifique trône soutenu par des lions, sur lequel repose un lotus multicolore, avec des disques de soleil, lune, rahu et kalagni. Le lama racine est assis sur le trône sous la forme de Vajradhara bleu, il tient un vajra et une cloche croisés au niveau de son cœur. Le Bouddha primordial siège au-dessus du point couronne du lama racine. Entourant votre maître vajra, dans les branches de l'arbre, se trouvent tous les lamas de la lignée, les trente-cinq Rois du Dharma de Shambhala et les divinités yidam du tantra du yoga suprême comme Kālachakra. Autour d'eux se trouvent les divinités yidams des quatre classes de tantras.

Le Bouddha Shakyamuni est assis sous les divinités yidam. A sa droite, sur les branches de l'arbre, se trouve l'arya Sangha du Mahayana, comprenant les huit bodhisattvas, dont Maitreya, Manjushri et Avalokiteshvara. À sa gauche se trouve l'arya Sangha du Hinayana, constitué des shravakas et des pratyekas, tels que Sharipoutra. À la base de cet arbre se trouve un océan de dakinis et de protecteurs du Dharma dotés de l'œil divin, qui gardent les précieux enseignements. Ils se tiennent de manière à vous protéger. Derrière les branches, le saint Dharma apparaît sous la forme de précieux textes en lettres d'or.

Soyez absolument convaincu que tout ce que vous visualisez existe bien tel que vous le visualisez. En même temps, faites naître la ferme conviction que vous prenez refuge au nom de tous les êtres sensibles, avec un grand désir et une grande dévotion envers le lama, les Trois Joyaux et l'océan de la protection spirituelle. Ensuite, priez avec une forte compassion et une intention résolue de libérer tous les êtres, en souhaitant ardemment qu'ils trouvent protection contre les souffrances du samsara.

(En maintenant cette visualisation du mieux que vous pouvez, récitez la longue prière de refuge une fois, puis la courte prière de refuge trois fois ou plus pendant que vous faites des prosternations complètes. Les prosternations ne sont requises que si le Refuge est votre pratique principale.)

(ii) Longue Prière du Refuge

Pour le bien de tous les êtres qui sont comme nos mères, aussi illimités que l'espace, À partir de maintenant jusqu'à ce que j'atteigne l'essence de l'éveil, Je prends refuge dans les nobles seigneurs du Dharma, Les purs et glorieux et lamas racine ainsi que ceux de la lignée, qui incarnent le corps, la parole, l'esprit, les qualités et les activités des bouddhas des trois temps et des dix directions et sont la source des 84 000 Dharmas et les rois du noble Sangha des Aryas.

(iii) Courte Prière du Refuge

Je prends refuge dans les seigneurs du Dharma, les glorieux lamas.

Je prends refuge dans le mandala éveillé des yidams.
Je prends refuge dans les bhagavans, les parfaits Bouddhas.
Je prends refuge dans le saint Dharma immaculé.
Je prends refuge dans le noble Sangha des Aryas.
Je prends refuge dans les dakinis et les protecteurs omniscients du Dharma

(Récitez trois fois ou plus si vous vous concentrez sur la pratique du Refuge.)

Lamas et précieux Trois Joyaux, je prends refuge en vous et je vous rends hommage. S'il vous plaît, bénissez mon continuum mental ! (3x)

(Quand le refuge est votre pratique principale, une fois que les prosternations sont terminées, visualisez les objets de refuge qui se fondent en lumière et se dissolvent dans votre continuum mental comme de l'eau se déversant dans de l'eau. Soyez convaincu que vous êtes devenu inséparable du champ de Refuge. Si le Refuge n'est pas votre pratique principale, maintenez la visualisation tout en poursuivant, sans faire la dédicace.)

(iv) Dédicace

Par le pouvoir de cette vertu, Puissé-je parachever l'accumulation de mérite et sagesse et atteindre les deux kayas d'un bouddha pour le bien de tous les êtres.

II. *Générer l'esprit d'éveil*

(i) Visualisation

En visualisant le champ du Refuge devant vous, générez du fond du cœur une immense bodhicitta visant à libérer tous les êtres sensibles au nom du champ de Refuge.

(ii) Bodhicitta d'Aspiration

Pour la libération de tous les êtres, j'atteindrai l'état de la bouddhéité parfaite ; Je vais donc méditer sur la voie profonde des vajrayogas.

(Répétez trois fois ou plus.)

(iii) Bodhicitta d'Engagement

Ayant généré l'esprit d'éveil, développez-le à présent afin d'inclure tous les êtres sensibles sans exception.

Puissent tous les êtres jouir du bonheur et des causes du bonheur.
Puissent tous les êtres être libres de la souffrance et des causes de la souffrance.
Puissent tous les êtres ne jamais être séparés de la joie suprême libre de souffrance.
Puissent tous les êtres demeurer dans la suprême équanimité, libre de l'attachement et de l'aversion.

(Cette prière est dite une fois, trois fois, ou plus si la bodhicitta est votre pratique principale.)

(iv) Prendre les vœux de bodhisattva

Si vous souhaitez renouveler vos vœux de bodhisattva, récitez les versets suivants, extraits de La Marche vers l'éveil *de Shantideva :*

De même que les bien-allés des temps passés ont attisé l'esprit d'éveil, puis, progressivement,
Se sont entraînés aux pratiques habiles sur la voie authentique des bodhisattvas,

Comme eux, je prends ces vœux sacrés : faire naître l'esprit d'éveil ici et maintenant,
Et m'entraîner progressivement pour le bien des autres, comme le ferait un bodhisattva.

(Répétez ce verset trois fois ; puis développez la certitude que vous avez généré les vœux de bodhisattva.)

(v) Dédicace

Dissoudre le champ de Refuge en méditant sur la sens profonde des versets de la bodhicitta. À la fin de la session, dédiez la vertu de votre pratique en utilisant une prière de dédicace de votre choix, ou de prérence, la suivante : par le pouvoir de cette vertu, puissé-je parachever l'accumulation de mérite et de sagesse Et atteindre les deux kāyas de l'éveil pour le bien de tous les êtres.

III. Purification de Vajrasattva

(i) Visualisation

D'abord récitez :

OM SVABHĀVA-ŚUDDHĀH SARVA-DHARMĀH SVABHĀVA-ŚUDDHO HAM
Tous les phénomènes, y compris le soi, se résorbent dans l'état naturel de la vacuité.

De l'état naturel de la vacuité, au dessus de mon point couronne, la syllabe PAM (པཾ) apparaît, elle se transforme en un lotus blanc à huit pétales.

La syllabe AH (ཨཿ) apparaît sur la fleur de lotus et se transforme en un disque de pleine lune.

Sur le disque de lune apparaît la syllabe HUNG (ཧཱུྃ) , qui se transforme en vajra blanc à cinq pointes, avec la syllabe HUNG (ཧཱུྃ) en son centre.

Ce HUNG (ཧཱུྃ) irradie de lumières brillantes tous les univers et fait des offrandes innombrables à tous les êtres Aryas. La lumière rayonne ensuite vers tous les êtres sensibles et purifie les négativités et obscurcissements. Elle revient alors et se dissout dans la syllabe HUNG (ཧཱུྃ) et le vajra à cinq pointes fond alors complètement en lumière.

La lumière se transforme instantanément en Vajrasattva avec un corps blanc, un tête et deux bras, tenant un vajra dans sa main droite et une cloche dans la gauche. Il enlace sa consort Vajratopa en Yab-yum.

Vajratopa est de couleur blanche, elle tient un poignard à lame incurvée dans la main droite et une coupe crânienne dans la gauche. Ils sont tous deux parés d'ornements d'os et de joyaux , et sont assis respectivement avec les jambes croisées dans la posture vajra pour l'un et dans posture du lotus pour l'autre.

Au front du Yab-yum la syllabe OM (ཨ); apparaît. À la gorge, AH (ཨཿ); Au cœur, HUNG (ཧཱུྃ) Au nombril, HO (ཧོཿ). Du HUNG (ཧཱུྃ) dans le cœur du Yab-yum, la lumière irradie vers l'extérieur dans les dix directions et le pouvoir purificateur de tous les bouddhas et bodhisattvas rayonne en retour sous la forme de nectar blanc.

DZA (ཛཿ) HUNG (ཧཱུྃ) VAM (བྃ) HO (ཧོཿ)
Le nectar devient maintenant indissociable de Vajrasattva Yab-yum.

(ii) Requête de Purification

Vajrasattva Yab-yum, s'il vous plaît, purifiez et nettoyez toutes les négativités, les obscurcissements et les transgressions accumulés par moi-même et tous les êtres depuis des temps sans commencement.

(iii) La Purification Effective

Visualisez qu'un nectar de béatitude s'écoule de l'union de Vajrasattva Yab-yum et pénétre en vous par le point couronne de votre tête, chassant les maladies et les souillures qui se répandent hors de votre corps intégrant le sol au-dessous de vous. Alors que le nectar lave toutes les négativités, rappelez-vous les quatre pouvoirs d'opposition (force du support, du regret, de l'antidote et de la promesse) et récitez le mantra suivant :

OM SHRI VAJRA HERUKA SAMAYA MANUPALAYA | VAJRA HERUKA TENOPA | TISHTHA DRIDHO ME BHAVA | SUTOKAYO ME BHAVA | ANURAKTO ME BHAVA | SUPOKAYO ME BHAVA | SARVA SIDDHI MAME PRAYATSA | SARVA KARMA SU TSA ME | TSITAM SHREYANG KURU HUNG | HA HA HA HA HO | BHAGAVAN VAJRA HERUKA MAME MUNTSA | HERUKA BHAVA MAHA SAMAYA SATTVA AH HUM PHET

(Ce mantra est récité une, trois, sept ou vingt-et-une fois, ou autant que vous pouvez si vous vous concentrez à cette pratique. Concluez avec la prière suivante.)

Grand protecteur, par ignorance et confusion j'ai rompu mes samayas et les ai laissés décliner. Compatissant lama Vajrasattva Yab-yum, je vous prie purifiez toutes mes négativités et protégez moi. En vous je prends refuge, suprême détenteur du Vajra, trésor de compassion, sauveur de tous les êtres.

Je confesse toutes les transgressions de mon corps, de ma parole et de mon esprit, y compris toutes les ruptures de mes vœux racines et secondaires, et je m'en repends. Je vous prie, purifiez et nettoyez toutes les taches, négativités, obscurcissements et transgressions amassés durant des cycles d'existence sans commencement.

Comme si la lune se fondait en moi, Vajrasattva Yab-yum, me souriant, abaisse son regard vers moi et avec joie commence à se dissoudre en moi en passant par le point couronne de ma tête. Le corps, la parole et l'esprit de Vajrasattva Yab-yum deviennent indissociables de mes propres corps, parole, esprit.

(iv) Dédicace

Par cette vertu, puissé-je atteindre rapidement l'état d'éveil de Vajrasattva Yab-yum et guider tous les êtres sans exception vers cet état de pureté fondamentale. Par cette vertu, puissent tous les êtres parachever l'accumulation de mérite et de sagesse primordiale et atteindre les deux kayas de l'éveil.

IV. Offrande du Mandala

(i) Visualisation

Dans l'espace juste devant vous, visualisez votre lama racine sous la forme de Vajradhara bleu. Il est entouré des Trois Joyaux, des divinités yidam et des dakinis. Ils semblent non fabriqués et magnifiques.

(ii) Faire intervenir le domaine du mérite

Vous êtes le lama semblable à un joyau, celui dont la bienveillance fait poindre la grande béatitude en un seul instant. Je me prosterne à vos pieds de lotus, Lama Vajradhara.

Je rends hommage au lama pour qui ma gratitude est au-delà de toute comparaison. La lumière de votre vérité éveillée dissipe mes ténèbres. Vous êtes l'œil de sagesse sans défaut, le lama de la grande béatitude immuable, semblable au soleil.

Vous êtes notre mère et notre père. Vous êtes le maître de tous les êtres, un noble et véritable ami. Vous êtes le grand protecteur qui agit pour le bien de tous les êtres sensibles. Vous êtes le grand sauveur qui dissipe les obscurcissements négatifs. Vous êtes celui qui demeure dans l'excellence.

Vous êtes la seule demeure de toutes les suprêmes qualités, complètement libre de toutes fautes. Vous êtes le protecteur des petits, le conquérant suprême de l'auto-chérissement et de la souffrance; La source de toute fortune, le joyau exauçant les souhaits, le suprême Seigneur du Dharma victorieux ; en vous je prends refuge.

En vous je prends refuge, immaculé et saint lama racine, suprême et victorieux seigneur du Dharma. Incarnation des Bouddhas des trois temps.

(Ce verset est une version abrégée des trois versets précédents et peut être utilisé seul.)

(iii) Offrande du Mandala de longueur intermédiaire

OM VAJRA BHUMI AH HUNG.
Le fondement est la pure terre d'or majestueuse.

OM VAJRA REKHE AH HUNG
L'univers est cerclé de fer par une immense chaîne de montagnes et au centre le mont Méru, reine des montagnes.

À l'Est est Pourvavidéha, au Sud Jamboudvipa, au Nord Outtarakourou et à l'Ouest Aparagodaniya. Rahu, le soleil, la lune, Kalagni et, au centre, la totalité des possessions merveilleuses des humains et des dieux, au complet et auxquelles rien ne manque.

Toutes ces richesses je les offre avec grande dévotion à ceux qui sont immaculés, mon lama racine et ceux de la lignée, ainsi qu'au mandala des yidams, des bouddhas, des bodhisattvas, des pratyékas, des śhravakas, des dakinis et tous les protecteurs omniscients du Dharma. Par compassion, acceptez ce mandala pour le bien de tous les êtres Et, ayant accepté cette offrande, s'il vous plaît, bénissez -moi !

En me rappelant les vertus du corps, de la parole et de l'esprit rassemblées par moi-même et tous les êtres durant les trois temps, unies à l'ensemble des excellentes offrandes de Samantabhadra dans ce précieux mandala, à la fois réelles et visualisées, J'offre tout ceci à mon lamas et aux Trois Joyaux. S'il vous plaît, acceptez-les dans votre compassion et bénissez-moi !

(iv) Brève Offrande du Mandala

Cette une forme alternative plus brève de l'offrande du mandala, peut être utilisée pour les accumulations.

Le sol est oint de parfum, parsemé de fleurs, son centre embelli par le mont Meru, est entouré des quatre continents, du soleil et de la lune. Ceci je l'offre comme un champ de bouddhas, pour que tous les êtres puissent en jouir.

GURU IDAM RATNA MANDALA KAM NIRYA TAYAMI
(Récitez cela puis offrez le mandala)

À la fin de toute offrande de Mandala, visualisez que le Mandala et champ du Refuge se dissolvent en lumière et remplissent votre continuum mental, comme de l'eau de déversant dans de l'eau.

V. *Guruyoga fondamental*

(i) Visualisation

Visualisez-vous dans un magnifique et vaste palais au centre d'une terre pure. Votre maître vajra apparaît face à vous au centre du palais, sous la forme du Seigneur Vajradhara. Il est assis sur un lotus, avec des disques de soleil, de lune, de rahu et de kalagni * qui reposent sur un trône soutenu par des lions.

Le corps de votre maître Vajra est de couleur bleue, il a une tête et deux bras et il tient un vajra et une cloche croisés au niveau de son cœur. Ses jambes sont dans la posture du lotus complet. Paré de vêtements de soie et de joyaux, possédant les marques et les signes de l'accomplissement, son corps est radieux et lumineux. Il vous sourit, satisfait de vous.

Le Seigneur Vajradhara est entouré par les déités des quatre classes de Tantra, tous les lamas de la lignée et l'assemblée entière des déités yidams, des bouddhas, des bodhisattvas, des śhravakas, des pratyéka, des dakinis et des protecteurs du Dharma. Ayez la certitude qu'ils sont tous bien présents.

Ayant visualisé le champ de l'assemblée, faites des offrandes extensives,

ANNEXE I — L'ÉCHELLE DIVINE

à la fois réelles et visualisées. Lorsque vous commencez la pratique, vous devriez avoir une foi confiante que vous possédez la nature de bouddha et qu'elle peut être dévoilée grâce à votre sincère et infaillible dévotion envers votre lama racine immaculé.

(*Bien que les disques de rahu et de kalagni n'apparaissent pas dans le texte originel, ils ont été ajoutés ici pour des raisons de cohérence et de conformité aux instructions traditionnelles essentielles.)

(ii) Prière aux Maîtres de la Lignée

Bon et précieux lama racine, Tout ce qui est bon et vertueux dans le samsara et le nirvana A surgi de votre pouvoir éveillé. Mon protecteur, source exauçant les souhaits, Je vous prie du plus profond de mon cœur.

Je prie le corps de vérité omniprésent de la grande félicité,
Je prie le Bouddha primordial Vajradhara, qui réside en Akanishta,
Je prie Kālachakra, le corps de jouissance.
Je prie le Bouddha Shakyamuni, le corps d'émanation, le plus grand des Shakyas.
Je prie mon lama, qui incarne les quatre kayas du bouddha.

Je prie les Rois du Dharma, les traducteurs et les panditas : Les trente-cinq Rois de Shambhala, émanations des victorieux , Les deux Kālachakrapada, l'Ancien et le Jeune, Les deux érudits inéglés, Nalendrapa et Somonatha,

Je prie les trois lamas qui ont atteints les siddhis suprêmes : Konchoksung, Le protecteur de tous les êtres, Droton Namseg, le grand méditant accompli, Drupchen Yumo Chöki Ratchen, le grand Mahasiddha et grand héraut du Dharma,

Je prie les trois merveilleuses sources du refuge : Le Nirmanakaya Séchok Dharmeśhvara, le plus grand des fils, Khipa Namkha Öser, l'érudit sans failles du Dharma, Sémotchen, le Maître des pouvoirs magiques et de la clairvoyance.

Je prie les trois sauveurs suprêmes : Jamsar Sherab, le dissipateur des ténèbres, Kunkhyen Chöku Öser, l'omniscient, Kunphang Thukje Tsundu, qui a atteint la perfection de l'immuable félicité.

Je prie les trois lamas incomparables : Jangsem Gyalwa Yeshe, le conquérant de la grande sagesse, Kentsun Zangpo, l'océan des grandes qualités, Dolpopa, l'omniscient bouddha des trois temps.

Je prie les trois racines du Dharma vivant : Tchoklé Namgyal, triomphant de tout, Nyabonpa, source universelle de joie, Kunga Lodrö, trésor de connaissance et de compassion.

Je prie les trois merveilleux lamas : Trinley Zangpo, l'incarnation des Trois Joyaux, Nyeton Damtcho, le protecteur du Dharma définitif et totalement vaste, Namkha Palzangpo, le grand maître des soutras et des tantras.

Je prie les trois qui ont accompli pour autrui des bienfaits insurpassables Ratnabhadra, le grand traducteur, Lama Kunga Drolchog, source de joie pour tous les êtres, Lungrig Gyatso, le témoin du sens véritable non né.

Je prie les trois à la bonté inégalée : Drolwèay Gonpo, le grand libérateur, Kunga Rinchen, trésor de qualités semblables à l'océan, Khidrup Namgyal, l'incarnation de tous les êtres saints.

Je prie les trois détenteurs du trésors des enseignements sacrés : Thugdjé Trinlè, le maître de la parole, Tenzin Chogyur, le victorieux, Ngawang Chödjor, l'ornement de la pratique du Dharma.

Je prie les trois lamas qui sans relâche accomplissent les activités saintes : Trinlè Namgyal, ornement de parfaite conduite, Tchökyi Paljor, trésor suprême et parfaite réalisation du Dharma, Gyalwè Tsentchang, détenteur des instructions quintessentielles parfaites.

Je prie les trois lamas qui libèrent les êtres par le son et la vue : Jigmé Namgyal, quintessence des Trois Joyaux, Tchöpel Gyatso, incarnation de

ANNEXE I — L'ÉCHELLE DIVINE

tous les sauveurs, Tchödzin Gyatso, ayant atteint le corps d'union de l'éveil.

Je prie les trois ornements du Dharma sacré : Tenpa Rabgye, qui expose le Dharma d'or, Lobsang Trinlé, incomparable sagesse des activités saintes, Jamphel Lodro, florissant en ce monde et possédant la sagesse de Manjoushri.

(iii) Prière en Sept Branches et supplication

Je me prosterne avec le corps, la parole et l'esprit devant vous, ultime, infaillible, et éternel refuge. Je vous offre d'innombrables nuages d'offrandes, à la fois réels et mentalement générés. Je confesse toutes mes négativités et mes transgressions amassées depuis des temps sans commencement. Je me réjouis de toutes les vertus du samsara et du nirvana. Je vous prie de tourner sans cesse la roue du Dharma Je vous implore de rester avec nous sans passer dans le parinirvana. Puissent toutes les vertus être dédiées, afin que moi et les autres atteignions rapidement l'éveil suprême !

(Cette prière en sept branches a été composée Vakindadharma)

Je prie mon précieux et glorieux lama seigneur du Dharma, incarnation de tous les bouddhas.
Je prie mon précieux lama et glorieux lama, seigneur du Dharma possédant les quatres kayas du Bouddha.
Je prie mon précieux et glorieux lama, seigneur du Dharma, mon inégalable et ultime refuge.
Je prie mon précieux et glorieux lama, seigneur du Dharma, mon inégalable et ultime libérateur.
Je prie mon précieux et glorieux lama , seigneur du Dharma, qui enseigne le suprême chemin de la libération.
Je prie mon précieux et glorieux lama, seigneur du Dharma, source de toutes les sublimes réalisations.
Je prie mon précieux et glorieux lama, seigneur du Dharma, qui dissipe les ténèbres de l'ignorance.

S'il vous plaît, accordez-moi les initiations !
S'il vous plaît, bénissez-moi pour me donner la force de m'engager dans la pratique avec un dévouement complet.

Puissent tous les obstacles êtres dissipés, afin que je puisse dédier ma vie à la pratique ! Puissé-je faire l'expérience de l'essence de la pratique !

Puisse ma pratique atteindre l'ultime perfection !
Puissè-je naturellement émaner l'amour, la compassion et la bodhicitta !
Puissè-je unifier parfaite concentration et vue profonde !
Puissè-je atteindre la véritable expérience et la réalisation suprême du Dharma !
Puissè-je parachever la pratique de la profonde voie du vajrayoga !
Puisse être empli du pouvoir des siddhis du grand sceau dans cette vie même.

(iv) Recevoir les quatres transmissions de pouvoir

De la syllabe OM (ཨོཾ) sur le front de mon lama racine, le grand Vajradhara, Des rayons de lumière blanche émanent et se dissolvent dans mon chakra du front, purifiant les négativités et les obscurcissements du corps. Puissè-je recevoir l'initiation du vase et les bénédictions du corps éveillé !

De la syllabe AH (ཨཱཿ) dans la gorge de mon lama, Des rayons de lumière rouge émanent et se dissolvent dans mon chakra de la gorge, purifiant les négativités et les obscurcissements de la parole. Puissé-je recevoir l'initiation secrète et les bénédictions de la parole éveillée !

De la syllabe HUNG (ཧཱུྃ) au cœur du lama, Des rayons de lumière bleue émanent et se dissolvent dans mon chakra du cœur, purifiant les négativités et les obscurcissements de l'esprit. Puissé-je recevoir l'initiation de sagesse et les bénédictions de l'esprit éveillé !

De la syllabe HO (ཧོཿ) dans le nombril du lama, Des rayons de lumière jaune émanent et se dissolvent dans mon chakra du nombril, purifiant toutes les tendances habituelles aux pensées conceptuelles et à l'attachement. Puissé-je atteindre la quatrième initiation sacrée! Puissé-je être imprégné des quatre kayas du bouddha et les bénédictions de l'indestructible sagesse primordiale !

(Dissoudre l'intégralité de la visualisation pendant que vous récitez le verset suivant :)

Le Lama fond en lumière et se dissout en moi. Mon propre esprit devient inséparable de l'esprit du lama, le dharmakaya. Puissé-je demeurer sans effort dans cet état non conceptuel, exempt de toute élaboration !

(Essayez de demeurer dans cet état au-delà de tous les concepts ordinaires aussi longtemps que possible.)

(v) Dédicace

Puissé-je devenir exactement comme vous, glorieux lama racine et lamas de la lignée !
Puissent ceux qui me suivent, la durée de ma vie, mes titres de noblesse et ma terre pure devenir exactement comme les vôtres !
Par la vertu de ces prières que je vous adresse,
Puissent toutes les maladies, la pauvreté et les conflits être pacifiés où qu'ils puissent être !
Puisse le précieux Dharma et tout ce qui est de bon augure augmenter dans l'univers tout entier !

TROISIÈME PARTIE : PRÉLIMINAIRES UNIQUES DE KALACHAKRA ET PRATIQUE PRINCIPALE

I. Pratique de Kalachakra inné

TRÉSOR CACHÉ

(i) Visualisation

Après avoir préalablement établi dans votre pratique l'esprit du Refuge et la Bodhicitta, récitez :

OM SHUNYATA JÑANA VAJRA SVABHAVA ATMAKO HAM
OM ma vraie nature vajra est vacuité et claire connaissance.

Surgissant de la vacuité, j'apparais instantanément et spontanément en tant que Kālachakra innè. J'apparais sur un coussin formé d'un lotus et de disques de lune, de soleil, Rahu et Kalagni, Culminant au sommet du Mont Meru et les quatre éléments de l'univers. Mon corps est de couleur bleue, avec un visage, deux bras et trois yeux. J'enlace la consort Vishvamata et je tiens un vajra et une cloche devant ma poitrine.

(*Bien que Kalagni n'apparaisse pas dans le texte original, il a été inclus ici par souci de cohérence. Il n'y a pas d'explication ni de raison claire pour lesquelles il ne devrait pas être intégré à la visualisation.)

Ma jambe gauche blanche est repliée et piétine le cœur du dieu blanc de la création. Ma jambe droite rouge est tendue et piétine le cœur du dieu rouge du désir. Ma tête est parée d'un chignon de nattes tressées, d'un joyau exauçant tous les souhaits et d'un croissant de lune.

Je porte les ornements vajra et un pagne en peau de tigre. Mes doigts sont de cinq couleurs différentes et les trois articulations de chaque doigt sont également de couleurs différentes. Vajrasattva est assis sur le point couronne de ma tête. Et je me tiens debout, au centre d'un cercle de flammes brûlantes de cinq couleurs différentes. L'expression de mon visage montre un mélange de courroux et de passion.

Je suis enlacé par Vishvamata, dont le corps est de couleur jaune, avec un visage, deux bras et trois yeux. Elle tient un couteau à la lame incurvée dans sa main droite et une une coupe crânienne dans sa main gauche. Avec sa jambe droite fléchie et sa jambe gauche tendue, nous nous tenons ensemble debout en union. Elle est nue et parée des cinq ornements d'ossements. La moitié de ses cheveux est nouée en chignon et le reste retombe librement.

Au front de mon apparence en Yab-yum, apparaît la syllabe OM (ༀ); À la gorge, AH (ཨཿ); Au cœur, HUNG (ཧཱུྃ); Au nombril, HO(ཧོཿ); A l'endroit secret, SVA (སྭ) Au point couronne, HA (ཧ).

Des rayons de lumière émanent de mon cœur vers l'extérieur, transformant tout l'univers en un champ de bouddha et tous les êtres en d'innombrables déités du mandala de Kālachakra.

(Vous pouvez garder votre esprit concentré en un seul point sur cette visualisation aussi longtemps que vous le pouvez souhaiter)

(ii) Répétition du Mantra et Dissolution

Ayant stabilisé la visualisation de Kālachakra Intrinsèque, visualisez le symbole du mantra de Kālachakra au niveau de votre cœur placé sur un lotus, surmonté d'un disque de lune, d'un disque de soleil, d'un disque de Rahu et d'un disque de Kalagni. Récitez alors le mantra pendant que vous visualisez le symbole.

Le mantra est visualisé comme sous forme d'un OM (ༀ) puis un HA (ཧ) bleu, suivi d'un KSHA (ཀྵ) vert, un MA (མ) multicolore, un LA (ལ) jaune, un VA (ཝ) blanc, un RA (ར) rouge, enfin un YA (ཡ) noir. Au sommet se trouvent un croissant de lune blanc surmonté d'un soleil rouge et d'un nāda violet foncé (semblable à une petite flamme) surgissant du soleil.

OM HA KSHA MA LA VA RA YANG (SVAHA)

(Récitez le mantra à souhait.)

Puis, toute la visualisation fond en lumière et se dissout en moi.

(iii) Dédicace

Par le pouvoir de cette vertu, Puissè-je atteindre rapidement l'état de

TRÉSOR CACHÉ

Kālachakra, Et guider tous les êtres vers l'éveil de Kālachakra !

("L'Échelle divine – Pratiques préliminaires et principale du profond Vajrayoga de Kālachakra", composée par Drolwè Gonpo (Taranatha), décrit la manière dont l'illustre lignée tantrique des maîtres Jonangpa et leurs fils de cœur ont pratiqué et inclut l'essence de toutes les instructions de la lignée pure)

II. Aspiration d'accomplir les six Vajrayogas
OM AH HUM HO HANG KYA

Par le pouvoir de la nature de bouddha, Puissè-je couper les mouvements conceptuels de mon esprit, Puissè-je expérimenter les dix signes et l'esprit de claire lumière, Et atteindre la voie du Yoga de l'isolement. Je prie mes sauveurs, mon bienveillant lama et les détenteurs de la lignée sacrée. Bénissez-moi pour que cela soit accompli !

Par le pouvoir de la nature de bouddha, Puisse ma parole, mes vents internes et ma conscience devenir inébranlables. Puisse ma sagesse augmenter, en même temps que la joie et la félicité grâce à l'analyse, Et puissè-je atteindre la voie du Yoga de la stabilisation. Je prie mes sauveurs, mon bienveillant lama et les détenteurs de la lignée sacrée. Bénissez-moi pour que cela soit accompli !

Par les pouvoir de la nature de bouddha, Puissent les dix vents de lalana et de rasana entrer en avadhuti. Puissè-je expérimenter le feu ardent de TummoEt la fonte et la descente de l'essence au point couronne HANG (𑖮) Puissè-je ainsi réaliser la voie du Yoga de la force de vie. Je prie mes sauveurs, mon bienveillant lama et les détenteurs de la lignée sacrée. Bénissez-moi pour que cela soit accompli !

Par le pouvoir de la nature de bouddha, Puisse l'essence blanche être retenue et stabilisée à mon front. Puissé-je expérimenter la félicité immuable pendant que l'essence fond, Et atteindre la voie du Yoga de la rétention. Je prie mes sauveurs, mon bienveillant lama et les détenteurs de la lignée sacrée. Bénissez-moi pour que cela soit accompli !

Par le pouvoir de la nature de bouddha, Puissent tous mes chakras et mes canaux être remplis de la pure essence de la grande félicité. Puissé-je atteindre la maîtrise des trois glorieuses consorts,Et atteindre la voie du Yoga du recueillement. Je prie mes sauveurs, mon bienveillant lama et les héritiers de la lignée sacrée. Bénissez-moi pour que cela soit accompli !

Par le pouvoir de la nature de bouddha, Puissent les six chakras de mon corps subtil être emplis d'essence blanche de l'immuable grande félicité. Puissè-je expérimenter l'inébranlable esprit non-duel. Et atteindre la voie du Yoga de l'absorption. Je prie mes sauveurs, mon bienveillant lama et les détenteurs de la lignée sacrée. Bénissez-moi pour que cela soit accompli !

Par le pouvoir de la nature de bouddha, Puisse mon corps ne jamais être séparé des postures yogiques, Puisse mon esprit ne jamais être séparé des profondes instructions quintessentielles du Dharma sans erreurs, Et puissè-je accomplir la voie des six Vajrayogas. Je prie mes sauveurs, mon bienveillant lama et les détenteurs de la lignée sacrée. Bénissez-moi pour que cela soit accompli !

III. Dédicace

Par cette vertu, puissent tous les êtres abandonner les préoccupations dénuées de sens du samsara, puissent-t-ils méditer sur la signification suprême de la voie du vajrayoga

Et rapidement révéler l'éveil de Kālachakra! Par cette vertu, puissé-je rapidement atteindre les Six Vajrayogas,

Et conduire tous les êtres sans exception à l'état de l'éveil de Kālachakra!Par cette vertu,puisse nt tous les êtres parachever l'accumulation de mérite et de sagesse primordiale, et atteindre ainsi les deux kayas des bouddhas !

QUATRIÈME PARTIE : DEUX GURUYOGAS SUPPLÉMENTAIRES

I. Guruyoga de Dolpopa – Pluie de bénédictions pour les six yogas de la lignée Vajra

(i) Visualisation

Kunkhyen Dolpopa apparaît en face de vous sous la forme de Vajradhara bleu, entouré de l'intégralité du champ de l'assemblée. Regardant dans votre direction, son regard est empli d'un amour immense.

NAMO SHRI KālachakraYA
Je prends refuge dans le lama, les yidams et les Trois Joyaux avec une foi intense.
(Répéter trois fois la ligne ci-dessus)

Puissé-je générer l'amour, la compassion, la joie et l'équanimité envers tous les êtres !
Puissé-je pratiquer avec diligence la profonde voie du guruyoga pour le bien de tous les êtres sensibles !
Puissent toutes les apparences impures et temporaires se dissoudre dans la vacuité !

Assis sur un trône au-dessus de mon point couronne, sur un siège de lotus à cinq couches, disque de lune et ainsi de suite, mon lama racine apparaît sous la forme du grand Vajradhara. Son corps est de couleur bleue et il a un visage et deux bras.

Il est assis dans la posture du lotus complet. Il est drapé d'élégants vêtements de soie et son corps est orné de précieux joyaux et d'ossements. Il tient un vajra et une cloche croisés au niveau du cœur.

Les quatre centres de son corps sont marqués des quatres syllabes, des rayons de lumières émanent vers l'extérieur depuis la syllabe HUNG ( )

au niveau son cœur, Invoquant tous les lamas racines et ceux de la lignée ainsi que l'intégralité du champ de refuge,

DZA (ཛཿ) **HUNG** (ཧཱུྃ) **VAM** (ཝཾ) **HO** (ཧོཿ)
Devenant inséparable d'eux.

(ii) Supplique au Lama

Précieux lama, je rends hommage à votre parole, à votre corps et à votre esprit. Votre corps est orné des marques et des signes immuables et parfaits. Votre parole ininterrompue telle celle de Brahma imprègne les dix directions. Vous résidez dans l'esprit infaillible du grand sceau.

Je me prosterne devant vous qui êtes l'incarnation des trente-six Tathagatas, qui sont révélés quand les trente-six agrégats ont été parfaitement purifiés au moyen du yoga de l'isolement et des cinq autres vajrayogas.

J'offre avec une joie et une intention pure, un inconcevable océan d'offrandes de Samantabhadra, incluant toutes les vertus du corps, de la parole et de l'esprit rassemblés durant les trois temps.

Je confesse ouvertement toutes mes négativités amassées par le corps, la parole et l'esprit, et prie afin qu'elles soient purifiées. Je me réjouis de toutes les vertus ! Je vous prie de tout mon cœur de tourner sans cesse la roue du Dharma! Je vous implore de demeurer pour toujours dans le samsara pour le bien de tous les êtres !

Je prie mon glorieux lama. Votre nature est inséparable des quatre kayas de bouddha. Vous êtes le chef de tous les détenteurs du vajra, ayant accompli les trois accumulations et atteint les douze voies. S'il vous plaît, bénissez-moi !

Je prie mon glorieux lama. Vous avez pleinement réalisé les cinq sagesses et complètement transformé les huit objets de conception dualiste
En demeurant en un instant dans la conscience primordiale non-duelle.
S'il vous plaît, bénissez-moi !

Je prie mon glorieux lama. Votre activité éveillée est une avec l'activité de tous les lamas, libérant et faisant mûrir les disciples fortunés par les réalisations, en vertu des douze initiations, par les phases de génération et d'accomplissement. S'il vous plaît, bénissez-moi !

Je prie le glorieux lama. Vous êtes un avec tous les Yidams, vos agrégats sont les six familles de bouddha, votre conscience est celle des huit bodhisattvas, vos bras, jambes et ainsi de suite sont l'assemblée des déités courroucées. S'il vous plaît, bénissez-moi !

Je prie le glorieux lama. Vous êtes un avec tous les bouddhas, votre nature est le magnifique corps de vérité, vous avez achevé les deux accumulations et vous manifestez d'innombrables émanations pour le bénéfice des êtres. S'il vous plaît, bénissez-moi !

Je prie le glorieux lama. Vous êtes un avec tous les Dharmas immaculés, vous vous manifestez sous la forme des enseignements et des textes de sens définitif, vous nous guidez vers la vérité inexprimable et profonde. S'il vous plaît, bénissez-moi !

Je prie le glorieux lama. Vous êtes un avec les grands seigneurs du sangha des Aryas qui demeurent dans les dix niveaux de bodhisattva, ayant atteint la complète libération et l'accomplissement; Vous êtes l'ami vertueux immaculé, un refuge pour tous les êtres. S'il vous plaît, bénissez-moi !

Je prie le glorieux lama. Vous êtes un avec tous les protecteurs du Dharma qui détruisent tous les ennemis et les obstacles par le pouvoir de votre compassion non-duelle. S'il vous plaît, bénissez-moi !

Je prie le glorieux lama. Vous êtes l'origine de tous les siddhis, le dispensateur des accomplissements à la fois suprêmes et communs, vous avez maîtrisé les actions de pacification, augmentation, contrôle et subjugation. S'il vous plaît, bénissez-moi !

Je prie le glorieux lama. Vous dissipez toute obscurité comme vous clarifiez les vues fausses en composant, en débattant et en expliquant les soutras, les tantras, les traités et les instructions quintessentielles. S'il vous plaît, bénissez-moi !

En buvant le nectar de ses précieuses instructions sur le sens profond du Dharma, À partir de ce jour, puissé-je sans cesse suivre le lama comme une ombre. Puisse mon glorieux lama me bénir pour que cela soit accompli !

Sans considération pour la nourriture, les vêtements et le luxe, ayant abandonné les moyens de subsistance erronés et impurs, puissé-je goûter le nectar du Dharma du bout de ma langue. Puisse mon glorieux lama me bénir pour que cela soit accompli !

À partir de ce jour, puissé-je sans cesse rester dans un endroit isolé, méditant en un point sur le sens profond, pour que je puisse atteindre le grand sceau de la libération dans cette vie même. Puisse mon glorieux lama me bénir pour que cela soit accompli !

Puissé-je voir les quatres syllabes dans les chakras du corps du lama comme les quatres kayas de Bouddha.
Puissé-je recevoir les quatres initiations en me concentrant sur elles. Puisse mon glorieux lama me bénir pour que cela soit accompli !

(iii) Recevoir les Quatres Transmissions de Pouvoir

Du OM (ༀ) au front de mon Lama, un OM (ༀ) blanc jaillit et se dissout dans mon propre chakra du front. Par ce pouvoir, puissé-je recevoir l'initiation du vase. Puisse mon glorieux lama me bénir pour que cela soit accompli !

Par ce pouvoir, puissé-je purifier les obscurcissements du corps et de l'état de veille, expérimenter les quatre joies et révéler le corps d'émanation vajra. Puisse mon glorieux lama me bénir pour que cela soit accompli !

Du AH (ཨཱཿ) à la gorge de mon lama, un AH (ཨཱཿ) rouge jaillit et se dissout dans mon propre chakra de la gorge. Par ce pouvoir, puissé-je recevoir l'initiation secrète. Puisse mon glorieux lama me bénir pour que cela soit accompli !

Par ce pouvoir, puissé-je purifier les obscurcissements de la parole et de l'état du rêve, expérimenter les quatre excellentes joies et révéler le corps de jouissance de la parole vajra. Puisse mon glorieux lama me bénir pour que cela soit accompli !

Du HUNG (ཧཱུྃ) au cœur de mon lama, un HUNG (ཧཱུྃ) noir jaillit et se dissout dans mon propre chakra du cœur. Par ce pouvoir, puissé-je recevoir l'initiation de la sagesse primordiale. Puisse mon glorieux lama me bénir pour que cela soit accompli !

Par ce pouvoir, puissé-je purifier les obscurcissements de l'esprit et de l'état de sommeil profond, expérimenter les quatre joies suprêmes et révéler le corps Dharmakaya de l'esprit vajra. Puisse mon glorieux lama me bénir pour que cela soit accompli !

Du HO (ཧོཿ) au nombril de mon lama, un HO (ཧོཿ) jaune jaillit et se dissout dans mon propre chakra du nombril. Par ce pouvoir, puissé-je recevoir la quatrième initiation sacrée. Puisse mon glorieux lama me bénir pour que cela soit accompli !

Par ce pouvoir, puissé-je purifier les propensions à l'attachement, expérimenter les quatre joies innées et révéler la sagesse primordiale de la vacuité-félicité. Puisse mon glorieux lama me bénir pour que cela soit accompli !

Le lama, au-dessus de mon point couronne, fond en lumière et se dissout en moi. Il réside au centre d'un lotus à huit pétales au niveau de mon cœur. Puisse mon glorieux lama me bénir pour que cela soit accompli !

(Méditez sur l'état naturel de l'inséparabilité de votre propre esprit de celui de votre lama, le grand corps de vérité (dharmakaya), et demeurez dans

l'état non conceptuel du dharmadatu aussi longtemps que possible.)

(iv) Dédicace

Grâce à cette pratique, puissent tous les êtres purifier toutes leurs souillures et tous leurs obstacles et rapidement atteindre l'essence du Tathagata.

Puissé-je ne jamais laisser s'élever, même pour un instant, les vues erronées concernant les apparences libératrices du précieux lama ! Avec la dévotion qui considère tout ce qu'il fait comme excellent, puissent les bénédictions du lama entrer dans mon esprit !

Dans les vies futures, puissé-je ne jamais être séparé de mon glorieux lama ! Puissé-je ne jamais être séparé de la joie de pratiquer le précieux Dharma ! Puissé-je accomplir tous les niveaux et de les voies des Bhumis de l'éveil et rapidement atteindre l'état de bouddhéité de Vajradhara.

(Le "Guruyoga – Pluie de bénédicitions pour les Six Yogas de la lignée Vajra" a été composé par le Seigneur du Dharma Khunkhyen Dolpopa Sherab Gyaltsen. Puisse-t-il conduire à la vertu et être de bon augur !)

II. GURUYOGA DE TARANATHA – L'ANCRE POUR RASSEMBLER LES SIDDHIS

(i) Visualisation

Jetsun Taranatha apparaît face à vous sous la forme de Vajradhara bleu ; il est entouré par tout le champ de l'assemblée. Regardant dans votre direction, son regard est empli d'un grand amour.

OM SVASTI. guruyoga dit l'Ancre pour rassembler les Siddhis".

Je rends hommage avec ferveur au glorieux lama. Tous les phénomènes ne sont que des apparences au sein de l'esprit. Le propre esprit de chacun est d'une nature claire et vide, au-delà des mots. Quelles que soient les apparences variées, elles ne sont jamais séparables de la conscience du Soi toujours présente, à chaque instant.

Mon esprit dans son état naturel est la terre pure d'Akanishta. Au centre de cette terre pure se tient un palais resplendissant, Et dans celui-ci mon glorieux lama racine est assis sur un lotus, un disque de soleil et un disque de lune* qui reposent sur un trône soutenu par des lions.

[Pour la cohérence, Rahu et Kalagni peuvent également être visualisés]

Mon glorieux lama resplendit telle une montagne d'or reflétant des centaines de milliers de rayons de soleil. Il est satisfait et me sourit.

Au-dessus de mon lama, la lignée des maîtres apparaît spontanément. entouré de nuées de yidams et des héroukas, comme Vajravarahi. Bouddhas et bodhisattvas des dix directions apparaissent dans l'espace devant moi et les émanations des glorieux arhats occupent le sol. Ils sont entourés par les dakinis et les protecteurs omniscients du Dharma avec leur suite, prêts à obéir à toutes les instructions du lama.

La totalité de l'assemblée est dans une intense effervescence, tels des éclairs et des nuages de tempête, Remplissant tout l'espace et les terres alentour. Tous ces êtres ont des corps resplendissants ; Pour tous les êtres qui ont besoin d'être domptés, leurs apparences varie en fonction Ils n'ont de cesse d'exposer les enseignements du Mahayana et leur esprit demeure dans la claire-lumière de la grande félicité Tout en accomplissant un océan d'activités vertueuses.

Tout cela n'est rien d'autre qu'une manifestation véritable du glorieux lama, Tout comme toutes les apparences du samsara et du nirvana ne sont rien d'autre que la manifestation spontanée de la sagesse primordiale du lama.

(ii) Supplique au Lama

J'offre mon corps, mes possessions, toutes les vertus des trois temps Et tous les objets d'offrandes concevables de toutes les terres pures des dix directions.

J'offre tout ce que mon esprit peut concevoir avec une pure aspiration : Tous les êtres des six royaumes incluant les adversaires, les amis et les proches, s'étendant aussi loin que l'espace, De même que chaque objet plaisant d'offrande de tous les trois royaumes. Par le pouvoir de ma visualisation et de ma prière, Je manifeste tous ces innombrables, inconcevables et magnifiques objets d'offrande.

Tous ces trésors manifestés de la conscience primordiale des bouddhas, bodhisattvas et dakinis Qui apparaissent dans les trois temps et les dix directions. Toutes ces innombrables et inconcevables manifestations ne sont rien d'autre que le déploiement de l'esprit du glorieux lama, inséparable de mon propre esprit, La manifestation non-née du dharmakaya.

Précieux Lama, vous incarnez tous les bouddhas.
Précieux Lama, vous incarnez tous les Dharmas.
Précieux Lama, vous incarnez toutes les sanghas.

Suprême Roi du Dharma, vous incarnez tous les lamas.
Vous incarnez tous les yidams, alors que toutes les dakinis et tous les protecteurs du Dharma se manifestent comme vos envoyés. Je vous prie, Vajradhara, Veuillez me bénir, moi et tous ceux qui ont foi en vous !

Glorieux Lama, vous êtes Vajradhara dans sa terre pure du corps de jouissance. Vous êtes le Hérouka courroucé qui soumet tous les maux. Vous êtes Shakyamouni pour les êtres dont le renoncement est pur. Vous êtes le grand sage pour les ascètes.

Pour ceux qui suivent la voie des trois véhicules, Vous manifestant comme le Bodhisattva, le Pratyeka et le grand Shravaka. Vous apparaissez également sous la forme de Brahma, de Vishnu, du Seigneur Shiva et de tous les autres sages et saints.

Parfois, vous apparaissez occupant la position d'un roi, D'autres fois, vous apparaissez comme un yogi ou un ascète. À d'autres, vous apparaissez comme un moine pur avec de simples robes. Je vous prie, vous qui accomplissez de grands et vastes actes selon les besoins de chaque être. De même que les pensées et les aspirations de tous les êtres sont inconcevables, De même, vastes et profonds sont vos enseignements.

Tout comme les arcs-en-ciels et les nuages apparaissent dans le ciel, S'élèvent, demeurent, puis disparaissent à nouveau dans le ciel. Vous êtes le dharmakaya, le corps de réalité de l'éveil, libre de tous les extrêmes, Accomplissant de grands actes spontanément et sans efforts. Bien que vous agissiez de manière à correspondre aux besoins de tous les êtres, L'état dans lequel vous demeurez est la conscience qui se connaît elle-même, claire et non-duelle de l'étendue du dharmadatu.

Vous êtes au-delà de la naissance et de la mort, de la venue et de l'aller, du proche et du lointain. Je vous prie, corps originellement pur de la réalité de l'éveil. Je vous rends hommage depuis les profondeurs de mon cœur avec une dévotion incessante!

Je prends refuge en vous, l'incarnation de toutes les sources de refuge. J'offre d'innombrables objets vertueux tout en étant conscient de leur nature vide.
Je confesse et purifie toutes mes négativités, bien que leur nature soit vide depuis le commencement.
Je me réjouis des vertus de tous les êtres du samsara et du nirvana.
Puisse le son vide de vos enseignements ne jamais avoir de cesse !
Le dharmakaya, corps de réalité de l'éveil, est au-delà de la naissance et de la mort.
Puissiez-vous sans cesse tourner la roue du précieux Dharma ! Puissiez-vous rester toujours, pour le bien de tous les êtres !

Je dédie toutes mes vertus, afin que mon esprit puisse devenir inséparable du vôtre, Ô saint lama ! Puissent tous les êtres atteindre l'éveil suprême !

Glorieux Drolwè Gonpo, sauveur de tous les êtres, S'il vous plaît, bénissez-moi avec votre corps, votre parole et votre esprit. Accordez-moi les quatre initiations en cet instant même !

(iii) Recevoir les quatre Transmissions de Pouvoir

Puisse mon corps se transformer en félicité innée !
Puisse ma parole se transformer en mantras puissant !
Puisse mon cœur se transformer en sagesse de la claire-lumière !
Parfait Lama, je vous prie de me bénir en cet instant même !

Des rayons de lumière jaillissent du front, de la gorge, du cœur et du nombril du lama, Et se dissolvent dans mes quatre chakras. S'il vous plaît, accordez-moi les quatre transmissions de pouvoir du corps, de la parole, de l'esprit et de la sagesse vajra primordiale !

Puissé-je recevoir l'initiation du vase !
Puissé-je recevoir l'initiation secrète !
Puissé-je recevoir l'initiation de l'union de la grande félicité et de la sagesse !
Puissé-je recevoir la quatrième initiation sacrée du grand sceau au-delà de toute conception!

Grand Roi du Dharma, je ne m'en remets à personne d'autre que vous,
Vous êtes mon seul véritable refuge.
Telle de l'eau se déversant dans de l'eau,
Puissé-je me dissoudre dans l'inséparable union avec vous !

Puisse le lama fondre en essence de nectar et emplir mes quatres chakras, Accordez-moi les initiations.

[Méditez sur le lama naturel, le grand dharmakaya, corps de réalité de l'éveil, inséparable de votre propre esprit et demeurez dans l'état naturel au-delà de tous concepts.]

(iv) Dédicace

Dans toutes mes vies futures, puissé-je renaître dans une excellente famille,
Avec un esprit clair, dépourvu d'orgueil, Avec une grande compassion et foi envers le lama !
Puissé-je maintenir mes engagements envers le glorieux lama !

Puissé-je ne pas faire naître, même pour un instant,
des vues erronées à propos des apparences libératrices du lama.
Avec une dévotion qui perçoit tout ce qu'il fait comme excellent,
puissent les bénédictions du lama entrer dans mon esprit !

Dans les vies futures, puissé-je ne jamais être séparé de mon glorieux lama. Puissé-je ne jamais être séparé de la joie de pratiquer le précieux Dharma. Puissé-je accomplir tous les niveaux et la voie des bhumis de l'éveil et rapidement atteindre la bouddhéité de Vajradhara.

Ceci est le parfait guruyoga vous permettant d'atteindre la bouddhéité en une vie. N'ayez aucun doute. Composé par Taranatha, à l'âge de 29 ans.

À propos de l'Auteur

Shar Khentrul Jamphel Lodrö Rinpoche à passé les vingt premières années de sa vie à garder des yaks et chanter des mantras sur les plateaux Tibétains. Inspiré par les bodhisattvas, il a quitté sa famille pour étudier dans de nombreux monastères sous l'égide de plus de vingt-cinq maîtres de toutes les traditions du Bouddhisme Tibétain. En raison de son approche non-sectaire, il a obtenu le titre de Maître Rimé (non-partial) et identifié comme la réincarnation du célèbre maître du tantra de Kālachakra, Ngawang Chözin Gyatso. Khentrul Rinpoche est considéré comme la septième émanation du Bodhisattva Akasagarbha. Lorsqu'il a été choisi pour devenir enseignant (Khenpo)du monastère prestigieux de Tsangwa à Dzamthang (Tibet), Rinpoche a préféré renoncé à cette position en faveur d'une pratique stricte.

La reconnaissance de la grande valeur de toutes les traditions spirituelles du monde est au cœur de son enseignement, cependant il se concentre sur la tradition Jonang-Kālachakra. La lignée Jonang, considérée comme éteinte par de nombreux universitaires occidentaux, détient les enseignements les plus avancés du tantra de Kālachakra (la roue du temps) contenant les méthodes profondes pour harmoniser notre environnement extérieur avec le monde intérieur de notre corps et atteindre l'esprit d'éveil.

Depuis 2014, il a voyagé dans plus de trente pays, guidant des étudiants vers la réalisation de leur propre vérité sacrée au potentiel illimité à travers une présentation claire et systématique de la voie de Kālachakra. En enseignant aux personnes comment cultiver un esprit flexible libéré de préjugés, Khentrul Rinpoche aspire à créer des communautés basées sur la compassion, générant ainsi en ce monde en un âge d'or global de paix et d'harmonie.

TRÉSOR CACHÉ

— Shar Khentrul Jamphel Lodrö —

La vision de Rinpoche

Dzokden à été fondé dans le but express de soutenir Khentrul Rinpoche dans la réalisation de sa vision: apporte un Âge d'Or de paix et d'harmonie dans ce monde. Alors que notre communauté continue de s'agrandir et de se développer, de plus en plus d'individus s'engagent dans cet effort extraordinaire.

Pour vous offrir un aperçu de la vision de Rinpoche nous pouvons parler de huit objectifs qui reflètent les priorités de Rinpoche à court et long terme :

OBJECTIFS IMMÉDIAT

D'un point de vue ultime, le bonheur véritable, durable, n'est possible qu'à travers une transformation personnelle profonde. Maintenant plus que jamais nous avons besoin de méthodes pour développer notre sagesse et réaliser notre plus grand potentiel. C'est pour cette raison que Rinpoche à placé une si grande priorité à la préservation de la lignée Jonang-Kālachakra. Selon Rinpoche il y a quatre manière pour réaliser cela :

1. **Créer les opportunités pour se connecter avec une lignée authentique et complète de Kalachakra en étroite collaboration avec des méditants dévoués dans le Tibet reculé.** Notre but est de créer tous les soutiens nécessaires à la pratique de Kālachakra en accord avec les maîtres authentiques de la lignée qui ont soutenu cette tradition depuis des centaines d'années. Nous faisons cela en faisant confectionner des statues et des peintures, écrire des livres et offrir des enseignements tout autour du monde. Nous mettons beaucoup d'énergie à nous assurer de l'authenticité de nos matériels, puisant dans la profonde expérience de méditants hautements réalisés qui ont dédiés leur vie à cette pratique.

2. **Etablir des centres de retraites internationaux pour l'étude et la pratique de Kalachakra.** Dans le but d'intégrer ces enseignements dans nos esprits il est crucial d'avoir l'opportunité de s'engager dans des périodes de pratiques intensives. C'est pourquoi nous travaillons pour créer les infrastructures nécessaires qui pourront supporter et nourrir les membres de notre communauté qui s'engagent dans des retraites à la fois courtes ou longues. Cela inclut l'achat de terres et de bâtisses et tout le nécessaire pour conduire des retraites de groupes ou solitaires. Notre objectif à long terme est le développement d'un réseau de ces centres tout autour du monde, formant une communauté globale qui puisse supporter une grande variété de pratiquants.

3. **Traduire et publier les textes rares et uniques des maîtres du Tantra de Kalachakra.** Le système de Kālachakra a été le sujet d'une multitude de textes à travers la longue histoire du Tibet. Pour le moment seul une infime fraction de ces textes a été traduite et rendue accessible aux occidentaux. Malgré l'importance des textes théoriques, notre objectif est de nous concentrer particulièrement sur les instructions fondamentales qui peuvent guider les pratiquants vers une expérience plus pénétrante de cette pratique profonde.

4. **Développer les outils et les programmes pour organiser l'apprentissage.** Avec des groupes d'étudiants répartis tout autour du monde nous croyons qu'il est important de mettre à contribution la plupart des technologies modernes afin de faciliter le processus d'apprentissage de nos étudiants. Notre objectif est de développer une plateforme en ligne solide pour permettre à notre communauté internationale d'accéder à des programmes d'étude de qualité à la fois intuitifs, structurés et engageants.

OBJECTIFS À LONG TERME

Tandis que nous travaillons à l'achèvement de la paix et de l'harmonie à l'intérieur de nos propres esprits, nous ne devons pas perdre de vue le fait que nous vivons dans un monde empli d'une grande diversité d'individus. Ces individus ont donné naissance à une grande variété de croyances et de pratiques qui mettent en forme comment se relier et comment interagir avec les autres. Dans cette réalité interdépendante il est vital de trouver des stratégies viables afin de promouvoir une plus grande tolérance et un plus grand respect. A cette fin, Rinpoche propose quatres sphères d'activités:

1. **Promouvoir le développement d'une Philosophie Rimé à travers le dialogue avec les autres traditions.** Avec le désir d'être un membre constructif de cette société plurielle, nous avons besoin de découvrir des moyens de réconciliation de nos différences. A cette fin nous avons pour objectif d'aider les personnes à développer les qualités qui mettent en valeur l'attitude d'un respect mutuel, ouvert aux nouvelles idées et un désir curieux de surmonter notre ignorance.

2. **Développer un modèle hautement réaliser en offrant un support financier au pratiquant dédiés.** Dans le but d'assurer l'authenticité de notre tradition spirituelle, il est impératif qu'il y ait des personnes qui atteignent les plus hautes réalisations. C'est pourquoi, nous aspirons à créer des programmes de soutien financier pour les véritables pratiquants qui souhaitent dédier leur vie au développement spirituel, indépendamment de leur système de pratique. En aidant les individus à réaliser les enseignements ils deviennent des modèles positifs pour ceux qui les entourent, inspirant et guidant les générations à venir.

3. **Réaliser le grand potentiel des pratiquants féminins en développant des programmes d'enseignement spécialisés.** La culture tibétaine possède une longue histoire montrant des maîtres devenus hautement réalisés grâce à l'entraînement intensif de personnes reconnues comme ayant un grand potentiel. Malheureusement, trop souvent, la recherche de ce potentiel c'est concentrée uniquement sur les candidats masculins. Rinpoche crois qu'il est de plus en plus important de trouver un rôle féminin fort et hautement réalisé qui peut aider à apporter un grand équilibre à notre monde. Pour cette raison, nous travaillons à la création d'un programme unique pour offrir aux femmes l'opportunité d'actualiser leur potentiel total. Notre objectif est de créer un parcours spécifique ainsi qu'une infrastructure financière pour soutenir pleinement tous les aspects de leur éducation.

4. **Promouvoir une plus grande flexibilité d'esprit et une compréhension plus large de la réalité à travers des programmes d'éducation modernes.** Dans un monde qui évolue rapidement, nous avons besoin de repenser les compétences que nous enseignons à nos enfants. Les structures rigides du passé sont souvent mises à mal lorsqu'il s'agit de préparer les étudiants aux challenges auxquels ils feront face durant leurs vies. C'est pourquoi nous avons pour objectif de développer une grande variété de programmes éducatifs qui peuvent aider les enfants à devenir plus flexibles et capables de mieux s'adapter aux différents contextes. Une part importante de ce programme est le développement d'une plus grande conscience du rôle que joue notre esprit dans l'expérience du quotidien. Nous avons également pour but d'apporter des réformes dans le système d'éducation monastique afin de le rendre plus pertinent avec le monde moderne.

LA VISION DE RINPOCHÉ

APPORTER SON SOUTIEN ?

Tout ceci ne peut être possible sans votre support et votre participation. Une vision de cette ampleur demande de nombreux mérites et une grande générosité de la part de nombreux bienfaiteurs et durant de nombreuses années. Si vous souhaitez offrir votre soutien, n'hésitez pas à nous contacter :

Dzokden
3436 Divisadero Street
San Francisco, California 94123
United States of America
www.dzokden.org

www.ingramcontent.com/pod-product-compliance
Lightning Source LLC
Chambersburg PA
CBHW071336080526
44587CB00017B/2853